2022
中国旱区农业技术发展报告

ZHONGGUO HANQU NONGYE JISHU FAZHAN BAOGAO

杨凌农业高新技术产业示范区管委会
中国农村技术开发中心 编著
西北农林科技大学

中国财经出版传媒集团
中国财政经济出版社

图书在版编目（CIP）数据

2022 中国旱区农业技术发展报告 / 杨凌农业高新技术产业示范区管委会，中国农村技术开发中心，西北农林科技大学编著. -- 北京：中国财政经济出版社，2022.9

ISBN 978-7-5223-1668-0

Ⅰ. ①2… Ⅱ. ①杨…②中…③西… Ⅲ. ①干旱区 – 农业技术 – 技术发展 – 研究报告 – 中国 – 2022 Ⅳ. ①F323.3

中国版本图书馆 CIP 数据核字（2022）第 159702 号

责任编辑：张怡然　　　责任校对：张　凡
封面设计：陈宇琰　　　责任印制：张　健

2022 中国旱区农业技术发展报告
2022 ZHONGGUO HANQU NONGYE JISHU FAZHAN BAOGAO

中国财政经济出版社 出版
URL：http://www.cfeph.cn
E-mail：cfeph@cfemg.cn

社址：北京市海淀区阜成路甲 28 号　邮政编码：100142
营销中心电话：010-88191522
天猫网店：中国财政经济出版社旗舰店
网址：https://zgczjjcbs.tmall.com
北京财经印刷厂印刷　各地新华书店经销
成品尺寸：185mm × 260mm　16 开　13 印张　220 000 字
2022 年 9 月第 1 版　2022 年 9 月北京第 1 次印刷
定价：118.00 元
ISBN 978-7-5223-1668-0
（图书出现印装问题，本社负责调换，电话：010-88190548）
本社质量投诉电话：010-88190744
打击盗版举报热线：010-88191661　QQ：2242791300

编 委 会

习近平总书记关于旱区“三农”工作的信函及讲话

保护好祁连山的生态环境，对保护国家生态安全、对推动甘肃和河西走廊可持续发展都具有十分重要的战略意义。我国进入高质量发展阶段，生态环境的支撑作用越来越明显。只要贯彻新发展理念，绿水青山就可以成为金山银山。要正确处理生产生活和生态环境的关系，积极发展生态环保、可持续的产业，保护好宝贵的草场资源，让祁连山绿水青山常在，永远造福草原各族群众。

——2019 年 8 月 20 日，习近平总书记在甘肃中农发山丹马场有限责任公司一场考察时的讲话

中国现代化离不开农业农村现代化，农业农村现代化关键在科技、在人才。新时代，农村是充满希望的田野，是干事创业的广阔舞台，我国高等农林教育大有可为。希望你们继续以立德树人为根本，以强农兴农为己任，拿出更多科技成果，培养更多知农爱农新型人才，为推进农业农村现代化、确保国家粮食安全、提高亿万农民生活水平和思想道德素质、促进山水林田湖草系统治理，为打赢脱贫攻坚战、推进乡村全面振兴不断作出新的更大的贡献。

——2019 年 9 月 5 日，习近平总书记给全国涉农高校的书记校长和专家代表的回信

山西山多地多、地貌多元、气候多样，这种独特的资源禀赋决定了山西农业的出路在于‘特’和‘优’。要深入推进农业供给侧结构性改革，提高农业综合效益和竞争力。

——2020 年 5 月 12 日，习近平总书记在山西大同考察时的讲话

高西沟村是黄土高原生态治理的一个样板，你们坚持不懈开展生态文明建设、与时俱进发展农村事业，路子走的是对的。要深入贯彻绿水青山就是金山银山的理念，把生态治理和发展特色产业有机结合起来，走出一条生态和经济协调发展、人与自然和谐共生之路。

——2021 年 9 月 13 日，习近平总书记在陕西榆林高西沟村考察时的讲话

兵团农业机械化程度高，农业规模化生产、产业化经营条件好，在粮棉油、果蔬生产等方面优势明显，要在保障我国粮食安全和重要农产品供给方面发挥更大作用。要落实好党中央支持兵团发展的政策，发挥兵团优势，强化农业科技和装备支撑，因地制宜发展优势农产品、壮大优势产业，促进农牧业绿色高效发展。

——2022 年 7 月 13 日，习近平总书记在新疆生产建设兵团八师一四三团考察时的讲话

序　言

PREFACE

我国旱区地域辽阔，在支撑国家粮食安全、水安全和生态安全中占有极其重要的地位。在百年未有之大变局和俄乌冲突、新冠肺炎疫情影响交织叠加的背景下，我国坚持走和平与发展的道路，统筹“两个大局”，坚定不移继续扩大开放，积极参与全球治理，在构建新发展格局的同时推进实现共同富裕。在此背景下和党的二十大来临之际，面对国内外风险与挑战及我国新发展目标，系统分析我国旱区农业发展环境，提出适应国家战略和国家需求的旱区农业发展建议，具有重要的现实意义。

为贯彻落实党的十九大及十九届历次全会精神和2022年中央一号文件精神，全面落实党中央、国务院有关深化科技体制改革、加快国家创新体系建设的决策部署，推动我国旱区农业科技协同创新与发展，杨凌农业高新技术产业示范区管委会、中国农村技术开发中心、西北农林科技大学共同组织有关专家，研究编写了《2022中国旱区农业技术发展报告》(以下简称《报告》)。

《报告》以我国旱区农业科技工作为主线，共分为旱区农业技术发展环境分析、旱区农业科技资源配置、旱区农业技术产出情况、旱区农业技术进展、旱区果业技术发展专题、旱区农业技术发展政策建议六个部分。这是迄今为止全面梳理我国旱区农业科技发展的第十个年度报告。《报告》所使用数据资料的截止时间为2021年12月，包括各类统计年鉴和相关机构公开披露的数据。我们期望《报告》成为一部权威、全面和客观介绍中国旱区农业技术发展和科技工作的重要文献，为所有想了解旱区农业科技进展情况的读者，特别是各级政府行政人员、政策与管理研究人员和相关科技工作者提供参考。

《报告》的编写工作得到了中国杨凌农业知识产权信息中心、杨凌示范区生产力促进中心、西北农林科技大学西部农村发展研究院和相关教学、科研单位专家学者的大力支持，在此表示诚挚的谢意。由于旱区农业分布范围广泛、专业技术性强、涉及因素多、研究视角不同，加之研究时间有限，尽管编者付出了很大的努力，但仍难免有纰漏之处，恳请读者批评指正，以便我们进一步改进和提高。

编　者

2022年8月

目 录

CONTENTS

1 旱区农业技术发展环境分析

农业技术发展环境耦合了自然环境、经济环境、社会环境以及法律法规环境等一系列环境因素。独特的区位条件为旱区带来了十分丰富的自然资源，其中旱区的耕地面积占全国总耕地面积的60.0%，森林面积占全国森林面积的53.8%，森林资源和林下资源较为丰富。但旱区的水资源仅占全国水资源总量的34.2%，限制了旱区农业技术的发展。旱区东部与渤海、黄海两大海域相连，拥有绵延的海岸线。此外，旱区人口占全国总人口的42.0%，拥有丰富的劳动力资源，为旱区农业技术的发展提供了有利条件。

得益于国家出台的一系列政策，旱区各省（区、市）经济飞速发展，人民生活水平显著提高。在俄乌冲突与新冠肺炎疫情影响交织叠加的大背景下，面对复杂多变的外部形势，国内经济不断受到冲击，国民经济发展由高速转向中高速，对人民生活的冲击很大。旱区积极转变发展方式、调整经济结构，使旱区人均可支配收入水平保持稳定，城镇化率不断提升，人口逐渐向城镇汇集。在农业生产方面，旱区是我国重要的商品粮生产基地，粮食产量占全国粮食总产量的一半以上。同时，新疆、河南、河北、山东也是重要的商品棉基地。此外，国家与地方政府也相继出台了一系列强农惠农政策，促进旱区农业技术快速发展。

1.1 旱区自然资源

旱区主要是指分布于淮河、秦岭、昆仑山脉一线以北的北方地区，包括京、津、冀、晋、内蒙古、辽、吉、黑、鲁、豫、藏、陕、甘、青、宁、新16个省（区、市）的全部或大部分地区，区域降水稀少且蒸发量大，基本特征是干旱与缺水。我国旱区依据干燥程度与降水量指标可划分为干旱区、半干旱偏旱区、半干旱区和半湿润偏旱区四类。其中，年平均降水量小于200mm的区域称为干旱区，主要特征为降水稀少、蒸发量大，包括塔里木盆地、准噶尔盆地和青藏高原西北部地区，该区域人口稀少，大部分地区不适宜发展农业。半干旱地区分为半干旱偏旱区和半干旱区，半干旱偏旱区年均降水量在200—250mm，处于半荒漠带，该区域的农业以畜牧业为主；年平均降水量为250—400mm的区域称为半干旱区域，半干旱区域的蒸发量明显超过降雨量，自然植被以草原为主，农业类型主要为半农半牧，农业发展潜力巨大。半湿润偏旱区的降水量在400—500mm，主要特征为季节性干旱，农业发展以种植业为主，需要提升水资源利用效率。因此，旱区既包括三江平原、华北平原等我国粮食主产区，也包括呼伦贝尔大草原、金银滩大草原等牧区，还有渤海、黄海等主要海产区。旱区农业种类多样，适宜推广优良农业技术，发展多种农业生产。

气候因素是影响农业生产的重要因素。气候为农业发展提供了光、热、水、风等能量和物质，进而决定了当地的种植制度。东北以及西部省区的部分地区年均气温低于10℃，且极端最低温度在-15℃以下。上述地区≥10℃的积温相对较低，主要实行一年一熟的作物熟制。黄河中下游以及华北平原的陕西、河南、河北、山东等省的年平均气温在15℃左右，年极端最低气温大多高于-10℃，积温较高，多采取一年两熟或两年三熟的熟制。旱区的气温分布差异较大，但全年日照时数分布相对均匀，便于多种农作物大面积种植，有利于优良农业技术的创新与快速应用。

从空间变化来看，由于我国经济发展呈现东部—中部—西部的阶梯式区域发展特征，近年来耕地利用和开发也逐渐呈现“东中部减少、西北部增加”的趋势。根据《中国环境统计年鉴2020》公布的统计数据，2019年，旱区耕地面积为8 092.6万公顷，占全国耕地面积的比重为59.9%，丰富的耕地资源提升了旱区的农业发展潜力。然而旱区的水资源条件难以匹配丰富的耕地资源，旱区约50%的地区年平均降水量低于500mm，蒸发量一般为降水量的3倍以上，部分地区旱灾频发。其中，旱区旱灾成灾面积约占全国旱灾成灾面积的82.1%。也就是说，我国旱灾主要发生在旱区的16个省（区、市）中。

旱区水资源总量少且旱区内各省（区、市）分布不均。2020年，旱区水资源总量为11 240.4亿立方米，约占全国水资源总量的35.6%，与2019年相比有所下降。其中，旱区水资源主要以地表水形式存在，地表水资源为10 274.5亿立方米，约占旱区水资源总量的91.4%；地下水资源相对较少，为3 876.1亿立方米。如图1-1所示，从空间分布来看，旱区各省（区、市）水资源分布差距较大，其中西藏的水资源总量最大，达4 597.3亿立方米。除西藏外，其余15省（区、市）的水资源总量均低于1 500.0亿立方米，宁夏的水资源总量最小，仅为11.0亿立方米。虽然西藏的水资源总量位居全国首位，但其水资源主要以地表径流形态存在，季节性分布明显，且受川藏、滇藏交界处地形影响，地表水资源难以充分利用。新疆、青海和内蒙古的水资源总量相对充裕，但也多以地表水的形式存在，水资源分布不均，加之耕地质量往往较差，土壤保蓄能力较弱，因此农业用水利用效率不高。

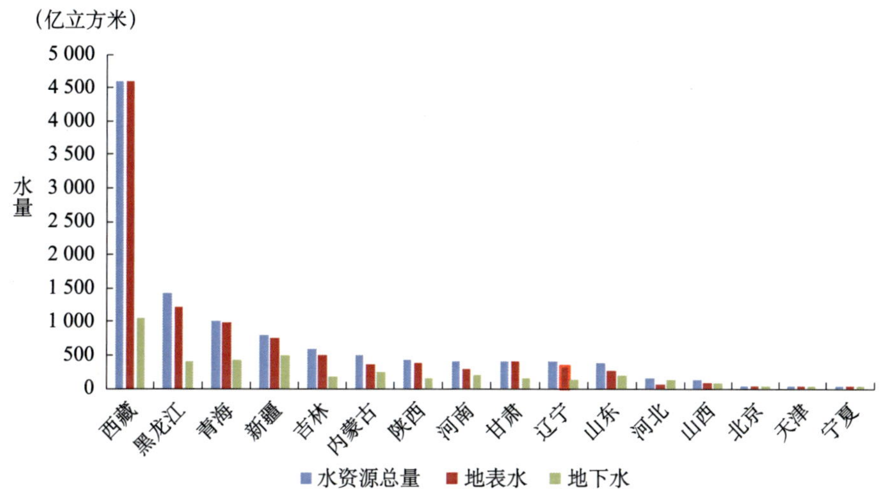

图1-1　2020年我国旱区水资源总量、地表水与地下水分布图

Figure 1-1　The total water resources, surface water and groundwater in the arid areas of China in 2020

资料来源：《中国环境统计年鉴2021》。

旱区耕地资源十分丰富，但在旱区总体干旱少雨的气候环境下，旱区各省（区、市）的农业用水需求激增，占用水总量的比重较大。从图1-2来看，新疆的农业用水量最大，达496.2亿立方米，这与新疆水资源分布不均且季节性强有关。新疆可分为山区和平原区两大区域，大约80.6万平方公里的山区是径流形成区，平原区的面积为85.4万平方公里，其中盆地周缘10.0万平方公里的地区是径流散失区，其余75.4万平方公里的沙漠和荒漠区是无流区。黑龙江的农业用水量占总用水量的比例最高，达 88.6%。因地表水资源总量较少且难以有效利用，发展旱区节水农业，推广喷灌、滴灌等灌溉技术，成为提升耕地有效灌溉面积的主要途径。

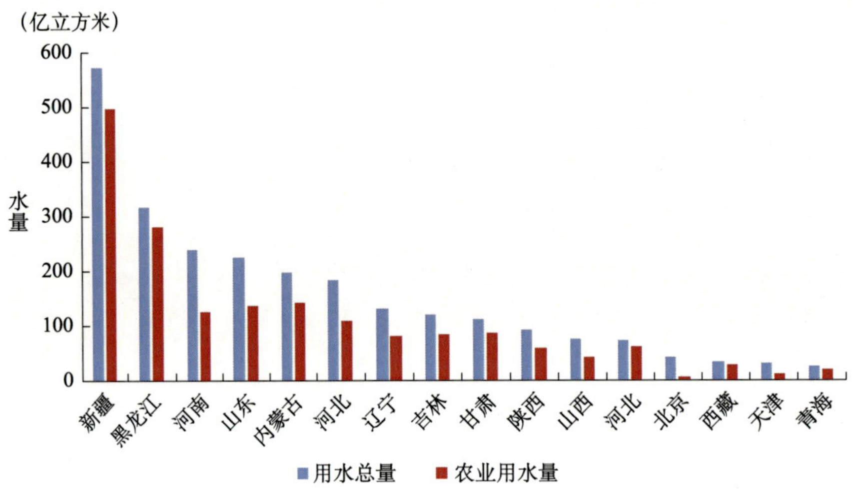

图 1-2　2020 年我国旱区各省（区、市）用水总量和农业用水量分布图

Figure 1-2　The total water consumption and agricultural water consumption in the arid areas of China in 2020

资料来源：《中国环境统计年鉴 2021》。

森林除了可以提供木材资源外，还具有重要的生态效益和社会效益。森林是地球表面生态系统的主体，能够调节气候、吸纳二氧化碳、保护生物多样性、防风固沙、涵养水源，发挥了重要且不可替代的生态功能。从农业技术发展的角度来说，丰富的森林资源不但能够为技术发明与创新的主体提供良好的环境，而且可以为农业科技研究提供多样的种质资源与林业技术验证场所。因此，森林资源的经济效益、生态效益、社会效益是统一的。旱区的森林资源较为丰富，根据《中国环境统计年鉴 2021》公布的数据显示，旱区林业用地面积为 17 605.4 万公顷，约占全国总量的 54.4%，较 2019 年有所提升。森林面积为 11 716.1 万公顷，占全国森林总面积的比重较为稳定，约为 53.1%。如图 1-3 所示，从旱区内部各省（区、市）来看，内蒙古、黑龙江、西藏、陕西以及新疆五省（区）的森林资源绝对面积较高，陕西、黑龙江、吉林、辽宁和北京的森林覆盖率较高，均超过 35.0%。

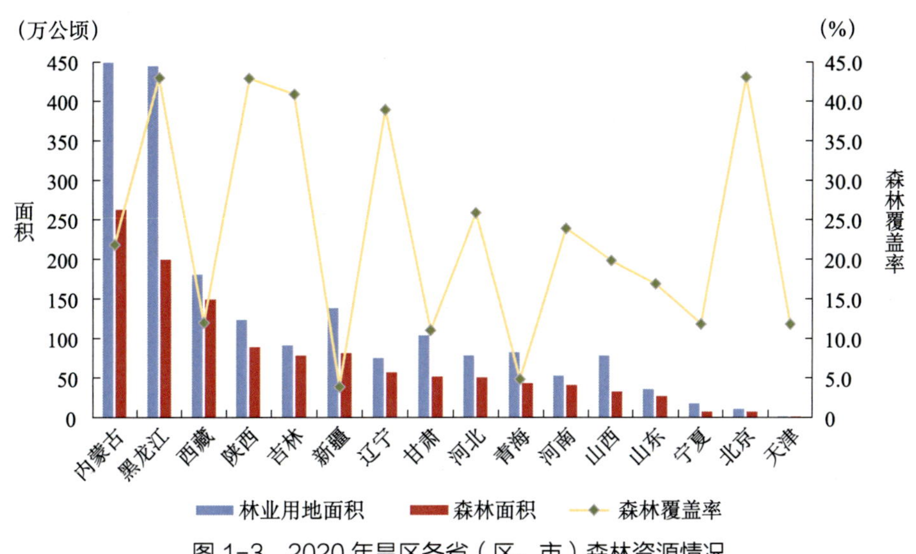

图 1-3　2020 年旱区各省（区、市）森林资源情况

Figure 1-3　The forest resources of all provinces in the arid areas in 2020

资料来源：《中国环境统计年鉴 2021》。

旱区土地面积约占全国土地面积的 52.5%，耕地资源十分丰富，农业发展潜力巨大。然而，旱区各省（区、市）的自然环境条件差异较大，且分布十分不均。旱区内约 50.0% 的县年平均降水量低于 500 毫米，蒸发量远大于降水量，加之土地质量相对较差，西部地区土壤沙化严重，土壤保蓄能力差，造成部分地区干旱较为严重。2020 年，全国农作物成灾面积 799.3 万公顷，其中旱灾成灾面积 250.7 万公顷，同比下降约 24.8%，约占全国农作物成灾面积的 31.4%。旱区旱灾的成灾面积为 205.9 万公顷，约占全国旱灾成灾面积的 82.1%，旱区受旱灾影响较大。2020 年，旱区 16 个省（区、市）旱灾受灾面积波动较大，较往年变化较大。

从图 1-4 来看，2013—2020 年全国旱灾成灾面积呈波动变化趋势。2013—2016 年全国旱灾成灾面积处于较高水平，其中 2013—2015 年相差不大，分别为 585.3 万公顷、567.8 万公顷与 586.3 万公顷；2016 年全国旱灾成灾面积为 613.1 万公顷，是 2013—2020 年的最大值。自 2016 年之后，全国旱灾成灾面积逐渐下降，2017 年全国旱灾成灾面积为 444.4 万公顷，较 2016 下降约 27.5%；2018 年全国旱灾成灾面积为 262.1 万公顷，较 2017 年下降约 41.0%；2019 年又略有增加，全国旱灾成灾面积为 333.2 万公顷。相比之下，2016—2020 年这 5 年中，2020 年的全国旱灾成灾面积最低，为 250.7 万公顷。旱区旱灾成灾面积也呈现波动变化的趋势，在

2013—2016年逐年增加，并在2016年达到近8年的最大值，为571.3万公顷，约占全国旱灾成灾面积的93.2%。旱区旱灾成灾面积在2017—2019年逐年减少，并于2019年达到近8年最低值，为138.3万公顷，约占全国旱灾成灾面积的41.5%，同比降低了28.8%。但2020年旱区旱灾成灾面积稍有反复，为205.9万公顷，约占全国旱灾成灾面积的82.1%。非旱区旱灾成灾面积在2013年和2019年超过旱区旱灾成灾面积，其余均小于100万公顷，并在2016年达到最低值，为41.8万公顷。2018年和2019年非旱区旱灾成灾面积出现小幅反弹，于2019年达到194.9万公顷。2020年，非旱区旱灾成灾面积为44.8万公顷，较2019年下降约77.0%。整体来看，2016年之后我国旱区旱灾成灾面积呈现明显下降趋势，但在2020年稍有反复。

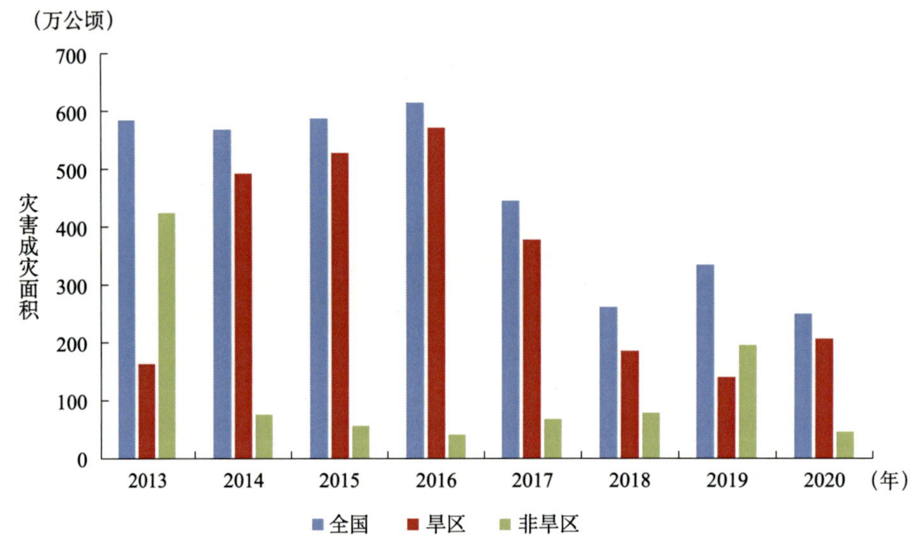

图1-4 2013—2020年我国旱灾成灾面积

Figure 1-4 The drought disaster area in China from 2013 to 2020

资料来源：《中国农村统计年鉴》(2014—2021年)。

从图1-5来看，我国旱区旱灾成灾面积地域分布十分不均，2020年辽宁省旱灾成灾面积高达84.1万公顷，约占旱区旱灾成灾面积的40.8%；内蒙古的旱灾成灾面积位居旱区各省（区、市）的第二位，为63.3万公顷；其余9个省（区、市）的旱灾成灾面积均在20万公顷以下（山东、青海、西藏、北京、天津数据缺失，未作统计）。其中，甘肃和宁夏的旱灾成灾面积较小，均在1万公顷以下。与2019年相比，旱区各省（区、市）的旱灾成灾面积变化较大。2019 年辽宁省旱灾成灾面积仅为 1.1 万公顷，但 2020 年为 84.1 万公顷，同比增长 7 545.5%。同时，河北、新疆和内蒙古的旱灾成灾面积较 2019 年均呈增长趋势，山西、河南、陕西呈现下降趋势。

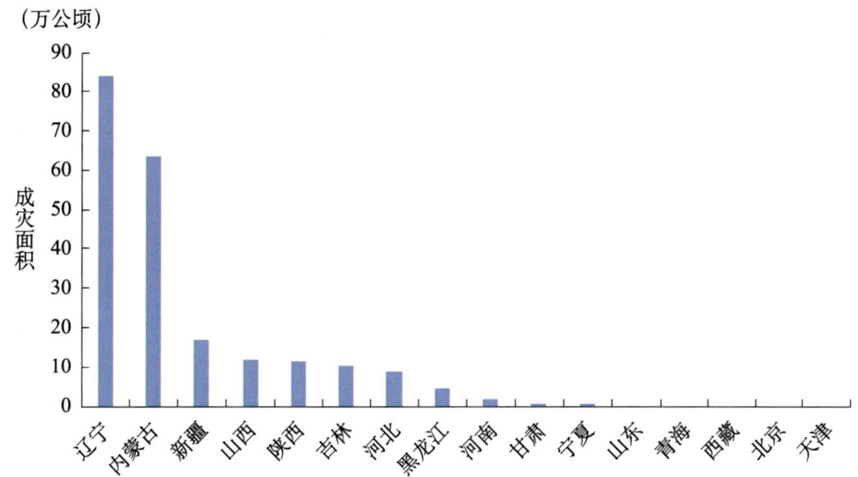

图 1-5　2020 年我国旱区各省（区、市）旱灾成灾面积

Figure 1-5　The drought disaster area of all provinces in the arid areas of China in 2020

说明：山东、青海、西藏、北京、天津数据缺失，未作统计。

资料来源：《中国农村统计年鉴 2021》。

1.2　旱区经济发展

2021 年是中国宏观经济持续复苏的一年，一方面，新冠肺炎疫情防控的总体稳定、外资外贸的景气持续、高新技术产业的持续向好，为中国宏观经济在疫情期间的复苏提供了持续的动力和坚实的基础；另一方面，新冠肺炎疫情的反复、极端天气的出现、大宗商品价格的高企、宏观经济政策的快速常态化、房地产和碳减排等结构性调整政策的同步实施、金融风险的控制以及平台整顿等，使中国宏观经济下行的压力自二季度开始加大，经济复苏进程有所放缓。国家统计局于 2022 年 1 月 17 日发布了 2021 年宏观经济数据，中国实现了 8.1% 的经济增速。经初步核算，2021 年全年国内生产总值 1 143 670 亿元，按不变价格计算，比上年增长 8.1%，两年平均增长 5.1%。分季度来看，一季度同比增长 18.3%，二季度增长 7.9%，三季度增长 4.9%，四季度增长 4.0%。2021 年，我国经济整体上仍然在复苏的轨道上稳健运行。生产端和需求端得到改善，制造业和服务业展现了足够的韧性；新兴产业、高新技术产业保持旺盛的投资，以新产业、新业态、新模式等为代表的新动能不断成长壮大；城镇新增就业持续扩大，城镇调查失业率较为稳定，始终低于年初的预期目标；居民收入增长与经济增长基本同步，居民消费价格处于合理区间，总体保持稳定。

在国际环境下，随着新冠肺炎疫情在全球的缓解，国际贸易形势开始逐渐复苏，全球制造业增长动能增强，促进了全球经济金融和大宗商品市场的稳定发展。在党的领导和全国各族人民的共同努力下，2021 年我国货物贸易进出口总值同比涨幅高达 21.4%，在全球贸易总额中的占比也超过了 13.0%。不仅如此，2021 年我国贸易顺差也创历史纪录，达 6 764.3 亿美元。由此可见，我国的对外贸易正在稳定且快速地发展。与此同时，随着单边主义、贸易保护主义的加剧以及俄乌战争等不确定因素的影响，我国的经济发展面临着巨大的压力，但我国发展仍处于并将长期处于重要战略机遇期。

经济新常态和严峻的国际形势在给旱区经济结构转型带来压力的同时，也给旱区经济发展带来不小的机遇。就农业发展而言，为积极贯彻农业高质量发展的政策方针，占全国耕地面积近 60.0% 的旱区，积极发展各类节水灌溉产业，促进旱区农业提质增效。同时，受益于乡村振兴战略所带来的机遇，农业市场的优质化、多样化需求也促使旱区农业实现农产品结构的优化调整。提高农产品质量和档次，推广优新产品，一方面可以提高农业经济效益，增加农民的收入，从而增长社会收益；另一方面，其在很大程度上推动了我国农业经济的发展，促进我国农业现代化和机械化发展步入新的阶段。

随着新冠肺炎疫情防控取得重大成效，国内经济开始逐渐复苏，经济形势一片大好，我国旱区整体经济增速呈现爆发式增长。2021 年，旱区 16 个省（区、市）国内生产总值（GDP）达 403 113 亿元，增速为 6.9%，较 2020 年 GDP 增速大幅提高（见图 1-6）。增速排名在前五位的省（区、市）分别为山西（9.1%）、北京（8.5%）、山东（8.3%）、新疆（7%）、甘肃（6.9%），增速排在后三位的省为青海（5.7%）、辽宁（5.8%）、黑龙江（6.1%）（见表 1-1）。随着疫情态势的逐步稳定，各省（区、市）的经济形势逐渐向好，GDP 较 2020 年有着较大的增长。从人均可支配收入来看，除北京、天津外，旱区大部分省（区、市）的人均可支配收入在 25 000—40 000 元之间，增速普遍高于当年的 GDP 增速。从人均可支配收入的增速来看，排名第一的是西藏，增速达 15.0%，其他各省（区、市）的增速均小于 10.0%（见表 1-2）。

与非旱区 GDP 增速相比，旱区 GDP 增速较低，经济运行状况较差，且旱区与非旱区之间的差距也逐渐有扩大的态势。另外，相比于 2020 年，2021 年旱区各省（区、市）的 GDP 增速差距有所缩小，增速最高的山西和增速最低的青海仅相差 3.4%。值得注意的是，旱区各省（区、市）GDP 的增速都未达到 10%，但较 2020 年已取得巨大提高。对于人均可支配收入来说，与 2020 年相比，2021 年旱区 16 个省（区、市）的人均可支配收入有了明显提高，同时各省经济增长稳定，波动幅度较小，说明经济发展新常态进一步显现，也说明了随着我国新冠肺炎疫情的有力防控，我国经济发展逐渐向好，各部门经济运行较为稳定且高效，极大提高了后疫情时代我国的经济发展水平及人均可支配收入水平。

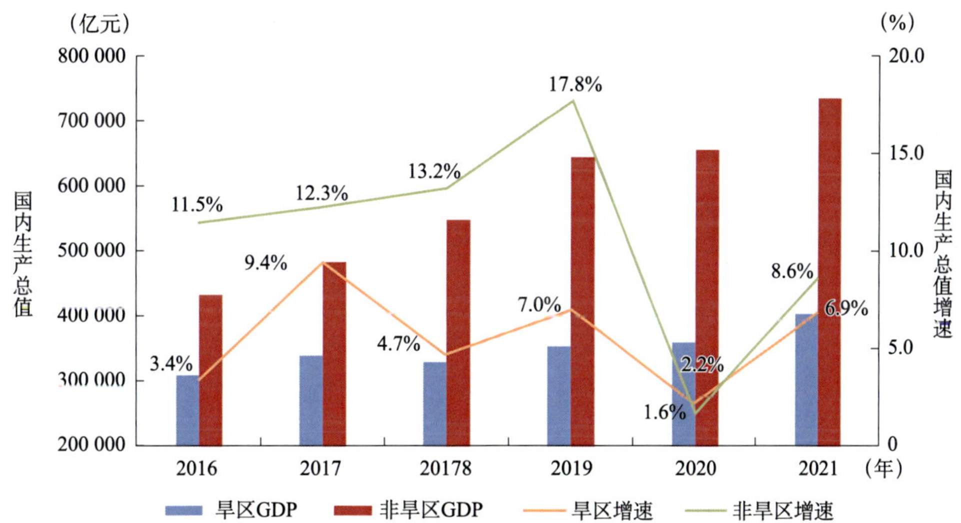

图 1-6　2016—2021 年旱区国内生产总值及增速变化对比

Figure 1-6　GDP and growth changes in the arid areas from 2016 to 2021

说明：2018 年我国开展第四次全国经济普查，之后于 2020 年 1 月对 2018 年的 GDP 进行调整，导致 2018 年各省（区、市）GDP 变动幅度较大，因此 2018 年的数据不做增长率比较。

资料来源：2017—2022 年国家统计局数据。

表 1-1　2017—2021 年旱区各省（区、市）GDP 总量和增速

Table 1-1　GDP and change ratio in the arid areas province from 2017 to 2021

省（区、市）		2017 年	2018 年调整前	2018 年调整后	2019 年	2020 年	2021 年
山东	GDP 总量（亿元）	72 678.2	76 469.7	66 648.9	71 067.5	73 129.0	83 095.0
	增速（%）	（8.5）	—	—	（6.6）	（2.9）	（8.3）
河南	GDP 总量（亿元）	44 988.2	48 055.9	49 935.9	54 259.0	54 997.1	58 887.4
	增速（%）	（12.0）	—	—	（8.7）	（1.4）	（6.3）
河北	GDP 总量（亿元）	36 000.0	36 010.3	32 494.6	35 104.0	36 206.9	40 391.3
	增速（%）	（13.1）	—	—	（8.0）	（3.1）	（6.5）
北京	GDP 总量（亿元）	28 000.4	30 320.0	33 105.9	35 371.0	36 102.6	40 269.7
	增速（%）	（12.5）	—	—	（6.8）	（2.1）	（8.5）
辽宁	GDP 总量（亿元）	23 942.0	25 315.4	23 510.5	24 909.0	25 115.0	27 584.8
	增速（%）	（8.6）	—	—	（6.0）	（0.8）	（5.8）
陕西	GDP 总量（亿元）	21 898.8	24 438.3	23 941.8	25 793.0	26 181.9	29 800.9
	增速（%）	（14.3）	—	—	（7.7）	（1.5）	（6.5）
天津	GDP 总量（亿元）	18 595.4	18 809.2	13 362.9	14 104.0	14 083.7	15 695.1
	增速（%）	（4.0）	—	—	（5.6）	（-0.1）	（6.6）
内蒙古	GDP 总量（亿元）	19 000.0	17 289.2	16 140.7	17 212.0	17 359.8	20 514.2
	增速（%）	（2.0）	—	—	（6.6）	（0.9）	（6.3）
山西	GDP 总量（亿元）	14 973.5	16 818.1	15 958.1	17 026.0	17 651.9	22 590.3
	增速（%）	（15.8）	—	—	（6.7）	（3.7）	（9.1）
黑龙江	GDP 总量（亿元）	16 199.9	16 361.6	12 846.4	13 612.0	13 698.5	14 879.7
	增速（%）	（5.3）	—	—	（6.0）	（0.6）	（6.1）

续表

省（区、市）		2017 年	2018 年调整前	2018 年调整后	2019 年	2020 年	2021 年
吉林	GDP 总量（亿元）	15 288.9	15 074.6	11 253.8	11 726.0	12 311.3	13 235.6
	增速（%）	（2.7）	—	—	（4.2）	（5.0）	（6.6）
新疆	GDP 总量（亿元）	10 920.0	12 199.1	12 809.4	1 3597.0	13 797.6	15 983.6
	增速（%）	（13.6）	—	—	（6.2）	（1.5）	（7）
甘肃	GDP 总量（亿元）	7 677.0	8246.1	8104.1	8 718.0	9 016.7	10 243.3
	增速（%）	（7.3）	—	—	（7.6）	（3.4）	（6.9）
宁夏	GDP 总量（亿元）	3 453.9	3 705.2	3 510.2	3 748.0	3 920.5	4 522
	增速（%）	（9.6）	—	—	（6.8）	（4.6）	（6.7）
青海	GDP 总量（亿元）	2 642.8	2 865.2	2 748.0	2 965.0	3 005.9	3 345.6
	增速（%）	（2.7）	—	—	（7.9）	（1.4）	（5.7）
西藏	GDP 总量（亿元）	1310.6	1477.6	1548.3	1697.0	1 902.7	2 080.2
	增速（%）	（14.0）	—	—	（9.6）	（12.1）	（6.7）

资料来源：2018—2022 年国家统计局数据。

表 1-2　2016—2021 年旱区各省（区、市）人均可支配收入和最新增速

Table 1-2　Per capita disposable income and the latest growth table of all provinces in the arid areas from 2016 to 2021

省（区、市）	人均可支配收入（元）						最新增速（%）
	2016 年	2017 年	2018 年	2019 年	2020 年	2021 年	
陕西	18 873.7	20 635.2	24 666.3	22 528.3	26 226.0	28 568.0	9.0
西藏	13 639.2	15 457.3	17 286.1	19 501.3	21 744.1	24 950.0	15.0
青海	17 301.8	19 001.0	20 757.3	22 617.7	24 037.4	25 920.0	8.0
甘肃	14 670.3	16 011.0	17 488.4	19 139.0	20 335.1	22 066.0	9.0
山西	19 048.9	20 420.0	21 990.1	23 828.5	25 213.7	27 426.0	9.0
河北	19 725.4	21 484.1	23 445.7	25 664.7	27 135.9	29 383.0	8.0

续表

省（区、市）	人均可支配收入（元）						最新增速（%）
	2016 年	2017 年	2018 年	2019 年	2020 年	2021 年	
宁夏	18 832.3	20 561.7	22 400.4	24 411.9	25 734.9	27 905.0	8.0
吉林	19 967.0	21 368.3	22 798.4	24 562.9	25 751.0	27 770.0	8.0
山东	24 685.3	26 929.9	29 204.6	31 597.0	32 885.7	35 705.0	9.0
河南	18 443.1	20 170.0	21 963.5	23 902.7	24 810.1	26 811.0	8.0
天津	34 074.5	37 022.3	39 506.1	42 404.1	43 854.1	47 449.0	8.0
新疆	18 354.7	19 975.1	21 500.2	23 103.4	23 844.7	26 075.0	9.0
内蒙古	24 126.6	26 212.2	28 375.7	30 555.0	31 497.3	34 108.0	8.0
辽宁	26 039.7	27 835.4	29 701.4	31 819.7	32 738.3	35 112.0	7.0
黑龙江	19 838.5	21 205.8	22 725.8	24 253.6	24 902.0	27 159.0	9.0
北京	52 530.4	57 229.8	62 361.2	67 755.9	69 433.5	75 002.0	8.0

资料来源：2017—2022 年国家统计局数据。

从旱区各省（区、市）的三次产业占比来看，除黑龙江以外，其余各省（区、市）的第一产业占比均低于 20.0%。对于人均 GDP 排名靠前的北京和天津，其第一产业占比仅为 0.3% 和 1.4%，不足 1.5%（见图 1-7）。这些数据均反映了我国旱区第一产业发展水平较为低下的现状。旱区各省（区、市）中，黑龙江的第一产业占比最高，为 23.3%；其次是新疆和甘肃，占比分别为 14.7% 和 13.3%。同时，与 2020 年相比，各省（区、市）的第一产业占比几乎维持不变，较为稳定，但旱区第一产业发展水平较低的事实仍然存在。由于农业生产效率较低，GDP 占比也较低，在早期的经济发展中并没有引起各省的足够重视，旱区第一产业相比第二、第三产业存在显著不足。在经济新常态下，经济结构转型需要根据当地自然环境适当调整产业结构，为经济增长提供新动能。

旱区第一产业包含农、林、牧、渔四大部门，其中农业在旱区各省（区、市）第一产业产值中所占的比例最大。2021 年，旱区农业总产值为 36 014 亿元，在第一产业产值中占比 60.0%；畜牧业在旱区各省（区、市）第一产业产值中所占的比例次之，总产值为 19 137 亿元，占比为 31.9%；渔业和林业的产值较少，分别为 3 230.8 亿元和 1 611.9 亿元，占比为 5.4% 和 2.7%（见图 1-8、附表 1）。考虑到旱区所处的地理环境，旱区各省（区、市）应该重点发展第一产业中的农业和畜牧业，以此带动旱区的经济发展。此外，农、林、牧、渔这四大部门的关系也基本稳定，从 2016—2021 年，四大部门的产值结构比例基本不变，常年维持在 60：2.5：32：5.5 左右（见图 1-9）。

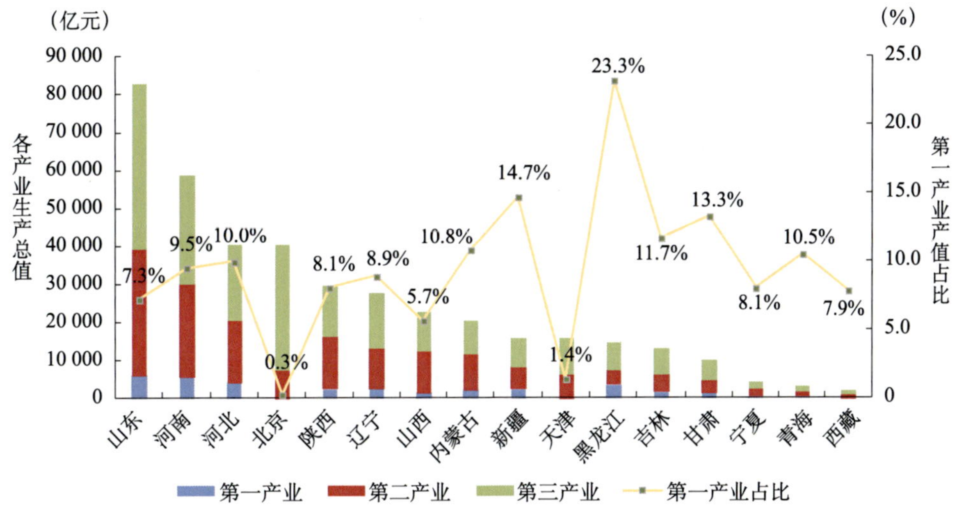

图 1-7　2021 年旱区各省（区、市）三次产业占比

Figure 1-7　The proportion of three types of industries in each province in the arid areas in 2021

资料来源：国家统计局 2021 年数据。

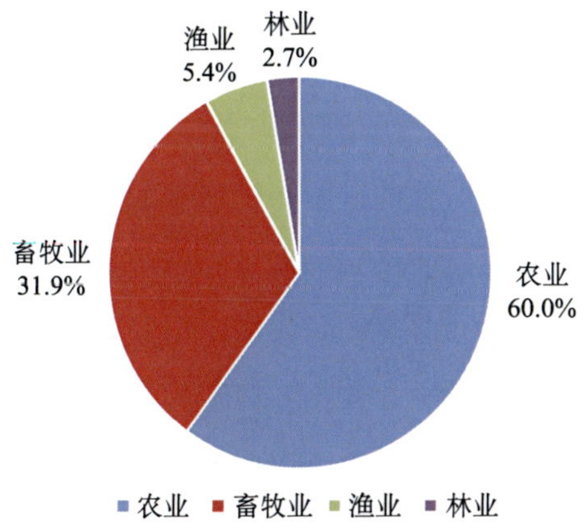

图 1-8　2021 年旱区第一产业产值的构成比例

Figure 1-8　The proportion of various industries in the first industry in arid areas in 2021

资料来源：国家统计局 2021 年数据。

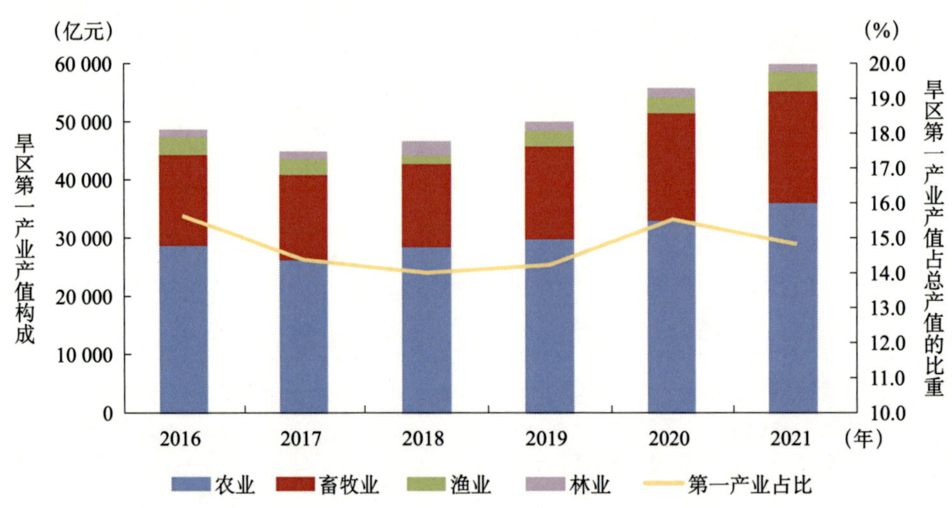

图 1-9　2016—2021 年旱区第一产业产值构成及 GDP 占比变化

Figure 1-9　The primary industry output structure and its proportion in GDP in the arid areas from 2016 to 2021

资料来源：《中国统计摘要》(2017—2022 年)。

分省份来看，2021 年旱区各省（区、市）第一产业产值中的农业占比均位于首位，畜牧业次之，渔业和林业在第一产业产值中所占比重较小。同时，旱区各省（区、市）的第一产业产值呈阶梯分布，第一梯队为山东、河南、河北、黑龙江；第二梯队为新疆、辽宁、陕西、内蒙古、吉林、甘肃、山西 7 个省（区）；第三梯队为宁夏、青海、天津、北京、西藏 5 个省（区、市）（见图 1-10）。

总体来看，随着新冠肺炎疫情的有效防控，旱区经济形势逐渐复苏、一片向好。尽管面临着经济新常态和恶化的国际环境的挑战，我国经济发展速度仍然位居世界前列，旱区仍以较高的发展质量推动经济增长。具体而言，旱区经济总体保持稳定增长，第一、第二、第三产业高质量发展，居民生活水平大幅提高。然而，由于第一产业发展水平较为低下，导致资金主要流向第二、第三产业，农业发展动力不足，致使旱区农业发展整体质量不高。因此，旱区在发展经济过程中，应当根据自然环境适当调整产业结构，加大第一产业资金投入，促进农业生产的规模化和高效率，为经济增长提供新动能。

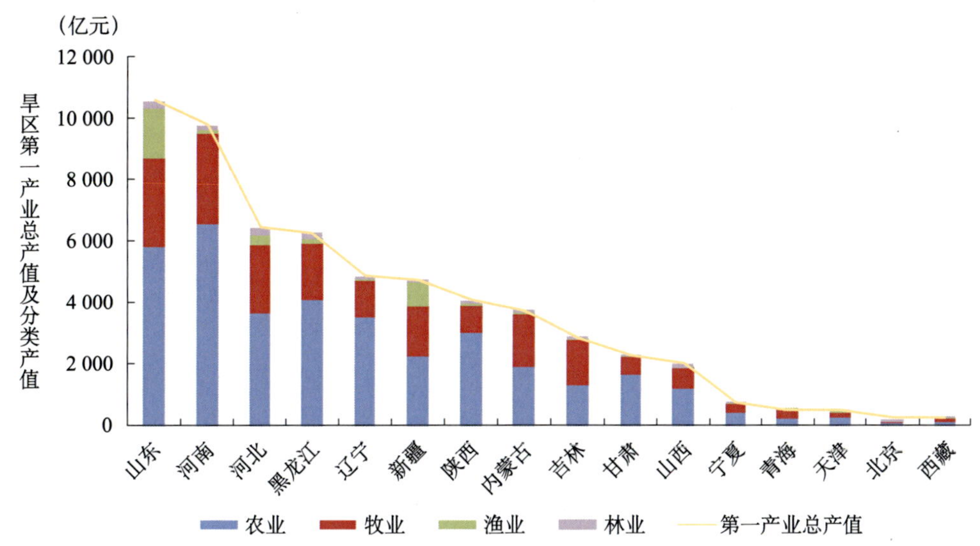

图 1-10　2021 年旱区各省（区、市）第一产业产值及分类产值

Figure 1-10　The primary industry output and structure in the arid areas in 2021

资料来源：国家统计局 2021 年数据。

1.3　旱区农业生产

2021 年 2 月 21 日，中共中央、国务院发布新世纪以来第 18 个指导“三农”工作的一号文件《中共中央 国务院关于全面推进乡村振兴加快农业农村现代化的意见》。中央强调，“十四五”时期，是乘势而上开启全面建设社会主义现代化国家新征程、向第二个百年奋斗目标进军的第一个五年。民族要复兴，乡村必振兴。新发展阶段“三农”工作依然极端重要，须臾不可放松，务必抓紧抓实。要坚持把解决好“三农”问题作为全党工作重中之重，把全面推进乡村振兴作为实现中华民族伟大复兴的一项重大任务，举全党全社会之力加快农业农村现代化，让广大农民过上更加美好的生活。

具体地，要把乡村建设摆在社会主义现代化建设的重要位置，全面推进乡村产业、人才、文化、生态、组织振兴，充分发挥农业产品供给、生态屏障、文化传承等功能，走中国特色社会主义乡村振兴道路，加快农业农村现代化，加快形成工农互促、城乡互补、协调发展、共同繁荣的新型工农城乡关系，促进农业高质高效、乡村宜居宜业、农民富裕富足。因此，大力发展农业生产，对推进乡村振兴战略、保障粮食安全和生态安全等具有特殊且重要的意义。

现阶段，我国的第三产业发展迅速，第一、第二产业所占比例有所下降。但第一产业是国民经济的基础性产业，对于维护国家粮食安全、促进经济稳定有着不可替代的作用，同时也为我国第二、第三产业的发展奠定了坚实基础。旱区面积占全国国土面积过半，旱区耕地面积更是占全国耕地面积的六成，因而旱区农业也是我国第一产业的最重要组成部分。就农业发展现状而言，旱区的主要农产品产量在全国农产品总产量中均占有较大比重，对保障国家粮食安全发挥着至关重要的作用，且旱区有着深厚的农业发展基础，为产业融合发展提供了较好的农业支撑。

旱区农产品种类较为丰富，已成为我国重要且难以替代的农产品生产基地。虽然旱区的重要特征是干旱缺水，但在 2020 年，旱区的粮食总产量为 39 749.6 万吨，在全国粮食产量中的占比超过 50.0%，相比 2019 年的粮食产量提高了 1.0%。在粮食作物产量方面，旱区的作用同样巨大。2020 年，旱区生产了我国玉米总产量的 83.4%，高粱总产量的 79.1%，大豆总产量的 73.8%，小麦总产量的 71.8%，花生总产量的 66.5%，谷物总产量的 60.1%，马铃薯总产量的 42.4%（见图 1-11）。同时，根据《中国农村统计年鉴 2021》的数据，2020 年旱区的棉花产量占全国棉

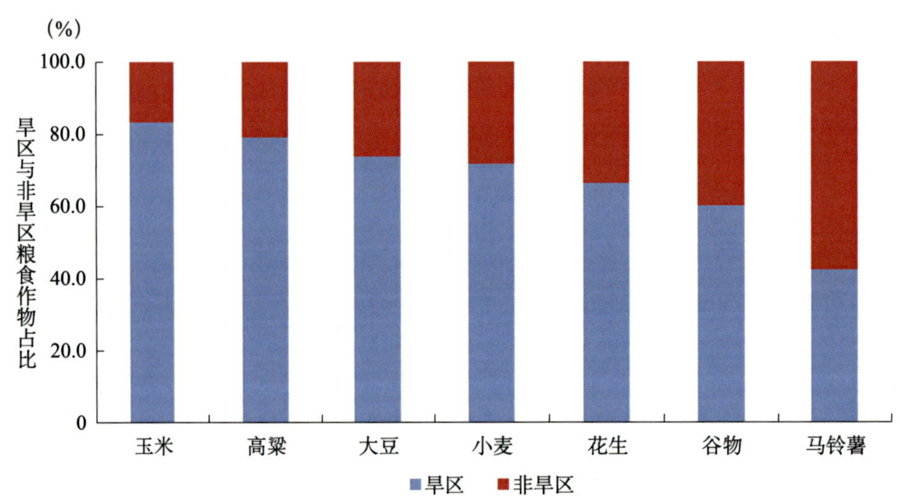

图 1-11　2020 年旱区粮食作物产量占比情况

Figure 1-11　The proportion of grain crop production in the arid areas in 2020

资料来源：《中国农村统计年鉴 2021》。

花总产量的 93.6%，奶类占总产量的 89.4%，羊肉总产量的 74.6%，牛肉总产量的 72.0%，粮食总产量的 59.3%，水果总产量的 50.4%，油料总产量的 49.2%，猪肉总产量的 37.5%，蔬菜总产量的 37.2%，糖料总产量的 10.2%，其重要性可见一斑（见图 1-12）。

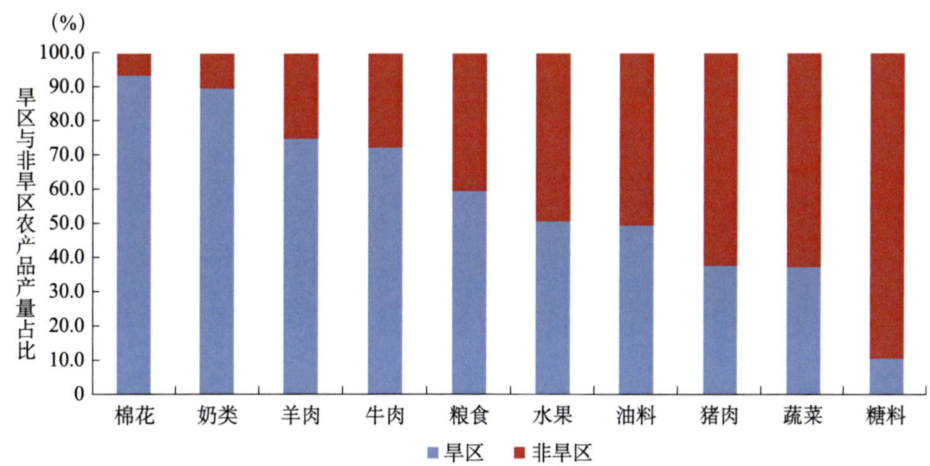

图 1-12　2020 年旱区主要农产品产量占比情况

Figure 1-12　The proportion of main agricultural output in the arid areas in 2020

资料来源：《中国农村统计年鉴 2021》。

接下来分析 2015—2020 年旱区各类农作物和农产品的产量变化。可以发现，旱区的蔬菜产量在 2016 年达到最高点，之后逐渐回落（见图 1-13）。同时，旱区的水果产量呈现逐年波动的趋势，没有明显地增加或减少；除了蔬菜和水果之外，旱区其他农产品的产量虽有生产波动现象，但总体波动幅度不大，尤其是 2017 年以后（见附表 2）。从谷物、玉米和小麦这三种主要农作物的产量来看，在 2015—2020 年，旱区农作物的总体产量呈现缓慢增长的趋势。具体地，2020 年旱区的谷物总产量为 37 112.8 万吨，玉米总产量为 21 692.1 万吨，小麦总产量为 9 605.4 万吨，相较于 2019 年都有不同程度的提高（见图 1-14）。对于奶类产品而言，在 2015—2020 年，旱区奶类农产品的总产量基本保持不变。总体来看，除了棉花和肉类的产量保持稳定外，2015—2016 年，油料、糖料、蔬菜、水果和奶类的产量均呈现较好的增长趋势，尤其是蔬菜和水果，产量大幅增加。但在 2017 年，蔬菜和水果的产量大幅下降，分别比 2016 年减少了 17 800.3 万吨和 2 368.2 万吨，到了 2020 年，旱区的水果产量有所增加，产量为 14 073.0 万吨（见附表 3）。

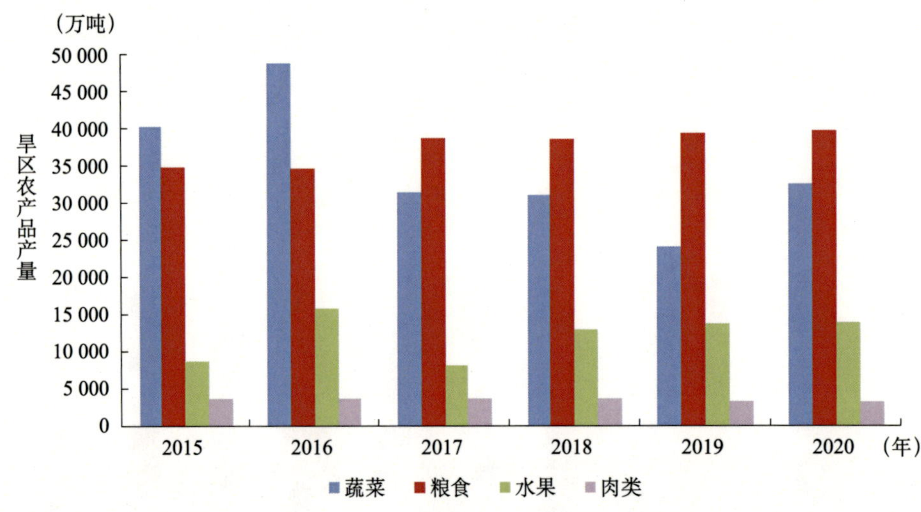

图 1-13　2015—2020 年旱区农产品产量变化

Figure 1-13　Changes of agricultural production in the arid areas from 2015 to 2020

资料来源:《中国农村统计年鉴》(2016—2021 年)。

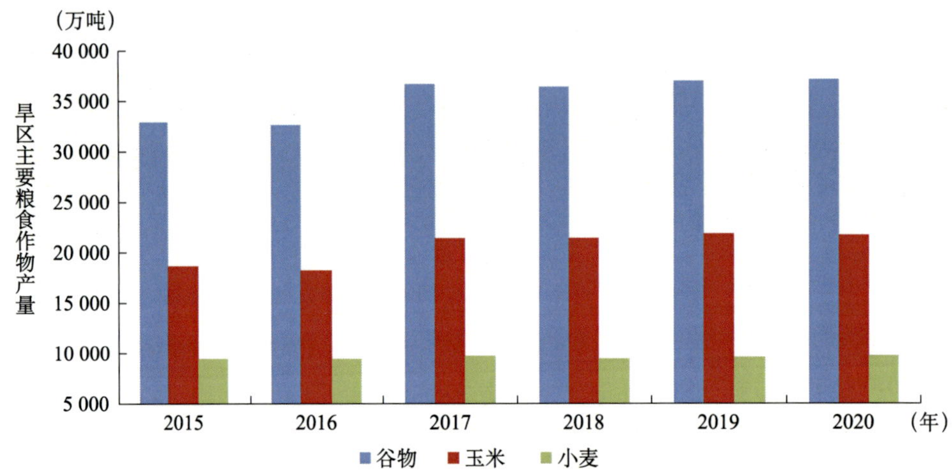

图 1-14　2015—2020 年旱区农作物产量变化

Figure 1-14　Changes of major crops production in the arid areas from 2015 to 2020

资料来源:《中国农村统计年鉴》(2016—2021 年)。

从农业生产的生产资料和技术利用情况来看，2020 年旱区农业的机器耕种、播种和收割面积分别为 6 889.4 万公顷、7 447.8 万公顷和 6 678.3 万公顷，占全国的比重均超过了 50.0%。相较于 2019 年，旱区农业的机器耕种、播种和收割面积均有不同程度提高，这从侧面反映了我国旱区农业正在向集约化转型，机械化水平稳步提升。旱区农业的机械化水平相较于非旱区略高，但各省（区、市）的农业机械化水平差异明显。黑龙江和河南的农业机械化水平远高于旱区其他省（区、市）（见表1-3），而面积广袤的青海、西藏，其农业机械水平较低，说明旱区西南部地区的农业生产发展潜力巨大。

从旱区的灌溉面积来看，2020年旱区总体实际耕地灌溉面积为3 298.6万公顷，相比上年略有降低，占全国比重的56.5%。节水灌溉面积为2 494.5万公顷，相比上年提高了43.1万公顷，占全国比重的66.0%。可以看到，虽然旱区农业的实际耕地灌溉比重尚不足60.0%，但节水灌溉面积占比已超过其耕地面积占全国之比。以上数据说明，旱区的节水农业发展迅速。从具体的省（区、市）来看，新疆、山东、河南、黑龙江、河北的实际耕地灌溉面积和节水灌溉面积远超旱区其他省（区、市），西北地区的实际耕地灌溉面积和节水灌溉面积普遍较小，干旱程度较高（见图1-15）。旱区的灌溉面积和机械化水平类似，东北和中部地区农业大省较为发达，西北地区较为落后，这一问题亟须改善。

表1-3　2020年旱区各省（区、市）机器耕种、播种和收割面积

Table 1-3　Areas cultivated sown and harvested by machines in the provinces of the arid areas in 2020

单位：万公顷

省（区、市）	机器耕种	机器播种	机器收割
黑龙江	1 435.1	1 463.1	1 431.2
河南	953.7	1 181.4	1 158.4
内蒙古	720.6	800.4	670.4
山东	635.5	934.3	894.2
新疆	608.1	597.7	416.8
河北	532.5	673.2	595.1
吉林	469.2	559.9	504.8
辽宁	398.0	369.9	282.1
陕西	332.7	227.8	201.5
甘肃	331.8	192.6	166.2
山西	269.4	266.2	201.0
宁夏	107.5	89.9	74.4
青海	44.2	34.4	30.5
天津	31.5	37.8	35.0
西藏	17.3	14.7	12.9
北京	2.3	4.5	3.8

资料来源：《中国农村统计年鉴2021》。

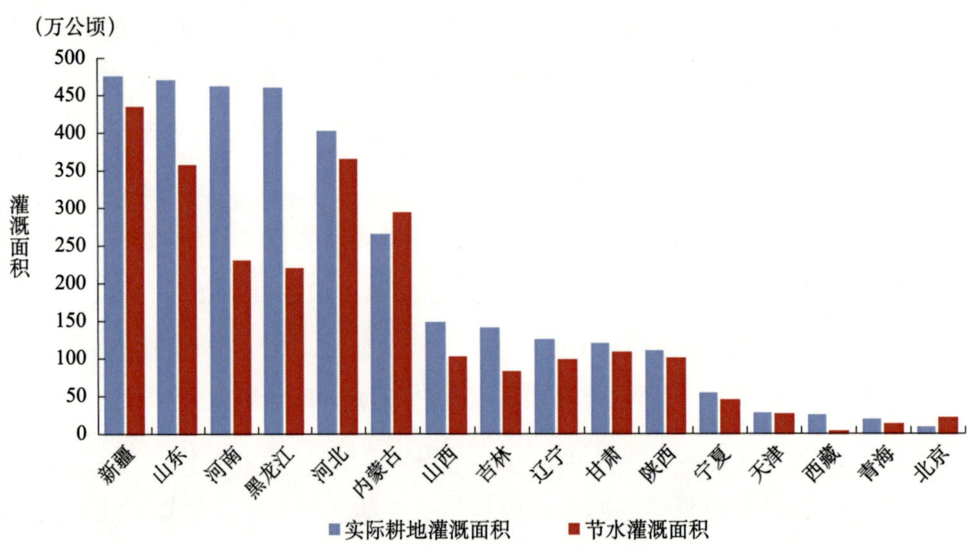

图 1-15 2020 年旱区各省（区、市）实际耕地灌溉面积和节水灌溉面积

Figure 1-15 The actual cultivated land irrigated area and water-saving irrigated area of the province in the arid areas in 2020

资料来源：《中国农村统计年鉴 2021》。

随着新冠肺炎疫情的有效防控，全国产业逐渐复苏，形成了良好的发展态势。作为发展基石，农业的高质量发展必须得到重视。要把乡村建设摆在社会主义现代化建设的重要位置，全面推进乡村产业、人才、文化、生态、组织振兴，充分发挥农业产品供给、生态屏障、文化传承等功能，走中国特色社会主义乡村振兴道路，加快农业农村现代化。旱区的农业发展在全国农业生产中占有举足轻重的地位，根据上述分析，旱区各类农业产品的产量基本稳定，市场化程度较高的水果和蔬菜的产量波动较大。在节水灌溉和农业机械化方面，总体灌溉和机械化水平不断提高，旱区的农业在我国农业发展战略中具有非常重要的作用。相比于旱区中东部的省份，西北地区的节水灌溉和机械化水平普遍偏低，加之气候更为干旱，使其农产品产值较低。因此，西北地区的节水灌溉和机械化水平亟须提升。此外，旱区农业中存在的科技化程度不足、生产效率低下等问题，制约着旱区农业的高质量发展。因此，深入推进旱区农业供给侧结构性改革，进行农业产业结构升级改造，是推进旱区第一产业持续发展的关键。同时，提高农业科技创新能力，坚持用改革创新点燃转型升级“核动力”，全力推进由要素拉动向创新拉动转换，将科技作为引领发展的“主引擎”，从而不断探索旱区现代农业的发展之路。

1.4 旱区社会发展

改革开放40余年的发展，推动了旱区社会生产力水平和居民收入水平的明显提高，旱区各省（区、市）的城乡差距缩小，人民生活安居乐业。同时，旱区的城镇化水平也逐渐提高，医疗水平、教育水平与自然环境得到了明显的改善，旱区社会的整体福利逐年提高，社会整体发展稳中向好。然而，旱区在社会发展的过程中仍面临着诸多突出问题：城乡之间、地区之间的发展差距仍然较大，发展质量和效益不高，发展不平衡不充分的问题尚未解决。因此，针对旱区社会发展存在的问题，应当积极响应党中央实施的国家发展战略，抓住“一带一路”、西部大开发、乡村振兴等重要机遇，缓解旱区内部、城乡发展不平衡等问题。

居民收入水平是社会发展的一个重要指标。2021年，旱区各省（区、市）的居民人均可支配收入为32 588.1元，相较于上一年有着8.6%的增长速率。同时，居民人均消费支出为22 004.1元，比上一年增加了12.8%。居民人均可支配收入的增长和消费支出的增加，在一定程度上代表了人民生活水平的提高。随着新冠肺炎疫情的有效防控，各个产业均开始高质量稳步发展，在提高居民收入的同时也刺激了居民的消费，居民的整体生活福利得到进一步提高。其中，城镇居民的人均可支配收入为43 011.9元，相比2020年提高了7.6%；农村居民的人均可支配收入为18 361.4元，相比2020年提高了10.5%，农村居民人均可支配收入的增长率高于城镇居民，城乡居民的收入差距相应缩小（见附表4）。

我国旱区地理区域分布广泛，既包括东部发达地区省市，也有中西部欠发达省区。从图1-16来看，旱区各省（区、市）经济发展不平衡，不同省（区、市）之间的人均可支配收入相差较大，其中北京为75 002元、天津为47 449元，属于第一梯队，远远高于旱区的其他省（区、市），同时也高于全国平均人均可支配收入水平。山东、辽宁、内蒙古属于第二梯队，人均可支配收入分别为35 705元、35 112元、34 108元，与全国平均人均可支配收入几乎持平，其余省（区、市）均位于全国平均线以下。同样的，人均消费支出也呈现出相同的态势。上述结果表明，旱区内部各省（区、市）的发展极不均衡，从东向西，人均可支配收入和人均消费支出均呈现下降趋势。

除了中部、东部和西部发展不平衡之外，旱区的城乡发展也有较大差距。根据图1-17可知，西部地区的一些省（区、市）如甘肃、陕西、青海、西藏等，其城

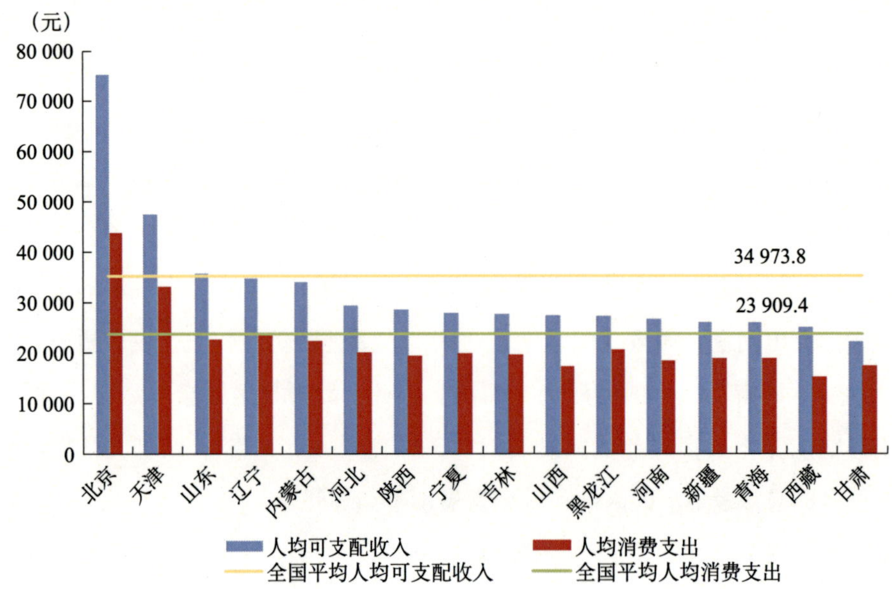

图 1-16　2021 年旱区各省（区、市）居民人均可支配收入和消费支出情况

Figure 1-16　Per capita disposable income and consumption expenditure of residents in the provinces in the arid areas in 2021

资料来源：国家统计局 2021 年数据。

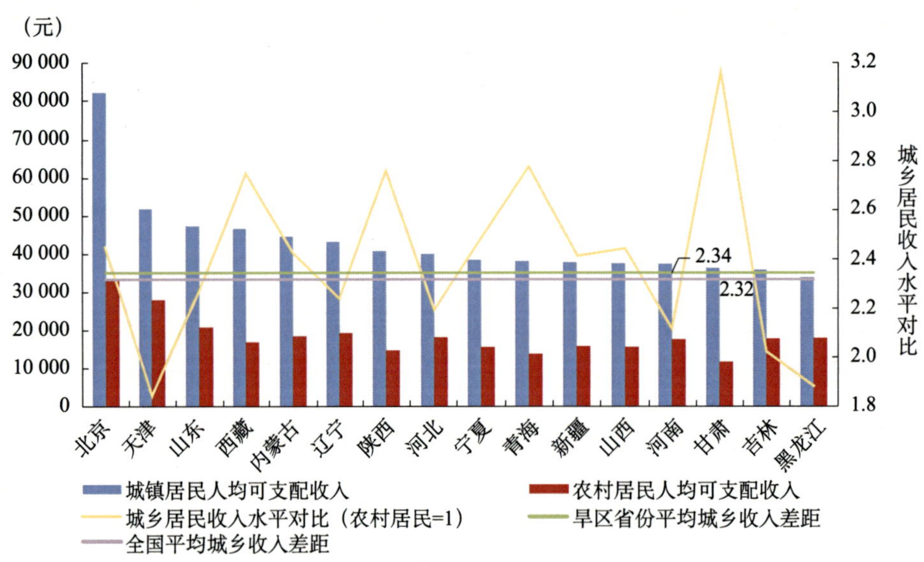

图 1-17　2021 年旱区各省（区、市）城乡居民收入差距

Figure 1-17　Income gap between urban and rural residents in the arid areas in 2021

资料来源：国家统计局 2021 年数据。

乡居民收入差距较大，不但高于旱区各省（区、市）的平均城乡收入差距水平，还高于全国平均城乡收入差距水平。东部的城乡收入差距较小，山东、辽宁、天津等省（市）的城乡收入差距低于全国平均水平。中部地区如内蒙古、山西等省（区）的城乡收入差距水平多介于全国平均水平与旱区平均水平之间。值得注意的是，北京的城乡收入差距较大，但北京和天津的农村居民人均可支配收入水平相当，因此这种较大的城乡收入差距主要是由北京城镇居民较高的收入水平导致的。从旱区各省（区、市）内部的城乡收入差距来看，西北地区的城乡二元分化严重，具体表现为农村居民人均可支配收入较低。

接下来，我们分析旱区农村人口的变化。由于从事农业与从事工业间的收入差距较大，且城市具有更优越的医疗和教育资源，越来越多的旱区农村居民选择迁往城市，旱区的城镇化率逐年提高，相应地，农村人口也在逐年减少（见附表 5）。从 2015—2020 年，旱区农村人口的比重从 43.9% 下降到 36.7%，城镇化率从 56.1% 提高到 63.3%，城镇化水平不断提高（见图 1-18）。

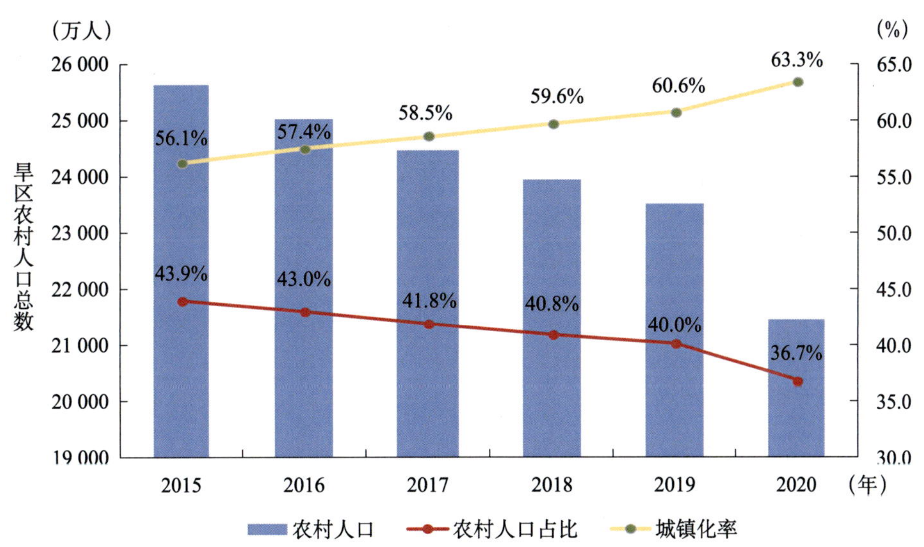

图 1-18　2015—2020 年旱区农村人口数变化

Figure 1-18　Changes in rural population in the arid areas from 2015 to 2020

资料来源：《中国农村统计年鉴》（2016—2021 年）。

由于旱区地域广阔，各省（区、市）的城镇化发展水平也不尽相同。根据图 1-18 可以发现，西部地区的城镇化发展不足，包括新疆、甘肃、西藏等多个省

（区、市）的农村人口占比远远高于全国平均水平和旱区平均水平；中部地区和东北部地区的城镇化发展水平相当，山西、吉林等多个省份的农村人口占比与全国平均水平持平；东部地区的城镇化发展水平较高，北京、天津等多个省市的农村人口占比远远低于全国平均水平和旱区平均水平。总体来看，旱区城镇化发展进程虽然稳步进行，但是各省（区、市）之间的差距仍然较大，东部地区城镇化发展水平较高，西部地区发展水平较低。

同样，由于旱区横跨我国东部、中部和西部，其内部各省（区、市）的城镇化差异较大。如图 1-19 所示，西北地区，包括新疆、西藏、甘肃、青海等地的城镇化水平较低，农村人口占比较大，高于全国平均水平。中部地区和东北地区，如陕西、吉林等地的城镇化水平与全国相当。东部地区，如北京、天津、辽宁等地的城镇化水平较高。此外，城镇化水平与农村人口数量并没有表现出明显的相关性。在河南、河北、山东三个农业大省中，河南省的农村人口最多，城镇化水平相对落后，但与河南省农村人口数量相近的山东省，其城镇化水平却高于全国平均水平和旱区平均水平。河北省的农村人口相对较多，城镇化程度与全国平均水平相当。总体来看，虽然旱区的城镇化进程正在稳步推进，但其内部各省（区、市）的城镇化

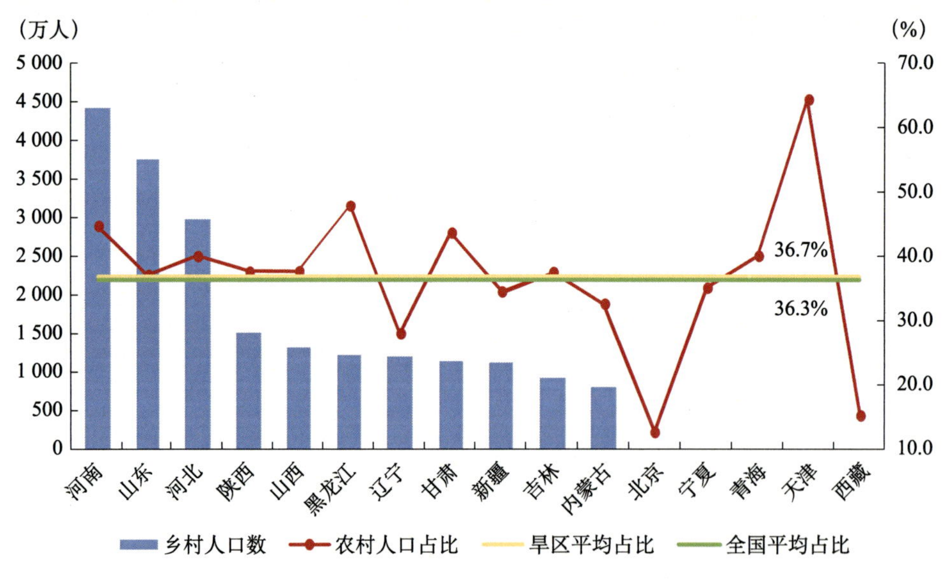

图 1-19　2020 年旱区各省（区、市）农村人口数量和占比

Figure 1-19　The number and proportion of rural population in the arid areas in 2020

资料来源：《中国农村统计年鉴》2021 年。

水平差异较大，表现出从东向西依次递减的趋势。同时，农村人口数量并不一定会阻碍城镇化进程。城镇化的差异与城乡发展的差异类似，多和地理位置、经济发展水平等因素相关联。因此，促进旱区城镇化和城乡统筹发展，需要建立健全城乡融合发展体制机制和政策体系，加快推进农业农村现代化，推动旱区经济发展从多元发展向融合发展转变。

社会的发展进步不仅体现在居民收入的提高和城乡差距的缩小，居民生活的质量也是衡量社会进步的一个重要指标。图 1-20 展示了旱区医疗水平的发展情况，如图所示，2015—2020 年旱区每千人拥有的医护人数逐年提高。截至 2020 年，旱区每千人拥有卫生技术人员 8.1 人、执业医师 2.7 人、注册护士 3.4 人，相较于 2015 年有了较大提升。医护人员数量的增加在一定程度上反映出了旱区医疗水平的发展进步，旱区的公共卫生服务体系建设水平得到了提高，各地区逐步建立了纵横有序、功能互补的医疗保健体系。医疗卫生条件的改善和医疗保健体系的健全，有效提高了旱区居民的健康水平。

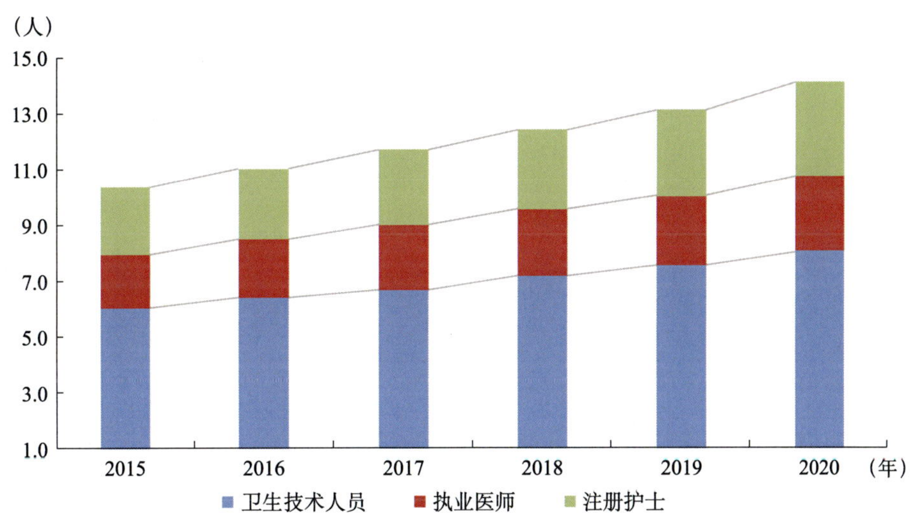

图 1-20　2015—2020 年旱区平均每千人医护人员变化情况

Figure 1-20　Changes of medical staff per 1 000 people in the arid areas from 2015 to 2020

资料来源：《中国卫生健康统计年鉴》(2016—2021 年)。

教育的发展水平也是衡量社会进步的重要指标之一，旱区经济的快速发展也带动了居民教育水平的快速提高。旱区绝大多数省（区、市）6 岁以上未上学的人口比例明显低于全国平均水平，只有西部地区的甘肃、青海、宁夏、西藏的 6 岁以上未上学的人口比例高于全国平均水平。同时，对于大专及以上学历的人口比例，东部地区的大多数省市包括北京、天津和辽宁等，均高于旱区其他省（区、市）的比例，其余各省（区、市）的比例相差不大（见图 1-21）。上述数据从侧面反映了东部地区拥有较为优厚的教育资源，教育水平较高，西部地区的教育水平相对落后。

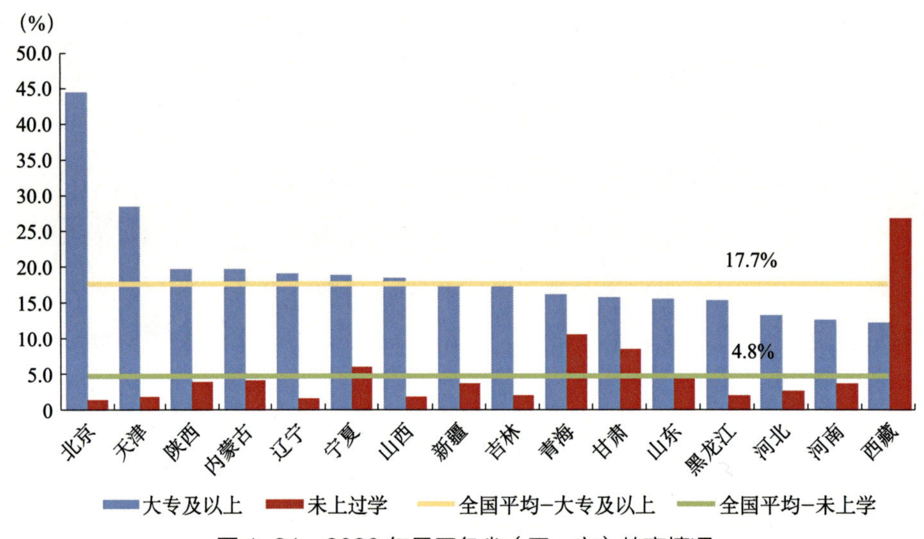

图 1-21　2020 年旱区各省（区、市）教育情况

Figure 1-21　Education in provinces in the arid areas in 2020

资料来源：《中国统计年鉴 2021》。

同样的，就业稳定性水平也是衡量旱区社会发展状况的一个重要指标。如图 1-22 所示，由于 2020 年城镇登记失业人员统计口径发生改变，故 2020 年城镇登记失业人员的数量变化不能代表城镇失业水平。重点关注旱区失业率的变化，从 2015—2020 年，旱区的失业率逐渐与全国失业率水平持平，这表明旱区各省（区、市）具有较好的就业稳定性。

当前，生态环境效益越来越得到社会的重视。2005 年 8 月，时任浙江省委书记习近平在浙江省湖州市安吉县考察时提出“绿水青山就是金山银山”。环境污染治理是改善区域生态环境，保护绿水青山，满足人民群众日益增长的美好环境需要的重要途径。我国旱区内有东北老工业基地、京津唐工业基地和蒙晋陕能源基地。因此，治理污染是实现旱区社会高质量发展的重要一环。如图 1-23 所示，山东、河南、河北等省的污染治理水平较高，北京、黑龙江和山东在环境保护方面投入了大量的资金。然而，西部地区和东北地区部分省市的生态环境改善较为缓慢。

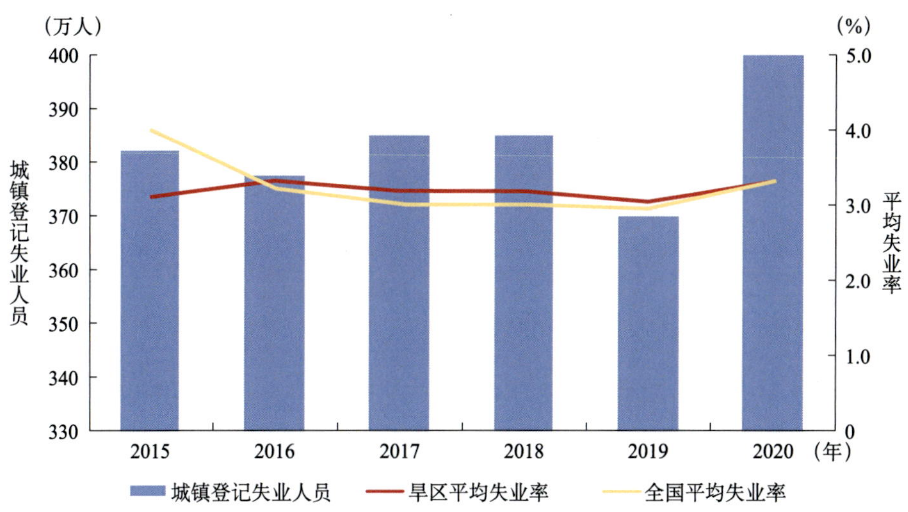

图 1-22 2015—2020 年旱区失业率和失业人数变化情况

Figure 1-22 Changes in unemployment rate and number of people working in the arid areas from 2015 to 2020

资料来源：《中国人口与就业年鉴》(2016—2021 年)。

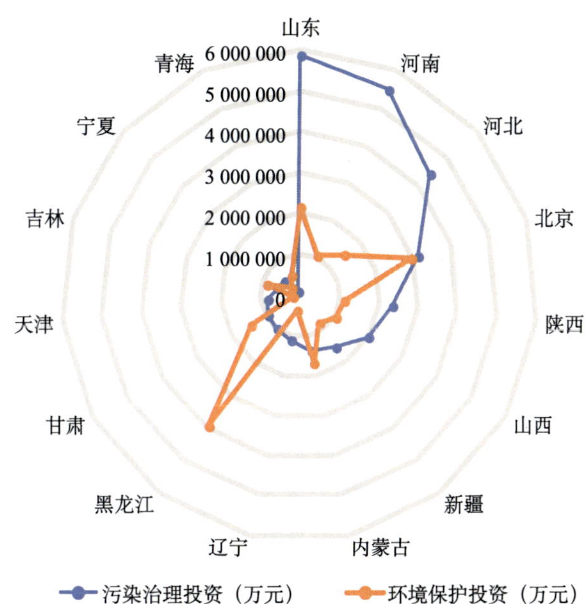

图 1-23 2020 年旱区环境污染治理和环境保护投资情况

Figure 1-23 Investment in environmental pollution control and environmental protection in the arid areas in 2020

资料来源：《中国环境统计年鉴 2021》。

总体来看，旱区社会发展一片向好，在收入水平、城乡差距、城镇化发展、医疗发展、教育水平、就业稳定性、生态治理等方面取得了长足进步，但旱区内部、城乡发展不平衡的问题仍然存在。因此，统筹城乡发展、以城带乡、加大对西部地区的社会资源投入力度，是推动旱区社会总体稳定繁荣发展的必然举措。

1.5 旱区相关支持政策

1.5.1 中共中央、国务院相关政策

（1）2021 年中央一号文件。2021 年 2 月 21 日，中共中央、国务院发布《中共中央 国务院关于全面推进乡村振兴加快农业农村现代化的意见》。中央连续 18 年发布一号文件指导“三农”工作，充分体现了党中央对“三农”问题的重视。2017—2021 年公布的中央一号文件的主题，如表 1-4 所示。2021 年中央一号文件的主要内容包括以下四个部分：①实现巩固拓展脱贫攻坚成果同乡村振兴有效衔接；②加快推进农业现代化；③大力实施乡村建设行动；④加强党对“三农”工作的全面领导。农业农村农民问题是关系国计民生的根本性问题，以习近平同志为核心的党中央始终把解决好“三农”问题作为全党工作重中之重，持续加大强农惠农富农政策力度，扎实推进农业现代化和新农村建设，农业农村发展取得了历史性成就。“十四五”时期需要对农业农村现代化的战略导向、主要目标、重点任务、政策措施等做出全面安排，增强农业农村对经济社会发展的支撑保障能力和“压舱石”的稳定作用，持续提高农民生活水平。旱区部分地区曾是贫困程度最深、脱贫难度最大的地区，也是推动农业农村现代化的关键所在，2021 年中央一号文件以“全面推进乡村振兴加快农业农村现代化”为主题，为新时期旱区农业农村的转型升级提供了政策保障。

“十四五”时期是乘势而上开启全面建设社会主义现代化国家新征程、向第二个百年奋斗目标进军的第一个五年。民族要复兴，乡村必振兴。全面建设社会主义现代化国家，实现中华民族伟大复兴，最艰巨最繁重的任务依然在农村，最广泛最深厚的基础依然在农村。必须深刻认识到，解决好发展不平衡不充分的问题，重点难点在“三农”，迫切需要补齐农业农村短板弱项，推动城乡协调发展；构建新发展格局，潜力后劲在“三农”，迫切需要扩大农村需求，畅通城乡经济循环；应对国内外各种风险挑战，基础支撑在“三农”，迫切需要稳住农业基本盘，守好“三

农”基础。党中央认为，新发展阶段“三农”工作依然极端重要，须臾不可放松，务必抓紧抓实。要坚持把解决好“三农”问题作为全党工作重中之重，把全面推进乡村振兴作为实现中华民族伟大复兴的一项重大任务，举全党全社会之力加快农业农村现代化建设，让广大农民过上更加美好的生活。2021 年国务院主要涉农政策法规文件，如表 1-5 所示。

表 1-4　2017—2021 年中央一号文件主题

Table 1-4　Topics of the Central NO.1 Policy from 2017 to 2021

年份	中央一号文件主题	主要内容
2021 年	全面推进乡村振兴加快农业农村现代化	实现巩固拓展脱贫攻坚成果同乡村振兴有效衔接； 加快推进农业现代化； 大力实施乡村建设行动； 加强党对“三农”工作的全面领导
2020 年	确保如期实现全面小康	坚决打赢脱贫攻坚战； 对标全面建成小康社会加快补上农村基础设施和公共服务短板； 保障重要农产品有效供给和促进农民持续增收； 加强农村基层治理； 强化农村补短板保障措施
2019 年	坚持农业农村优先发展做好“三农”工作	聚力精准施策，决战决胜脱贫攻坚； 夯实农业基础，保障重要农产品有效供给； 扎实推进乡村建设，加快补齐农村人居环境和公共服务短板； 发展壮大乡村产业，拓宽农民增收渠道； 全面深化农村改革，激发乡村发展活力； 完善乡村治理机制，保持农村社会和谐稳定
2018 年	实施乡村振兴战略	提升农业发展质量，培育乡村发展新动能； 推进节水供水重大水利工程，实施农村饮水安全巩固提升工程； 集中力量推进高标准农田建设； 建立高标准农田建设等新增耕地指标； 深入实施农业科研杰出人才计划和杰出青年农业科学家项目
2017 年	推进农业供给侧结构性改革	持续加强农田基本建设，保护优化粮食产能； 推进重大水利工程建设，抓紧修复水毁灾损农业设施和水利工程； 加强水利薄弱环节和“五小水利”工程建设； 大规模实施农业节水工程，大力普及节水灌溉技术； 实施智慧农业工程，推进农业物联网试验示范和农业装备智能化

表 1-5　2021 年国务院主要涉农政策法规文件

Table 1-5　Main agricultural policies and regulations of the State Council in 2021

序号	颁文文号 / 时间	主题
1	国办发〔2021〕7 号	国务院办公厅关于加强草原保护修复的若干意见

续表

序号	颁文文号 / 时间	主题
2	2021 年 10 月 8 日	中共中央 国务院印发《黄河流域生态保护和高质量发展规划纲要》
3	国发〔2021〕25 号	国务院关于印发"十四五"推进农业农村现代化规划的通知
4	国办发〔2021〕46 号	国务院办公厅关于印发"十四五"冷链物流发展规划的通知

资料来源：中国资讯行，根据资料进行不完全整理得到。

（2）国务院办公厅印发《关于加强草原保护修复的若干意见》。草原是我国重要的生态系统和自然资源，在维护国家生态安全、边疆稳定、民族团结和促进经济社会可持续发展、农牧民增收等方面具有基础性、战略性作用。党的十八大以来，草原保护修复工作取得显著成效，草原生态持续恶化的状况得到初步遏制，部分地区草原生态明显恢复。但当前我国草原生态系统整体仍较脆弱，保护修复力度不够、利用管理水平不高、科技支撑能力不足、草原资源底数不清等问题依然突出，草原生态形势依然严峻。为进一步加强草原保护修复，加快推进生态文明建设，经国务院同意，该文件提出以下意见：①指导思想。以习近平新时代中国特色社会主义思想为指导，全面贯彻党的十九大和十九届二中、三中、四中、五中全会精神，深入贯彻习近平生态文明思想，坚持绿水青山就是金山银山、山水林田湖草是一个生命共同体，按照节约优先、保护优先、自然恢复为主的方针，以完善草原保护修复制度、推进草原治理体系和治理能力现代化为主线，加强草原保护管理，推进草原生态修复，促进草原合理利用，改善草原生态状况，推动草原地区绿色发展，为建设生态文明和美丽中国奠定重要基础。②建立草原调查体系。完善草原调查制度，整合优化草原调查队伍，健全草原调查技术标准体系。在第三次全国国土调查基础上，适时组织开展草原资源专项调查，全面查清草原类型、权属、面积、分布、质量以及利用状况等底数，建立草原管理基本档案。③健全草原监测评价体系。建立完善草原监测评价队伍、技术和标准体系。加强草原监测网络建设，充分利用遥感卫星等数据资源，构建空天地一体化草原监测网络，强化草原动态监测。健全草原监测评价数据汇交、定期发布和信息共享机制。加强草原统计，完善草原统计指标和方法。④编制草原保护修复利用规划。按照因地制宜、分区施策的原则，依据国土空间规划，编制全国草原保护修复利用规划，明确草原功能分区、保护目标和管理措施。合理规划牧民定居点，防止出现定居点周边草原退化问题。地方各级人民政府要依据上一级规划，编制本行政区域草原保护修复利用规划并组织实施。⑤加大草原保护力度。落实基本草原保护制度，把维护国家生态安全、保障草原畜牧业健康发展所需最基本、最重要的草原划定为基本草原，实施更加严格的保护和管理，确保基本草原面积不减少、质量不下降、用途不改变。⑥完善草原自然保护地体系。整合优化建立草原类型自然保护地，实行整体保护、差别化管理。开展自然保护地自然资源确权登记，在自然保护地核心保护区，原则上禁止人为活动。⑦加快推进草原生态修复。实施草原生态修复治理，加快退化草原植被和土壤恢复，提升草原生态功能和生产功能。⑧统筹推进林草生态治理。按照山水林田湖草整体保护、系统修复、综合治理的要求和宜林则林、宜草则草、宜荒则荒的原则，统筹推进森林、草原保护修复和荒漠化治理。⑨大力发展草种业。建立健全国家草种质资源保护利用体系，鼓励地方开展草种质资源普查，建立草种质资源库、资源圃及原生境保护为一体的保存体系，完善草种质资源收集保存、评价鉴定、创新利用和信息共享的技术体系。加强优良草种特别是优质乡土草种选育、扩繁、储备和推广利用，不断提高草种自给率，满足草原生态修复用种需要。完善草品种审定制度，加强草种质量监管。⑩合理利用草原资源。牧区要以实现草畜平衡为目标，优化畜群结构，控制放牧牲畜数量，提高科学饲养和放牧管理水平，减轻天然草原放牧压力。半农半牧区要因地制宜建设多年生人工草地，发展适度规模经营。农区要结合退耕还草、草田轮作等工作，大力发展人工草地，提高饲草供给能力，发展规模化、标准化养殖。

（3）中共中央、国务院印发《黄河流域生态保护和高质量发展规划纲要》。党的十八大以来，习近平总书记多次实地考察黄河流域生态保护和经济社会发展情况，就三江源、祁连山、秦岭、贺兰山等重点区域生态保护建设作出重要指示批示。习近平总书记强调黄河流域生态保护和高质量发展是重大国家战略，要共同抓好大保护，协同推进大治理，着力加强生态保护治理、保障黄河长治久安、促进全流域高质量发展、改善人民群众生活、保护传承弘扬黄河文化，让黄河成为造福人民的幸福河。为深入贯彻习近平总书记重要讲话和指示批示精神，编制《黄河流域生态保护和高质量发展规划纲要》。①指导思想。以习近平新时代中国特色社会主义思想为指导，全面贯彻党的十九大和十九届二中、三中、四中全会精神，增强“四个意识”、坚定“四个自信”、做到“两个维护”，坚持以人民为中心的发展思想，坚持稳中求进工作总基调，坚持新发展理念，构建新发展格局，坚持以供给侧结构性改革为主线，准确把握重在保护、要在治理的战略要求，将黄河流域生态保护和高质量发展作为事关中华民族伟大复兴的千秋大计，统筹推进山水林田湖草沙综合治理、系统治理、源头治理，着力保障黄河长治久安，着力改善黄河流域生态环境，着力优化水资源配置，着力促进全流域高质量发展，着力改善人民群众生活，着力保护传承弘扬黄河文化，让黄河成为造福人民的幸福河。②加强上游水源涵养能力建设。遵循自然规律、聚焦重点区域，通过自然恢复和实施重大生态保护修复工程，加快遏制生态退化趋势，恢复重要生态系统，强化水源涵养功能。③加强中游水土保持。突出抓好黄土高原水土保持，全面保护天然林，持续巩固退耕还林还草、退牧还草成果，加大水土流失综合治理力度，稳步提升城镇化水平，改善中游地区生态面貌。④推进下游湿地保护和生态治理。建设黄河下游绿色生态走廊，加大黄河三角洲湿地生态系统保护修复力度，促进黄河下游河道生态功能提升和入海口生态环境改善，开展滩区生态环境综合整治，促进生态保护与人口经济协调发展。⑤加强全流域水资源节约集约利用。实施最严格的水资源保护利用制度，全面实施深度节水控水行动，坚持节水优先，统筹地表水与地下水、天然水与再生水、当地水与外调水、常规水与非常规水，优化水资源配置格局，提升配置效率，实现用水方式由粗放低效向节约集约的根本转变，以节约用水扩大发展空间。⑥全力保障黄河长治久安。紧紧抓住水沙关系调节这个“牛鼻子”，围绕以疏为主、疏堵结合、增水减沙、调水调沙，健全水沙调控体系，健全“上拦下排、两岸分滞”防洪格局，研究修订黄河流域防洪规划，强化综合性防洪减灾体系建设，构筑沿黄人民生命财产安全的稳固防线。⑦强化环境污染系统治理。黄河污染表象在水里、问题在流域、根子在岸上。以汾河、湟水河、涑水河、无定河、延河、乌梁素海、东平湖等河湖为重点，统筹推进农业面源污染、工业污染、城乡生活污染防治和矿区生态环境综合整治，“一河一策”“一湖一策”。⑧建设特色优势现代产业体系。依托强大国内市场，加快供给侧结构性改革，加大科技创新投入力度，根据各地区资源、要素禀赋和发展基础做强特色产业，加快新旧动能转换，推动制造业高质量发展和资源型产业转型，建设特色优势现代产业体系。⑨构建区域城乡发展新格局。充分发挥区域比较优势，推动特大城市瘦身健体，有序建设大中城市，推进县城城镇化补短板强弱项，深入实施乡村振兴战略，构建区域、城市、城乡之间各具特色、各就其位、协同联动、有机互促的发展格局。⑩保护传承弘扬黄河文化。着力保护沿黄文化遗产资源，延续历史文脉和民族根脉，深入挖掘黄河文化的时代价值，加强公共文化产品和服务供给，更好满足人民群众精神文化生活需要。

（4）国务院印发《“十四五”推进农业农村现代化规划》。“十三五”时期，以习近平同志为核心的党中央坚持把解决好“三农”问题作为全党工作的重中之重，把脱贫攻坚作为全面建成小康社会的标志性工程，启动实施乡村振兴战略，加快推进现代农业建设，乡村振兴实现良好开局。当前和今后一个时期，国内外环境发生深刻复杂变化，我国农业农村发展仍面临不少矛盾和挑战。“十四五”时期是我国全面建成小康社会、实现第一个百年奋斗目标之后，乘势而上开启全面建设社会主义现代化国家新征程、向第二个百年奋斗目标进军的第一个五年，“三农”工作重心历史性转向全面推进乡村振兴，加快中国特色农业农村现代化进程。①指导思想。以习近平新时代中国特色社会主义思想为指导，深入贯彻党的十九大和十九届二中、三中、四中、五中、六中全会精神，统筹推进“五位一体”总体布局，协调推进“四个全面”战略布局，认真落实党中央、国务院决策部署，坚持稳中求进工作总基调，立足新发展阶段，完整、准确、全面贯彻新发展理念，构建新发展格局。②夯实农业生产基础，提升粮食等重要农产品供给保障水平。深入实施国家粮食安全战略和重要农产品保障战略，落实藏粮于地、藏粮于技，健全辅之以利、辅之以义的保障机制，强化生产、储备、流通产业链、供应链建设，构建科学合理、安全高效的重要农产品供给保障体系，夯实农业农村现代化的物质基础。③推进创新驱动发展，提升农业质量效益和竞争力。深入推进农业科技创新，健全完善经营机制，推动品种培优、品质提升、品牌打造和标准化生产，不断提高农牧渔业发展水平。④构建现代乡村产业体系，提升产业链、供应链现代化水平。坚持立农为农，把带动农民就业增收作为乡村产业发展的基本导向，加快农村一二三产业融合发展，把产业链主体留在县域，把就业机会和产业链增值收益留给农民。⑤实施乡村建设行动，建设宜居宜业乡村。把乡村建设摆在社会主义现代化建设的重要位置，大力开展乡村建设行动，聚焦交通便捷、生活便利、服务提质、环境美好，建设宜居宜业的农民新家园。⑥加强农村生态文明建设，建设绿色美丽乡村。以绿色发展引领乡村振兴，推进农村生产生活方式绿色低碳转型，实现资源利用更加高效、产地环境更加清洁、生态系统更加稳定，促进人与自然和谐共生。⑦加强和改进乡村治理，建设文明和谐乡村。以保障和改善农村民生为优先方向，突出组织引领、社会服务和民主参与，加快构建党组织领导的自治法治德治相结合的乡村治理体系，建设充满活力、和谐有序的善治乡村。⑧实现巩固拓展脱贫攻坚成果同乡村振兴有效衔接。大力弘扬脱贫攻坚精神，做好巩固拓展脱贫攻坚成果同乡村振兴有效衔接，增强脱贫地区内生发展能力，让脱贫群众过上更加美好的生活，逐步走上共同富裕道路。⑨深化农业农村改革，健全城乡融合发展体制机制。聚焦激活农村资源要素，尊重基层和群众创造，加快推进农村重点领域和关键环节改革，促进城乡要素平等交换、双向流动，促进要素更多向乡村集聚，增强农业农村发展活力。⑩健全规划落实机制，保障规划顺利实施。坚持和加强党对“三农”工作的全面领导，健全中央统筹、省负总责、市县乡抓落实的农村工作领导体制，调动各方面资源要素，凝聚全社会力量，扎实有序推进中国特色农业农村现代化。

（5）国务院办公厅印发《“十四五”冷链物流发展规划》。近年来，我国肉类、水果、蔬菜、水产品、乳品、速冻食品以及疫苗、生物制剂、药品等冷链产品市场需求快速增长，营商环境持续改善，推动冷链物流较快发展，但仍面临不少突出瓶颈和痛点难点卡点问题，难以有效满足市场需求。我国进入新发展阶段，人民群众对高品质消费品和市场主体对高质量物流服务的需求快速增长，新冠肺炎疫情防控常态化对冷链物流提出新的更高要求，冷链物流发展面临新的机遇和挑战。同时，我国冷链物流发展不平衡不充分问题突出，跨季节、跨区域调节农产品供需的能力不足，农产品产后损失和食品流通浪费较多，与发达国家相比还有较大差距。在此背景下，规划提出以下要求：①指导思想。以习近平新时代中国特色社会主义思想为指导，深入贯彻党的十九大和十九届二中、三中、四中、五中、六中全会精神，增强“四个意识”、坚定“四个自信”、做到“两个维护”，立足新发展阶段，完整、准确、全面贯彻新发展理念，以推动高质量发展为主题，以深化供给侧结构性改革为主线，以改革创新为根本动力，以满足人民日益增长的美好生活需要为根本目的，统筹发展和安全，结合我国国情和冷链产品生产、流通、消费实际，聚焦制约冷链物流发展的突出瓶颈和痛点难点卡点，补齐基础设施短板，畅通通道运行网络。②现代冷链物流体系总体布局。打造“321”冷链物流运行体系，“三级节点、两大系统、一体化网络”融合联动，构建冷链物流骨干通道，健全冷链物流服务体系，完善冷链物流监管体系，强化冷链物流支撑体系。③夯实农产品产地冷链物流基础。完善产地冷链物流设施布局，构建产地冷链物流服务网络，创新产地冷链物流组织模式。④提高冷链运输服务质量。强化冷链运输一体化运作，推动冷链运输设施设备升级，发展冷链多式联运。⑤完善销地冷链物流网络。加快城市冷链物流设施建设，健全销地冷链分拨配送体系，创新面向消费的冷链物流模式。⑥优化冷链物流全品类服务。⑦推进冷链物流全流程创新。加快数字化发展步伐，提高智能化发展水平，加速绿色化发展进程，提升技术装备创新水平，打造消费品双向冷链物流新通道，构建产业融合发展新生态。⑧强化冷链物流全方位支撑。培育骨干企业，健全标准体系，完善统计体系，加强人才培养。⑨加强冷链物流全链条监管。健全监管制度，创新行业监管手段，强化检验检测检疫。

1.5.2 各部委相关政策

除中共中央、国务院颁布的相关政策外，国务院的相关部门也积极出台政策，着力推动农业的高质量发展（见表 1-6）。

表 1-6 2021 年各部委主要涉农政策法规文件

Table 1-6 Main agricultural regulations and policies of the Ministries in 2021

序号	发文机构	颁文文号 / 时间	主题
1	自然资源部	自然资发〔2021〕16 号	关于保障和规范农村一二三产业融合发展用地的通知
2	农业农村部	农办机〔2021〕2 号	关于做好 2021 年全程机械化有关工作促进粮食稳产增产的通知
3	财政部	财库〔2021〕19 号	关于运用政府采购政策支持乡村产业振兴的通知
4	财政部	财农〔2021〕41 号	关于实施渔业发展支持政策推动渔业高质量发展的通知
5	交通运输部	交规划发〔2021〕51 号	关于巩固拓展交通运输脱贫攻坚成果全面推进乡村振兴的实施意见
6	商务部	商流通发〔2021〕99 号	关于加强县域商业体系建设 促进农村消费的意见
7	农业农村部	农办科〔2021〕36 号	关于深化农业科研机构创新与服务绩效评价改革的指导意见

说明："发文机构"仅列出政策文件中排序第一的部门名称。

资料来源：中国资讯行，根据资料进行不完全整理得到。

（1）自然资源部、国家发展改革委、农业农村部联合印发《关于保障和规范农村一二三产业融合发展用地的通知》。为贯彻落实党中央、国务院优先发展农业农村、全面推进乡村振兴的决策部署，发展县域经济，顺应农村产业发展规律，保障农村一二三产业融合发展合理用地需求，为农村产业发展壮大留出用地空间，自然资源部等部门做出通知：①明确农村一二三产业融合发展用地范围。农村一二三产业融合发展用地是以农业农村资源为依托，拓展农业农村功能，延伸产业链条，涵盖农产品生产、加工、流通、就地消费等环节，用于农产品加工流通、农村休闲观光旅游、电子商务等混合融合的产业用地，土地用途可确定为工业用地、商业用地、物流仓储用地等。②引导农村产业在县域范围内统筹布局。把县域作为城乡融合发展的重要切入点，科学编制国土空间规划，因地制宜合理安排建设用地规模、结构和布局及配套公共服务设施、基础设施，有效保障农村产业融合发展用地需要。③拓展集体建设用地使用途径。农村集体经济组织兴办企业或者与其他单位、个人以土地使用权入股、联营等形式共同举办企业的，可以依据《土地管理法》第六十条规定使用规划确定的建设用地。④大力盘活农村存量建设用地。在充分尊重农民意愿的前提下，可依据国土空间规划，以乡镇或村为单位开展全域土地综合整治，盘活农村存量建设用地，腾挪空间用于支持农村产业融合发展和乡村振兴。⑤保障设施农业发展用地。支持现代农业发展，农业生产中直接用于作物种植和畜禽水产养殖的设施用地，可按照《关于设施农业用地管理有关问题的通知》（自然资规〔2019〕4 号）要求使用。⑥优化用地审批和规划许可流程。在村庄建设边界外，具备必要的基础设施条件、使用规划预留建设用地指标的农村产业融合发展项目，在不占用永久基本农田、严守生态保护红线、不破坏历史风貌和影响自然环境安全的前提下，可暂不做规划调整。⑦强化用地监管。落实最严格的耕地保护制度，坚决制止耕地“非农化”行为，严禁违规占用耕地进行农村产业建设，防止耕地“非粮化”，不得造成耕地污染。

（2）农业农村部办公厅印发《关于做好 2021 年全程机械化有关工作促进粮食稳产增产的通知》。为深入贯彻落实《农业农村部关于做好 2021 年粮食稳产增产工作的指导意见》（农农发〔2021〕2 号，以下简称《指导意见》）的部署要求，抓实抓细粮食生产全程机械化各项工作，有力支撑粮食稳产增产夺丰收，农业农村部办公厅就做好有关工作进行通知：①切实增强推进粮食生产全程机械化的紧迫感责任感。

各级农业机械化主管部门要将思想和行动统一到《指导意见》部署安排上来，充分认识夺取今年粮食丰收的特殊重要意义，切实增强发展粮食生产全程机械化的使命感责任感紧迫感。坚持目标导向，落实落细工作措施，集中力量补短板强弱项，推进农机农艺农田协调配合，加快绿色高效农机化技术装备推广应用，抓好重要农时农机作业服务，精准实施农机化扶持政策，全方位提升粮食生产全程机械化水平，为粮食稳产增产贡献机械化力量。②着力补齐重点区域粮食生产全程机械化短板。围绕双季稻区水稻机械化移栽、玉米籽粒机收、冬小麦节水灌溉、夏大豆免耕播种等薄弱环节，强化农机、农艺、品种集成配套，明确补短板技术路线，建立典型示范点，分区域开展技术培训、组织现场观摩，搞好专家指导服务，提高关键技术到位率和覆盖率。组织水稻种植机械田间测评活动，开展再生稻、西南丘陵山区玉米、南方大豆等农作物的关键机具选型，引导高适应性农机装备研发应用。组织编制主要作物育种机械化装备需求目录，开展育种机械、种子处理加工技术装备交流示范。③积极推广保护性耕作等用地养地结合型机械化技术。深入实施东北黑土地保护性耕作行动计划，以提质扩面为导向，聚焦秸秆覆盖免少耕播种关键环节，增加配套装备服务有效供给，强化整体推进县和高标准应用基地示范引领，优化定型技术模式，狠抓主体培训，规范技术要求，抓好监督考评，推动东北适宜区域高质量完成 6 500 万亩以上保护性耕作面积任务，进一步减轻土壤风蚀水蚀和培肥地力、保墒抗旱，持续促进玉米、大豆等作物稳产丰产、节本增效。以北方旱作区特别是粮食主产区为重点，因地制宜组织实施农机深松整地 1 亿亩以上，加强作业质量信息化监测，确保打破犁底层，增加土壤蓄水保墒能力。④多措并举推进机械化节粮减损。制修订粮食作物机收减损技术指导意见，进一步明确适宜收割期及作业速度控制、喂入量调整等作业规范指引。加强作业质量标准宣贯及培训，组织开展重要农时田间技术指导，增强农机服务主体减损意识和机手规范操作能力。组织好全国农业行业职业技能大赛农机工种竞赛参赛工作，推选一批农机作业能手标杆典型，营造比学赶超节粮减损技能的氛围。开展联合收割机田间作业测评等活动，研究应用机收损失简便测定方法，引导农户选用适宜机械，降低机收损失率和破损率。⑤精心组织重要农时农机作业服务。紧扣春耕、“三夏”“双抢”“三秋”粮食生产需要，充分发挥农机抢种抢收主力军作用。突出抢前抓早，及时组织地方开展机械化生产需求摸底调查和情况会商，加强机手作业技术培训和机具调试检修指导，提前做好农机供给、维修服务、优先优惠用油准备。⑥充分发挥农机购置补贴等政策支持引导作用。启动实施2021—2023年新一轮农机购置补贴政策，优先保障粮食生产机械购置补贴需求，将水稻、玉米、小麦和大豆等粮食作物生产所需机具全部列入补贴范围，实行应补尽补；提高重点区域水稻移栽机械、高性能免耕播种机械、玉米籽粒收获机械等薄弱环节机具补贴额，增加先进适用装备供给。加大粮食生产机械鉴定力度，实行优先鉴定。积极开展复式、高端、智能粮食生产机械创新产品专项鉴定，尽快将其列入农机购置补贴范围，促进机具升级换代。

（3）财政部、农业农村部、国家乡村振兴局联合印发《关于运用政府采购政策支持乡村产业振兴的通知》。为深入贯彻习近平总书记关于实施乡村振兴战略的重要论述和党的十九届五中全会精神，认真落实《中共中央 国务院关于实现巩固拓展脱贫攻坚成果同乡村振兴有效衔接的意见》关于调整优化政府采购政策继续支持脱贫地区产业发展的工作部署，进一步做好运用政府采购政策支持乡村产业振兴工作，财政部等部门就有关事项做出通知：①充分认识运用政府采购政策支持乡村产业振兴的重要意义。党的十九届五中全会提出巩固拓展脱贫攻坚成果同乡村振兴有效衔接，对全面建设社会主义现代化国家和实现第二个百年奋斗目标具有十分重要的意义。运用政府采购政策，组织预算单位采购脱贫地区农副产品，通过稳定的采购需求持续激发脱贫地区发展生产的内生动力，促进乡村产业振兴，是贯彻落实党中央、国务院关于调整优化政府采购政策支持脱贫地区产业发展工作部署，构建以国内大循环为主体新发展格局的具体举措，有助于推动脱贫地区实现更宽领域、更高层次的发展。②预留份额采购脱贫地区农副产品。自2021年起，各级预算单位应当按照不低于10.0%的比例预留年度食堂食材采购份额，通过脱贫地区农副产品网络销售平台（原贫困地区农副产品网络销售平台）采购脱贫地区农副产品。③建立健全相关保障措施。财政部会同农业农村部、国家乡村振兴局等部门制定政府采购脱贫地区农副产品工作的实施意见，加强脱贫地区农副产品货源组织、供应链管理和网络销售平台运营管理，积极组织预算单位采购脱贫地区农副产品。地方各级财政、农业农村和乡村振兴部门要细化工作措施，加大工作力度，确保政府采购脱贫地区农副产品相关政策落实落细。

（4）财政部、农业农村部发布《关于实施渔业发展支持政策推动渔业高质量发展的通知》。为进一步推动渔业高质量发展，提高渔业现代化水平，构建渔业发展新格局，“十四五”期间继续实施渔业发展相关支持政策。经国务院同意，财政部、农业农村部将有关事项进行通知：①指导思想。以习近平新时代中国特色社会主义思想为指导，深入贯彻党的十九大和十九届二中、三中、四中、五中全会精神，认真落实党中央、国务院决策部署，坚持新发展理念，围绕做好“六稳”工作、落实“六保”任务，以推动渔业高质量发展为目标，按照总体稳定、结构优化、提质增效、绿色发展的思路，调整补助资金支出结构和使用方向，构建与渔业资源养护和产业结构调整相协调的新时代渔业发展支持政策体系，为渔业现代化建设提供坚实保障。②支持重点。渔业发展补助资金主要支持纳入国家规划的重点项目以及促进渔业安全生产等设施设备更新改造等方面；其他一般性转移支付主要支持地方政府统筹推动本地区渔业高质量发展。③保障措施。加强组织领导，落实工作责任；加强监督检查，强化目标考核；加强宣传引导，营造良好氛围。

（5）交通运输部发布《关于巩固拓展交通运输脱贫攻坚成果全面推进乡村振兴的实施意见》。为深入贯彻中央农村工作会议和全国脱贫攻坚总结表彰大会精神，认真落实中共中央、国务院相关部署要求，进一步巩固拓展交通运输脱贫攻坚成果，全面推进乡村振兴战略实施，加快建设交通强国，交通运输部提出如下意见：①指导思想。以习近平新时代中国特色社会主义思想为指导，深入贯彻党的十九大和十九届二中、三中、四中、五中全会精神，统筹推进“五位一体”总体布局，协调推进“四个全面”战略布局，坚持党的全面领导，坚持稳中求进工作总基调，坚持以人民为中心的发展思想，立足新发展阶段、贯彻新发展理念、构建新发展格局，以推动高质量发展为主题，以深化供给侧结构性改革为主线，以改革创新为根本动力，凝聚中央和地方、政府和市场、行业和社会等多方合力，有效巩固拓展交通运输脱贫攻坚成果，一体推进全国交通运输服务支撑乡村振兴战略，夯实交通强国建设基础，为畅通城乡经济循环，促进农业高质高效、乡村宜居宜业、农民富裕富足，加快农业农村现代化提供有力支撑。②推进农村交通高质量发展，全面支撑乡村振兴战略实施。推动交通提档升级，支撑乡村产业兴旺；改善农村交通环境，服务乡村生态宜居；提升运输服务供给，助推乡村生活富裕；强化管理养护升级，提升高效治理能力；加强组织文化建设，促进乡风文明提升。③严格落实党中央关于五年过渡期政策要求，做好巩固拓展脱贫攻坚成果同乡村振兴的有效衔接。做好工作体系衔接，做好规划实施衔接，做好投融资政策衔接，继续做好东西部协作和对口支援、定点帮扶工作，继续加强统计监测和监督管理。

（6）商务部等17部门印发《关于加强县域商业体系建设 促进农村消费的意见》。建设县域商业体系是全面推进乡村振兴、推动城乡融合发展的重要内容，是畅通国内大循环、全面促进农村消费的必然选择，是落实以人民为中心发展思想、满足人民对美好生活向往的客观要求。近年来，我国县域商业发展迅速，在脱贫攻坚和乡村振兴中发挥了积极作用。但总的看，县域商业发展依然滞后，商品和服务供给不足，与构建新发展格局要求还存在差距。为加强县域商业体系建设，推动农村消费提质扩容，经国务院同意，商务部等17部门提出以下意见：①指导思想。以习近平新时代中国特色社会主义思想为指导，深入贯彻党的十九大和十九届二中、三中、四中、五中全会精神，认真落实党中央、国务院决策部署，立足新发展阶段，贯彻新发展理念，构建新发展格局，充分发挥市场在资源配置中的决定性作用，更好发挥政府作用，分层分类，因地制宜，实事求是，以渠道下沉和农产品上行为主线，推动资源要素向农村市场倾斜，完善农产品现代流通体系，畅通工业品下乡和农产品进城双向流通渠道，推动县域商业高质量发展，实现农民增收与消费提质良性循环。②健全农村流通网络。完善县城商业设施，建设乡镇商贸中心，改造农村传统商业网点。③加强市场主体培育。支持企业数字化、连锁化转型，培育农村新型商业带头人，壮大新型农业经营主体。④丰富农村消费市场。开发适合农村市场的消费品，优化农村生活服务供给，提升县域文旅服务功能。⑤增强农产品上行能力。提升农产品供给质量，提高农产品商品化处理能力，加强农业品牌培育。⑥完善农产品市场网络。加快发展产地市场体系，提高农产品市场公益性保障能力，完善农产品流通骨干网，加快补齐冷链设施短板。⑦加强农业生产资料市场建设。健全农资流通网络，增强农资服务能力。⑧创新流通业态和模式。支持大型企业开展供应链赋能，扩大农村电商覆盖面，发展县乡村物流共同配送，强化产销对接长效机制。⑨规范农村市场秩序和加强市场监管。强化农村市场执法监督，促进农资市场有序发展，加强市场质量安全监管。⑩完善政策机制。加强分级分类管理，便利交通运输，加强财政投入保障，创新投融资模式，完善标准统计等相关制度，强化指导考核。

（7）农业农村部办公厅发布《关于深化农业科研机构创新与服务绩效评价改革的指导意见》。为进一步推动全国农业科研机构坚持面向世界科技前沿、面向经济主战场、面向国家重大需求、面向人民生命健康，聚焦主责主业，构建以技术研发创新度、产业需求关联度、产业发展贡献度为导向的分类评价制度，加快高水平农业科技自立自强，为全面推进乡村振兴、加快农业农村现代化提供强有力支撑，提出以下意见：①聚焦主责主业开展科技创新与服务。针对当前各级农业科研机构创新资源分散、低水平重复、同质化发展等问题，中央、省、地（市）农业科研机构应进一步明确主体定位与核心使命，聚焦主责主业，建立分工协作、优势互补的协同创新格局，不断提升国家农业科技创新体系整体效能。②健全符合主体定位与核心使命的制度体系。各级农业科研机构要制定健全本单位章程，明确宗旨目标、功能定位、业务范围、运行管理机制等，实行“一院（所）一章程”，优化法人治理结构，完善现代科研院所制度体系。在承担现代农业产业技术体系（或创新团队）工作以及重大科技任务中，着力发现培养农业领域战略科学家、科技领军人才及创新团队、青年科技人才和卓越工程师，建立各类人才有序衔接、梯次配备、分布合理、富有活力的人才发展制度体系。树立应用和价值导向，建立以技术产品竞争力和市场占有率为主要衡量指标的成果转移转化制度体系。完善职称评审制度，优化考核管理机制，建立体现实际贡献的多元评价与激励制度体系。③激发各类科技人员创新创业创造活力。健全完善以创新价值、能力、贡献为导向的人才分类评价机制和充分体现知识、技术等创新要素价值的收益分配制度，落实农业科技人才支持激励政策，积极为人才松绑减负，营造潜心科研的创新环境。④明确基础研究与应用基础研究评价重点。基础研究与应用基础研究是农业科技创新的源头，是破解我国现代农业发展“卡脖子”关键技术和产业发展重大科学问题的重要途径。主要评价农业领域重大理论创新、科学发现、方法创新等“从 0 到 1”的原创性成果产出，以及聚焦国家战略需求和区域现代农业发展需要的理论创新、关键科学问题突破、重要研究范式构建、研究方法创新和重要技术创新体系创建等创新成果。评价要重点关注研究工作对关键技术研发和农业产业发展的指导作用，充分考虑不同学科间研究周期、研究难度、论文影响因子等客观差异，从研究水平和对产业发展的影响进行客观评价。⑤明确应用研究与技术开发评价重点。应用研究与技术开发是农业应用基础研究与科技成果应用转化的衔接纽带，是实现科技成果有效供给的重要环节。主要评价应用研究和技术开发目标与国家农业发展战略需求及区域农业产业发展需要的符合度、针对性；应用技术研发平台、中试基地车间等设施条件建设的完备性和分布情况；科技研发人才队伍的规模和比例；科技成果的成熟度和核心知识产权布局情况；用人机制、产学研用协同组织模式的创新性和适宜性。⑥明确基础性长期性科技工作评价重点。基础性长期性科技工作是对农业生产要素及其动态变化进行科学观察、观测、调查、监测和记录，并阐明内在联系及发展规律的科学活动。从事农业生产环境要素动态观测工作，主要评价观测数据的积累数量、质量及对科技创新支撑作用、服务政府农业生产决策贡献度等；从事生物种质资源保护与利用工作，主要评价生物种质资源普查、收集、保存、鉴定、评价的数量质量及对社会共享利用的范围及程度等；从事农业农村微观经济调查工作，主要评价农业经济数据调查的方式方法、样本规模和代表性、数据质量，以及对服务各级政府农业农村经济决策的贡献度等；从事农产品质量安全检测等工作，主要评价监测评估的覆盖面及数据质量、检测技术和标准的科学性适用性等。⑦明确转移转化与推广服务评价重点。科技成果转移转化与推广服务是实现科技与经济融合、将科技成果转化为现实生产力的有效途径。主要评价加强科技成果转化与推广服务工作制度和专业人才队伍建设情况；科企融合发展平台与机制建设情况；支撑县域农业农村现代化开展的集成创新、试验示范等情况；新品种、新技术、新产品、新装备、新模式等科技成果面向市场转移转化的合同金额、服务范围和社会价值；组织开展各类涉农人员培训教育情况，组织或参与科技帮扶、防灾减灾、科普情况。⑧提升科技资源配置效能。农业科研机构主管部门应加强与有关部门沟通，协同建立与分类评价相配套的分类激励机制，将绩效评价结果与科研项目、人才培育、平台建设等挂钩联动，充分发挥绩效评价的正向激励作用。对基础研究和应用基础研究工作评价结果优秀的，重点提供长期稳定的财政支持，在国家重点实验室和农业农村部学科群实验室等平台建设方面给予倾斜，改善科研条件，提高人员待遇。对应用研究和技术开发工作评价结果优秀的，重点在国家、省部级工程技术研究中心布局、中试基地车间建设、科企对接融合等方面给予倾斜支持。⑨建设、科企对接融合等方面给予倾斜支持。对基础性长期性科技工作评价结果优秀的，重点保障运转经费和人员经费，在职称评审、人员待遇等方面给予倾斜支持。对转移转化与推广服务工作评价结果优秀的，重点保障人员配备，在职称评审、评奖评优等方面给予倾斜支持。⑩构建良好创新生态。弘扬科学家精神，切实加强科研诚信和作风学风建设，着力打造良好的农业科技创新创业创造生态。农业科研机构要始终坚持和加强党的全面领导，推动引导科技人员将创新兴趣与国家需求相结合、将专业精神与爱国奉献相结合。要将科研诚信贯穿于农业基础前沿研究、关键核心技术攻关、重大新产品创制及基础性长期性农业科技工作等创新活动全过程全链条，落实到教学培训、示范推广、科研管理、成果评价等各环节，延伸至年度考核、职称晋升、评奖评优等各方面。要传承和发扬“北大荒精神”“祁阳站精神”等农业科研领域优良传统，引导广大农业科技工作者下沉重心，一心为民、躬耕田野，把科技论文写在祖国大地上，把创新成果应用到生产实践中。

2 旱区农业科技资源配置

农业科技资源是从事农业科技活动的基础条件，是发展农业科技而作为必要投入的经费、人力资源、创新资源等的总称。农业科技资源的投入水平和科技资源配置效率对促进农业经济增长具有重要作用。目前，我国农业科技进步贡献率从 2012 年的 54.5%提高到 2021 年的 61.5%，农作物良种覆盖率超过 96%，自主选育品种占比达 95%，畜禽粪污综合利用率超过 76%，秸秆综合利用率达到 86.7%（乔金亮，2022）。2021 年全国农作物耕种收综合机械化率达 72.0%，较 2020 年提高 0.7 个百分点，其中机耕率、机播率、机收率分别达到 86.4%、60.2%、64.7%（农业农村部统计公报）。

近年来，我国旱区农业科技资源配置水平总体呈现上升趋势，但区域间农业科技资源配置能力差异明显。华北和东北地区的省（区、市）拥有良好的耕地资源，其平原地区适宜开展机械化作业，农作物生产全程机械化运行程度相对较高。作为传统农业大省，山东、河南、河北的公共财政对农林水领域的投入较多，也远高于东北三省。在农业科技研发和创新投入方面，北京、山东、河南和陕西的研究与试验发展（R&D）经费投入领跑旱区其他省（区、市），它们在基础研究、试验发展、应用研究等方面持续加大投入。位居首位的北京，其 R&D 经费投入是排在第 4 位的陕西省的 4 倍左右，该市也拥有更多的农业产业技术科学家人才储备力量，这与旱区其他大部分省（区、市）的差距明显。

当然，农业科技资源在空间上的集聚与区域社会经济发展阶段、农业发展程度、地理位置和自然环境条件有关，同时也和国家在各地区科技支撑的空间布局有关。除了系统规划和统筹布局，保障各类科技投入、科技条件等基础支撑环节的高效率运行，对于激活农业科技资源的创新活力也尤为重要。农业农村部、科技部、财政部等部委逐步重视并加强对各类农业科技资源运行绩效和效率的动态监测与系统评估，科技资源的后续投入将直接与评估结果挂钩。一方面，旱区积极抢抓机遇，地区范围内的国家高新技术企业数量持续增多。同时，旱区各省（区、市）积极申报和创建国家农业科技创新联盟，国家野外科学观测研究站在进行调整优化后，也加强了在旱区省（区、市）的布局，且旱区入选国家现代农业产业技术体系首席科学家、岗位科学家的人数稳步增加。另一方面，2021 年科研基础设施和大型科研仪器共享考核评价为“较差”的依托单位更多地集中在旱区各省（区、市）；在对国家农业科技园区的运行评估中，2021 年评估结果为“不达标”的旱区园区就有3家。

2.1 装备要素

2.1.1 农业机械化示范

我国农业生产已从主要依靠人力、畜力转向主要依靠机械动力，进入了机械化为主导的新阶段。农业农村部组织开展的主要农作物生产全程机械化示范县创建活动，先后被列入《国民经济和社会发展第十三个五年规划纲要》农业现代化重大工程、《全国农业现代化规划（2016—2020 年）》现代农业科技创新驱动工程、《乡村振兴战略规划（2018—2022 年）》农业综合生产能力提升重大工程。截至 2021 年底，农业农村部分六批共认定主要农作物生产全程机械化示范县 758 个，2016—2021 年分别认定了 28 个、122 个、152 个、151 个、161 个和 144 个（见图 2-1）。其中，旱区总共认定了 504 个机械化示范县，占全国认定数的 66.5%（见图 2-2）。

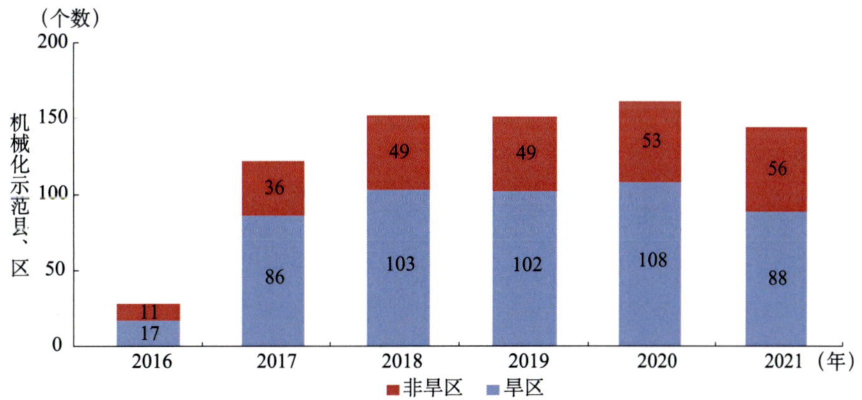

图 2-1　2016—2021 年农作物生产全程机械化示范县的区域比较

Figure 2-1　Region comparison of the demonstration counties of whole mechanized agricultural production from 2016 to 2021

资料来源：农业农村部网站。

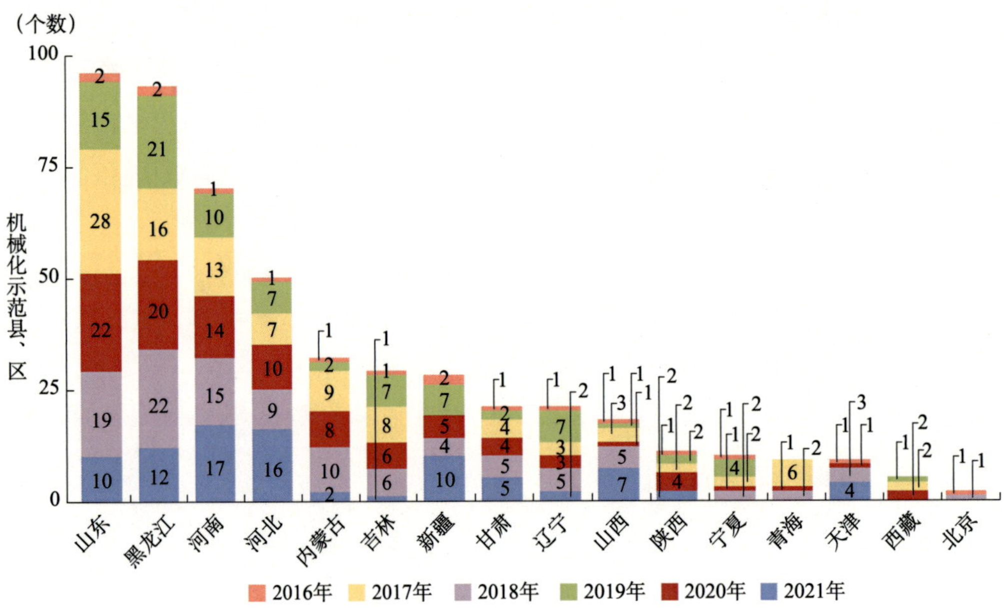

图 2-2　2016—2021 年旱区省（区、市）农作物生产全程机械化示范县数量分布

Figure 2-2　Demonstration counties of whole mechanized agricultural production in provinces of the arid areas from 2016 to 2021

资料来源：农业农村部网站。

2.1.2　农业机械动力

农业机械化在很大程度上可以缓解农村青壮年劳动力短缺对农业生产带来的不利影响，为我国粮食生产实现多年连增以及农村经济快速发展提供重要支持。2010—2020 年，我国农业机械总动力呈阶段式的发展模式（见图 2-3）。2019 年和 2020 年我国农业机械总动力分别为 10.3 亿千瓦和 10.6 亿千瓦，较 2014 年（10.8 亿千瓦）和 2015 年（11.2 亿千瓦）有一定下降。旱区 16 个省（区、市）农业机械总动力合计数均略高于非旱区，2010—2020 年二者的平均比值为 1.29；该比值在近三年间（2018—2020 年）呈现一定增长趋势，分别为 1.19、1.20 和 1.22。

从旱区内部各省（区、市）的比较来看（见图 2-4），2019—2020 年共有 15 个省（区、市）农业机械总动力呈现增长趋势，仅北京市的农业机械总动力有所下降。其中，农业机械总动力增长最多的省是黑龙江，较 2019 年增加 416 万千瓦；农业机械总动力降幅最大的是北京，较 2019 减少了 3 万千瓦。

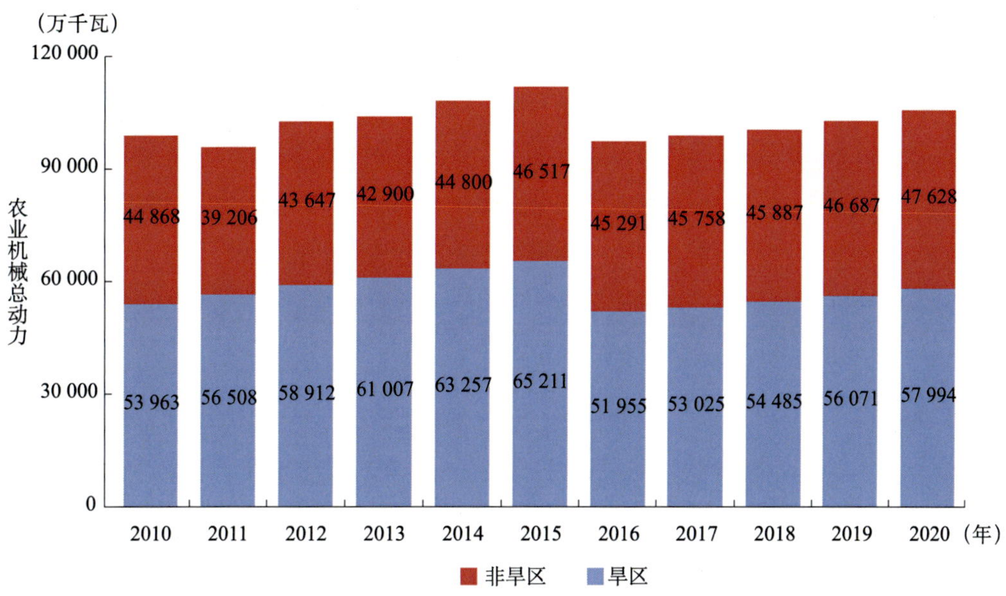

图 2-3　2010—2020 年农业机械总动力

Figure 2-3　Agricultural machinery power from 2010 to 2020

资料来源:《中国农村统计年鉴》(2011—2021 年)。

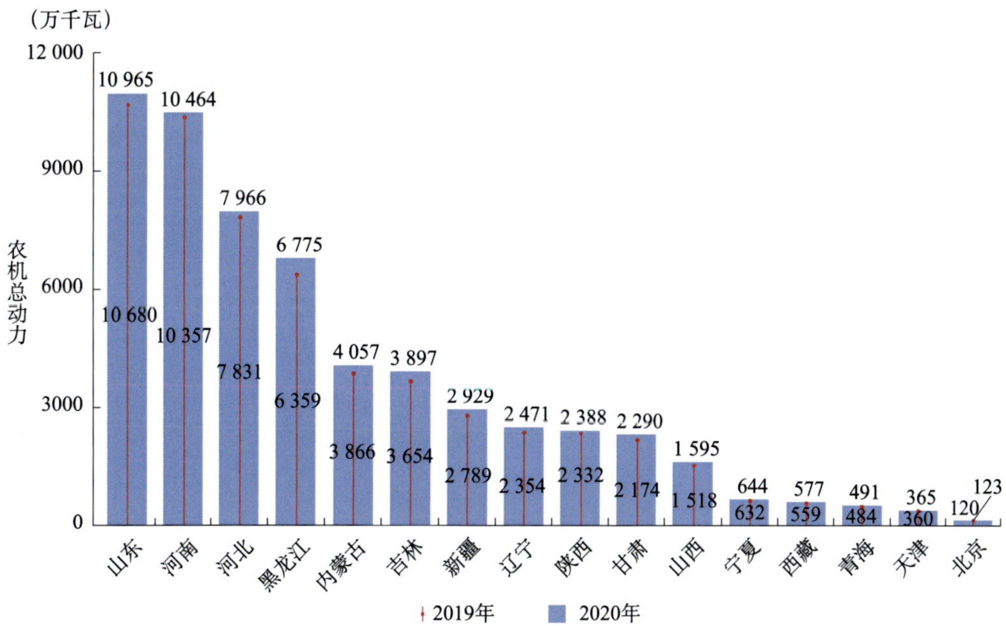

图 2-4　2019—2020 年旱区省(区、市)农业机械总动力

Figure 2-4　Agricultural machinery power in provinces of arid areas from 2019 to 2020

资料来源:《中国农村统计年鉴》(2020—2021 年)。

2.1.3 农用拖拉机

农用拖拉机是主要用于牵引和驱动各种配套机具，完成农业作业、土方工程作业、运输作业和固定作业的动力机械，可用于各种气候及土壤条件下的运输、田间机具牵引、驱动等牵引作业，是农业生产中必不可少的动力机械。中大型和高性能农机具一直是农机购置补贴的重点对象，经过多年农机购置补贴和扶持，我国中大型农机具结构更加优化。近年来，尽管中大型拖拉机与配套农机具总量在增长，但配套比却在下降。随着农村经济的不断发展，农民购买力不断增强，小型拖拉机及配套农机具在全国各地逐渐普及，配套比不断优化。总体来看，我国旱区农用拖拉机及配套机械保有量呈增长趋势，装备配套结构更加合理（见图 2-5）。2020 年，旱区中大型农用

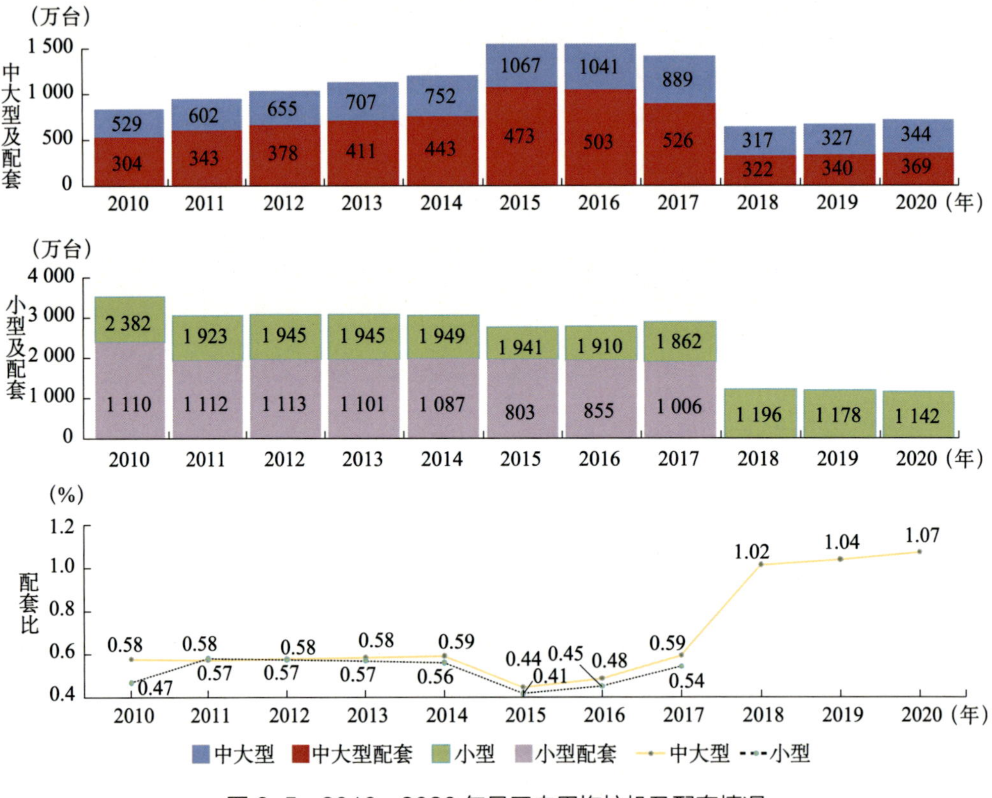

图 2-5 2010—2020 年旱区农用拖拉机及配套情况

Figure 2-5 Agricultural tractor and its accompaniment in the arid areas from 2010 to 2020

说明：① 2018 年及以后数据未统计“小型拖拉机配套农具”。② 2018 年及以后“中大型拖拉机配套机械”的统计口径变更为“与 58.8 千瓦及以上拖拉机配套”，与往年不可比。

资料来源：《中国农村统计年鉴》(2011—2021 年)。

拖拉机及配套机械合计保有量达 713 万台，旱区小型农用拖拉机合计保有量为 1 142 万台。

目前，我国旱区拖拉机拥有量仍以小型拖拉机为主，根据我国农业机械化发展规划等政策，未来我国将会持续加大对中大型拖拉机的扶持，同时提高拖拉机的配套比，释放农机协同作业效率。由图 2-6 可知，2020 年中大型拖拉机数、配套数和配套比最高的旱区省（区、市）分别是黑龙江（63.7 万台中大型）、河南（66.3 万台中大型配套）、西藏（70 中大型配套比）。中大型拖拉机数、配套数和配套比最少的旱区省（区、市）分别是北京（0.4 万台中大型）、北京（0.1 万台中大型配套）、西藏（0.1 万台中大型配套）、河南（0.6 中大型配套比）。通过旱区各省（区、市）间的对比可以进一步看出，中大型农用拖拉机及其配套机械数量相对较多的省（区、市）包括黑龙江、内蒙古、山东、吉林、新疆、河南等；但从配套结构来看，西藏、青海、北京、辽宁和黑龙江拥有相对更高的配套比。

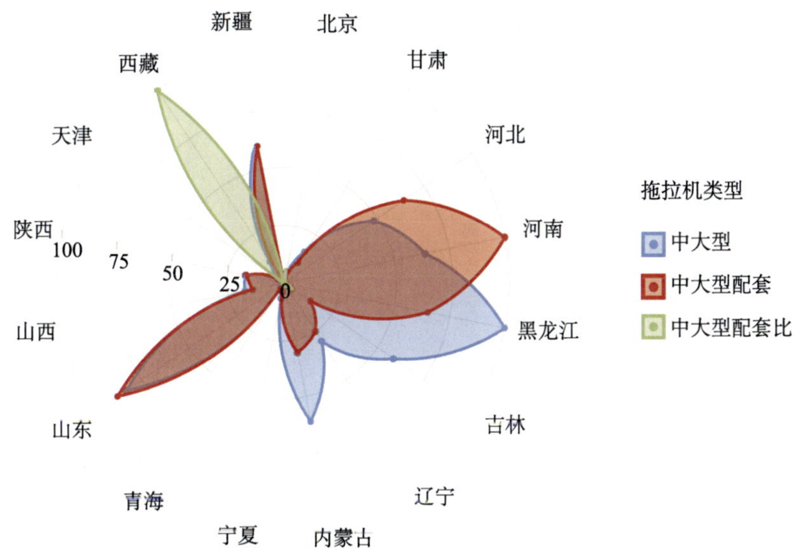

图 2-6　2020 年旱区省（区、市）中大型农用拖拉机及配套对比

Figure 2-6　The comparison of medium and large farm tractors and supporting machine in the provinces of the arid areas in 2020

说明：本章雷达图中都对数据进行了量纲变换，变换公式为 $100\times\frac{x_i\text{-}\min(x)}{\max(x_i)\text{-}\min(x)}$，下同。

资料来源：《中国农村统计年鉴》（2011—2021 年）。

2.1.4 农用灌溉机械

农用排灌机械是农田水利工程的基础保障设备，广泛应用于灌溉、排涝、防洪、供水等农业生产和水利建设中。当前形势下，迫切需要降低农业灌溉用水量，以缓解水资源短缺和区域灌溉用水增加导致的生态环境问题。我国的灌溉水有效利用系数和作物水分利用效率与发达国家相比还有一定差距，其中主要原因是高效节水灌溉技术与农艺技术不配套、灌溉用水缺乏科学调配与精量控制、区域灌溉水配置与作物需水不相匹配等。目前，我国旱区排灌机械还存在系统能耗高、适应性差、智能化程度较低等现实问题。从区域比较来看，农用排灌机械数量的区域差异波动不是很大（见图 2-7）。通过进一步分析旱区各省（区、市）数据，2020 年农用水泵数量排名前五的省份依次是山东（295.6 万台）、河南（220.5 万台）、河北（156.4 万台）、辽宁（113.5 万台）、吉林（61.2 万台），排后五名的依次是青海（0.2 万台）、西藏（0.6 万台）、北京（2.8 万台）、宁夏（3.7 万台）、天津（7.2 万台）。

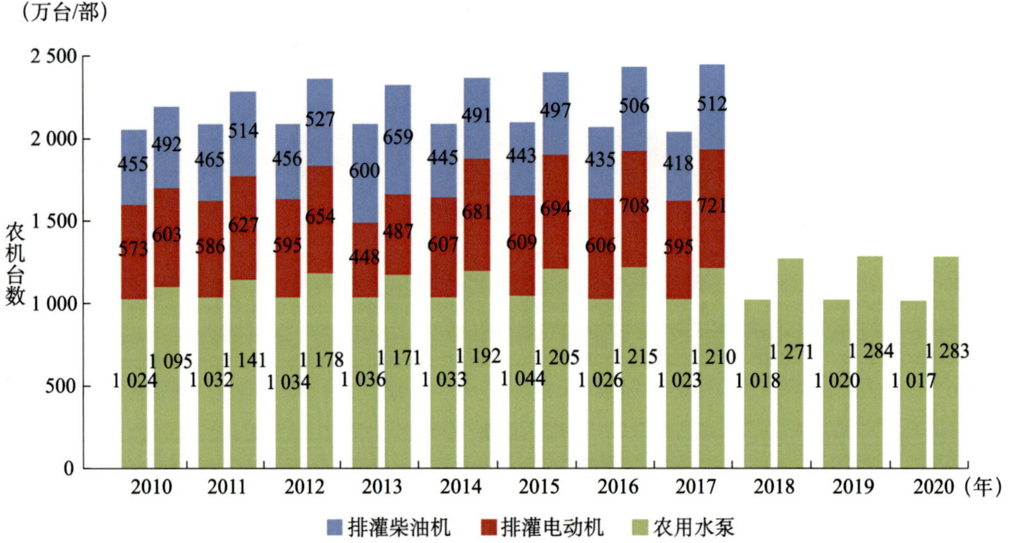

图 2-7　2010—2020 年三类农用灌溉机械的对比及变化

Figure 2-7　The comparison and time change of three types of irrigation machines from 2010 to 2020

说明：①左侧柱条表示旱区，右侧柱条表示非旱区。② 2018 年及以后未统计公布“农用排灌电动机”和“农用排灌柴油机”数量。

资料来源：《中国农村统计年鉴》（2011—2021 年）。

2.1.5 农用收获机械

联合收获机和机动脱粒机属于两类重要的农业收获机械，旱区保有量与非旱区保有量的差距基本保持稳定（见图 2-8）。2010 年，两类农业收获机械在旱区的合计数为291万台，在非旱区的合计数为826万台，非旱区和旱区保有量的比值为2.8。2020 年，两类农业收获机械在旱区的合计数增加到 396 万台，非旱区的合计数增加到 882 万台，非旱区和旱区保有量的比值降低到 2.2。

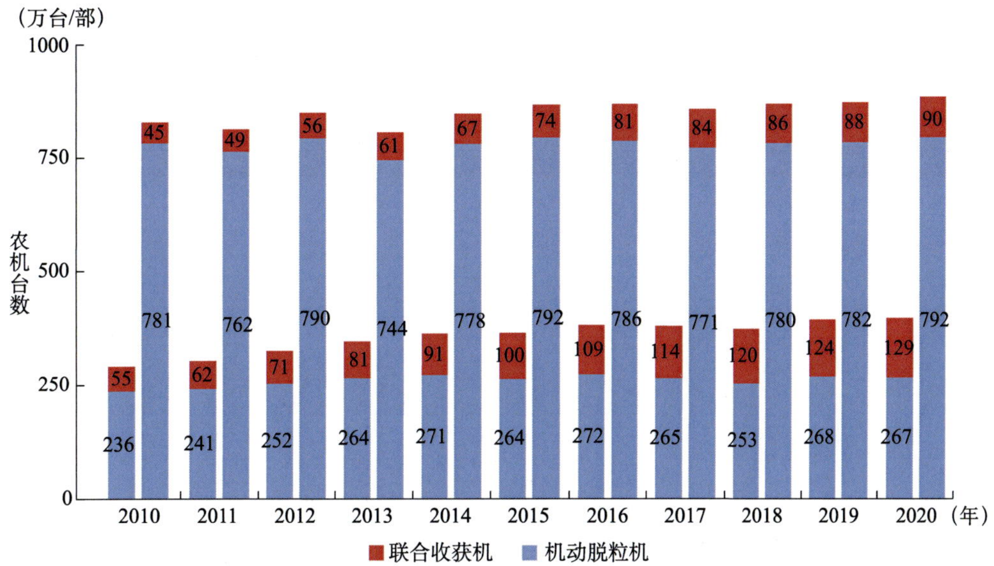

图 2-8　2010—2020 年两类农用收获机械保有量的对比及变化

Figure 2-8 The comparison and time change of two types of harvest machines from 2010 to 2020

说明：左侧柱条表示旱区，右侧柱条表示非旱区。

资料来源：《中国农村统计年鉴》（2011—2021 年）。

从旱区各省（区、市）比较来看（见图 2-9），联合收获机和机动脱粒机保有量主要集中在少数几个产粮大省，如河南、山东、河北、陕西等。2020 年，联合收获机保有量排名前五的旱区省（区、市）依次是山东（33 万台）、河南（30.1 万台）、河北（17.3 万台）、黑龙江（16.9 万台）、吉林（11.3 万台）；机动脱粒机保有量排名前五的省份依次是陕西（50.4 万台）、河南（50.1 万台）、山东（40.2 万台）、甘肃（29.2 万台）、吉林（15.7 万台）。

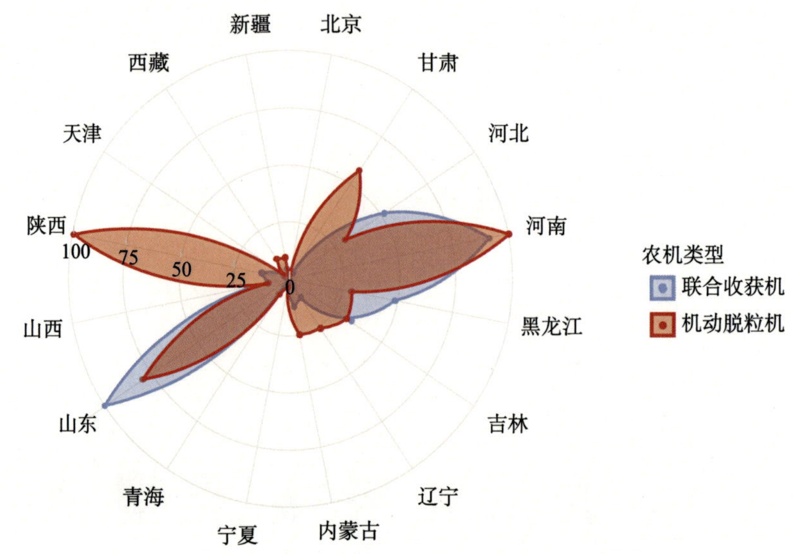

图 2-9　2020 年旱区省（区、市）两类农用收获机械对比

Figure 2-9　The comparison of two types of harvest machines in provinces of the arid areas in 2020

资料来源：《中国农村统计年鉴》（2011—2021 年）。

2.1.6　农业化学要素

农药、化肥和农膜是农业生产中重要的化学投入要素。在促进生产、保障粮食供给的同时，我们还需要兼顾投入产出效率和资源环境保护。2010 年以来，三类化学投入要素整体呈现稳定状态，并在近年开始逐步减少（见图 2-10）。2010 年，三者在旱区的合计数为 3 020 万吨，在非旱区的合计数为 2 935 万吨，非旱区和旱区使用量的比值为 0.97。2015 年，三类化学投入要素在旱区的合计数增加到 3 401 万吨，在非旱区的合计数增加到 3 059 万吨。2017 年以后，农业化学投入要素整体开始减少。2020 年，三类化学投入要素在旱区的合计数下降到 3 012 万吨，在非旱区的合计数下降到 2 609 万吨，非旱区和旱区使用量的比值为 0.87。

从旱区各省（区、市）比较来看（见图 2-11），农药、化肥、农膜三类农业化学要素的使用呈现一定的模式化特征，如山东、河南、新疆对三类要素的使用量都较多。2020 年，化肥施用量排名前五的旱区省（区、市）依次是河南（648 万吨）、山东（380.9 万吨）、河北（285.7 万吨）、新疆（248.2 万吨）、吉林（225.3 万吨）；农药施用量排名前五的依次是山东（11.4 万吨）、河南（10.2 万吨）、黑龙江（6.1 万吨)、河北(5.4 万吨)、吉林(4.7 万吨);农膜使用量排名前五的依次是山东(26.6 万吨)、新疆(26 万吨)、甘肃(15.3 万吨)、河南(15.2 万吨)、辽宁(11.4 万吨)。

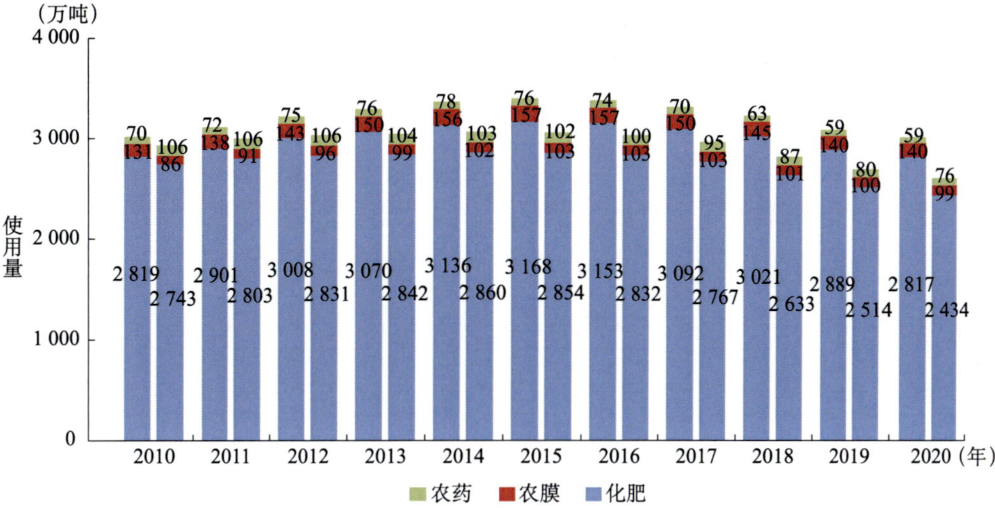

图 2-10 2010—2020 年化学农业投入要素的对比及变化

Figure 2-10 The comparison and time change of chemical agriculture inputs from 2010 to 2020

说明:左侧柱条表示旱区,右侧柱条表示非旱区。

资料来源:《中国农村统计年鉴》(2011—2021 年)。

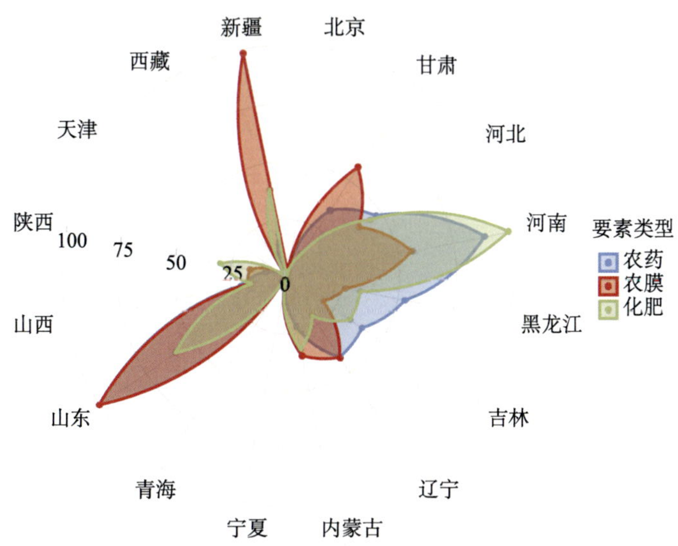

图 2-11 2020 年旱区省(区、市)化学农业要素投入比较

Figure 2-11 The comparison of chemical agriculture in provinces of the arid areas in 2020

资料来源:《中国农村统计年鉴 2021》。

2.2 科技投入

2.2.1 公共财政投入

公共财政对现代农业的支出是推动农业发展的重要保障。多年以来，我国各级政府持续加大对教育、农林水和科技这三类公共预算的支出（见图 2-12），但旱区和非旱区的预算支出差距在持续拉大。2010 年，旱区三类预算支出总额为 9 620 亿元，非旱区三类预算支出总额为 11 540 亿元，非旱区预算支出与旱区预算支出的比值为 1.2。2020 年，旱区三类预算支出总额增加到 26 400 亿元，非旱区三类预算支出总额增加到 37 534 亿元，非旱区预算支出与旱区预算支出比值进一步扩大为 1.4。

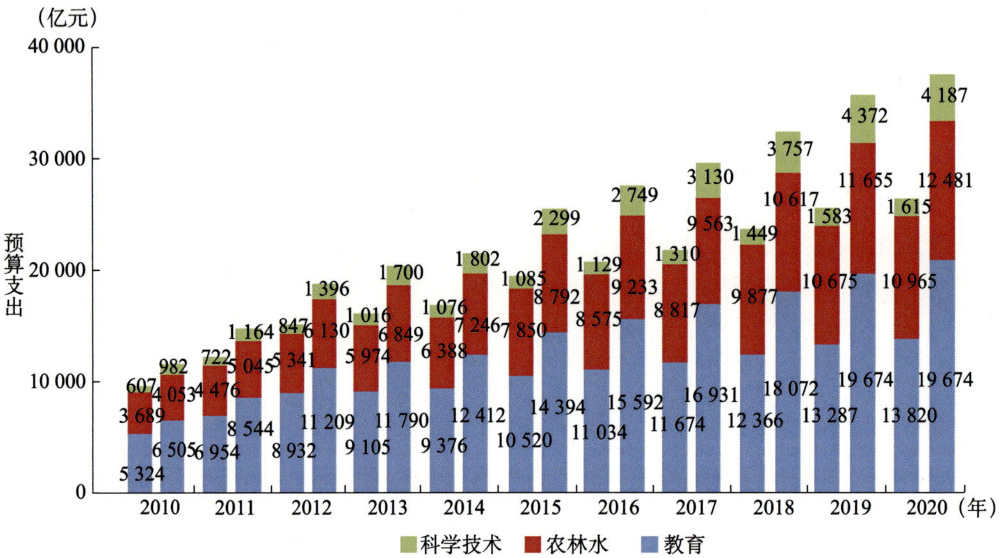

图 2-12 2010—2020 年地方政府三类公共预算支出

Figure 2-12 Three type of the local government' public budget from 2010 to 2020

说明：左侧柱条表示旱区，右侧柱条表示非旱区。

资料来源：《中国统计年鉴》(2011—2021 年)。

从农林水公共预算支出来看（见图 2-13），尽管预算总量都在持续增加，但是增幅减速明显，且农林水预算支出在地方总预算支出中的比重开始出现下滑势头，其中以非旱区尤为突出。2011 年，旱区农林水预算支出总额为 4 476.1 亿元，同比增长 21.3%，占当年地方预算总支出的 10.8%。2020 年，旱区农林水预算支出同比增长仅 2.7%，占当年地方预算总支出比重的 12.4%，与 2018 年持平。2020 年，非旱区农林水预算支出同比增长也仅为 7.1%，占当年地方预算总支出的比重也下降到 10.2%，甚至已经低于 2012 年的占比水平。

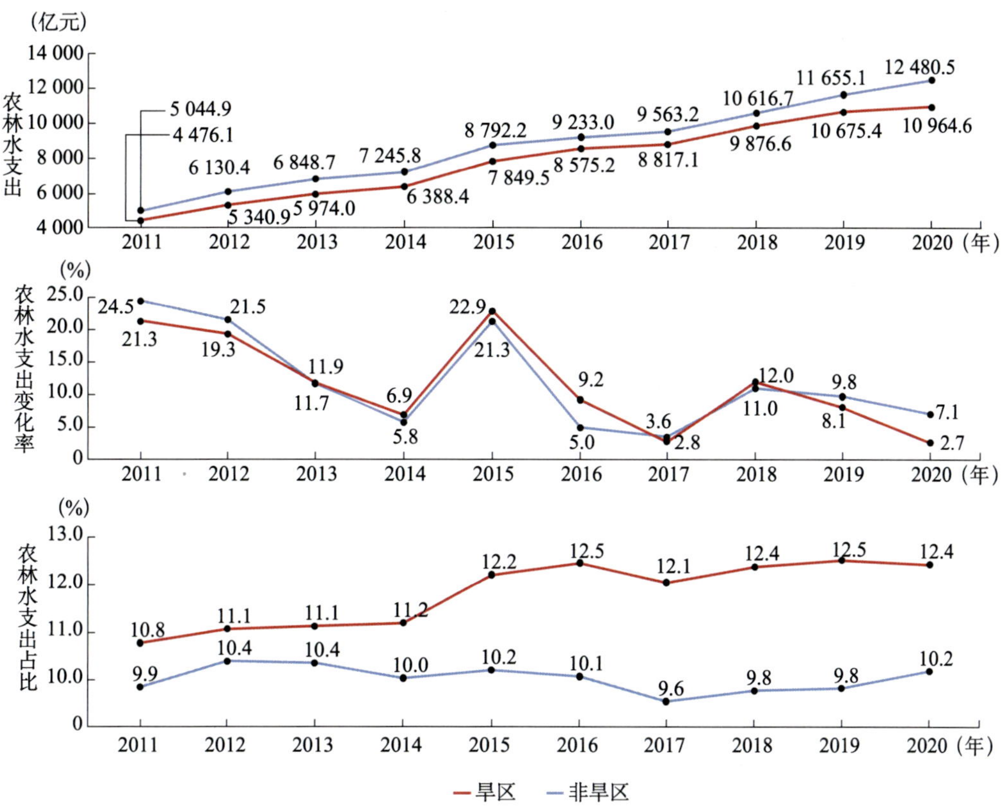

图 2-13　2011—2020 年地方政府农林水公共预算支出

Figure 2-13　The local government' public budget for agriculture sector from 2011 to 2020

资料来源：《中国统计年鉴》(2012—2021 年)。

旱区 16 个省（区、市）的三类预算支出基本与其社会经济总量保持一致（见图 2-14），且呈现明显梯队化差异。2020 年，三类预算支出超过 2 000 亿元的第一梯队旱区省（区、市）包括山东（3 648 亿元）、河南（3 282 亿元）、河北（2 687 亿元）、新疆（2 077 亿元）、北京（2 047 亿元）；三类预算支出小于 1 000 亿元的第三梯队旱区省（区、市）包括天津（716 亿元）、西藏（698 亿元）、青海（508 亿元）、宁夏（490 亿元）。此外，16 个旱区省（区、市）在三类支出的预算安排上各有侧重（见表 2-1）。三类支出占地方总支出预算比例排名前五的旱区省（区）依次为新疆（37.5%）、甘肃（35.3%）、宁夏（33.1%）、山东（32.5%）、河南（31.6%）、西藏（31.6%）。其中，教育支出占地方总支出预算比例排名前五的旱区省（区）是山东（20.3%）、河南（18.1%）、河北（17.7%）、陕西（16.8%）、新疆（16.4%）；农林水支出占地方总支出预算比例排名前五的旱区省（区）是新疆（20.4%）、西藏（18.8%）、甘肃（18.6%）、宁夏（17.1%）、黑龙江（16.8%）；科学技术支出占地方总支出预算比例排名前五的旱区省（区、市）是北京（5.8%）、天津（3.7%）、山东（2.7%）、河南（2.5%）、宁夏（1.9%）。

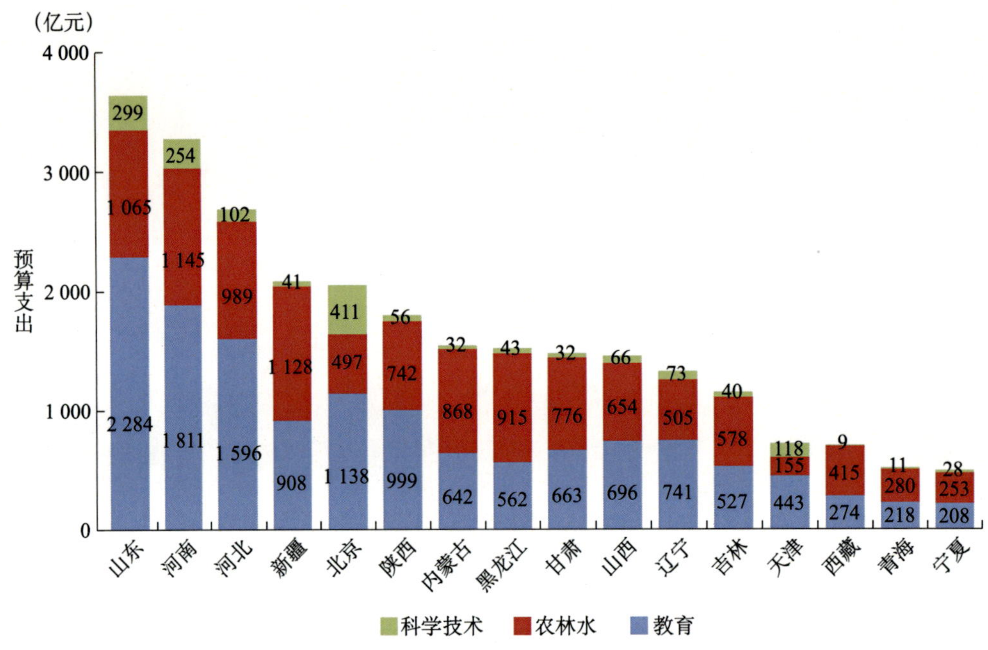

图 2-14　2020 年旱区省（区、市）三类财政公共预算支出

Figure 2-14　Three types of public budget in provinces of the arid areas in 2020

资料来源：《中国统计年鉴 2021》。

表 2-1　2020 年旱区省（区、市）三类财政公共预算支出比例

Table 2-1　The proportion of three types of public budget in arid areas provinces in 2020

序号	省（区、市）	教育支出	农林水支出	科学技术支出	三类合计
1	新疆	16.4%	20.4%	0.7%	37.5%
2	甘肃	15.9%	18.6%	0.8%	35.3%
3	宁夏	14.1%	17.1%	1.9%	33.1%

续表

序号	省（区、市）	教育支出	农林水支出	科学技术支出	三类合计
4	山东	20.3%	9.5%	2.7%	32.5%
5	河南	18.1%	11.0%	2.5%	31.6%
6	西藏	12.4%	18.8%	0.4%	31.6%
7	陕西	16.8%	12.5%	1.0%	30.3%
8	河北	17.7%	11.0%	1.1%	29.8%
9	内蒙古	12.2%	16.5%	0.6%	29.3%
10	北京	16.0%	7.0%	5.8%	28.8%
11	山西	14.3%	12.8%	1.3%	28.4%
12	黑龙江	10.3%	16.8%	0.8%	27.9%
13	吉林	12.8%	14.0%	1.0%	27.7%
14	青海	11.3%	14.5%	0.5%	26.3%
15	天津	14.1%	4.9%	3.7%	22.7%
16	辽宁	12.3%	8.4%	1.2%	21.9%

资料来源：《中国统计年鉴 2021》。

2.2.2 R&D 经费投入和强度

从研究与试验发展（R&D）投入经费变化情况来看（见图 2-15），2011—2020 年经费投入总量在持续增长，经费投入增速则呈现阶段性放缓趋势。一方面，旱区省（区、市）经费投入相对较少，而且与非旱区省（区、市）的投入总量差距持续扩大。2011 年，全国 R&D 投入经费总量为 8 687 亿元，旱区占全国比重的 42.4%；2020 年，全国 R&D 投入经费总量为 24 393 亿元，旱区占全国的比重下降到 33.5%。另一方面，旱区和非旱区省（区、市）的 R&D 经费投入增速均出现了阶段性放缓趋势。2012 年开始，R&D 经费投入增速出现下滑，到 2016 年增速才开始表现为提升。2012 年全国和旱区的 R&D 经费投入增速分别为 18.5% 和 16.7%；2015 年全国和旱区的增速则分别下滑到 8.9% 和 6.1%。在经过 3 年的增速提升后，2018 年全国和旱区 R&D 的经费投入增速分别达到 11.8% 和 7.4%。受新冠肺炎疫情等因素影响，2020 年全国和旱区 R&D 的经费投入增速分别为 10.2% 和 8.5%。

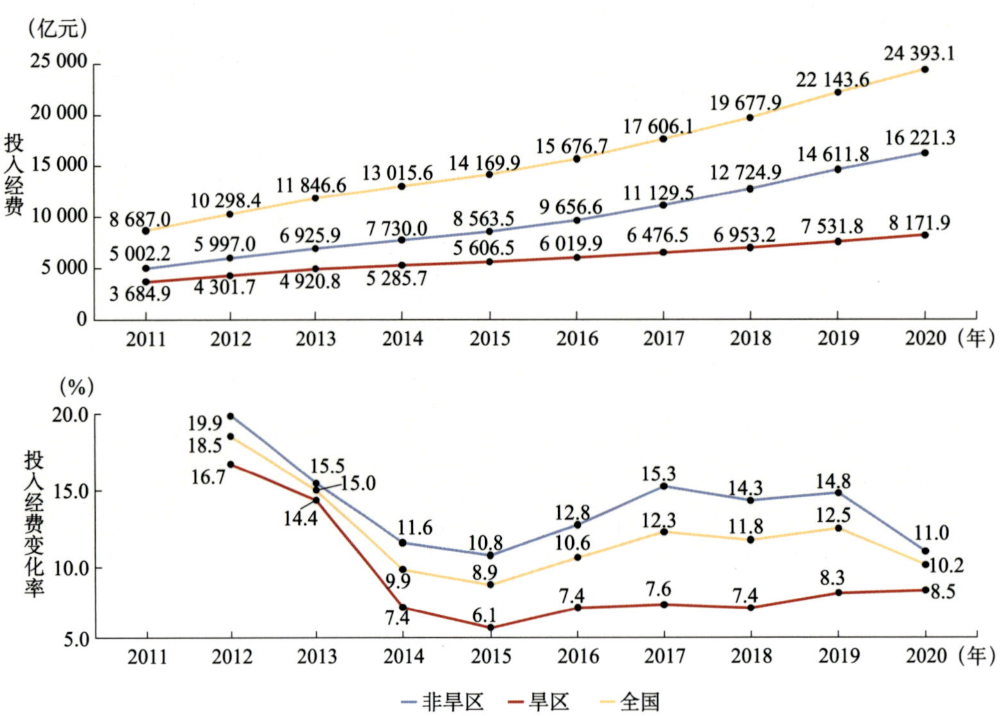

图 2-15 2011—2020 年研究与试验发展（R&D）投入经费历年情况

Figure 2-15 Input of R&D funds from 2011 to 2020

资料来源：《中国科技统计年鉴》(2012—2021 年)。

从旱区各省（区、市）的 R&D 投入经费情况来看，旱区 16 个省（区、市）的差异十分明显，经费投入的“极化”现象仍旧比较突出（见图 2-16）。2020 年，我国旱区 16 个省（区、市）的 R&D 经费总数为 8 172 亿元，比 2019 年 R&D 经费总数（7 532 亿元）增长 8%。2020 年，北京的 R&D 经费投入总量达 2 327 亿元，超过山东省，成为旱区 R&D 经费投入最多的省（区、市）；山东省的 R&D 经费投入总量为 1 682 亿元；排在第三位的河南省，其 R&D 经费投入为 901.3 亿元。这三个省（市）也是仅有的经费投入水平超过全国平均投入经费数（786.9 亿元）的旱区省（区、市）。旱区其余省（区、市）中，除陕西（632 亿元）、河北（634 亿元）、辽宁（549 亿元）外，大部分甚至不能达到旱区平均投入经费（510.7 亿元）一半的水平。

R&D 经费投入强度，即 R&D 经费支出占地区生产总值的比例，是国际上用于衡量一个国家或一个地区在科技创新方面努力程度的重要指标。从 R&D 经费投入

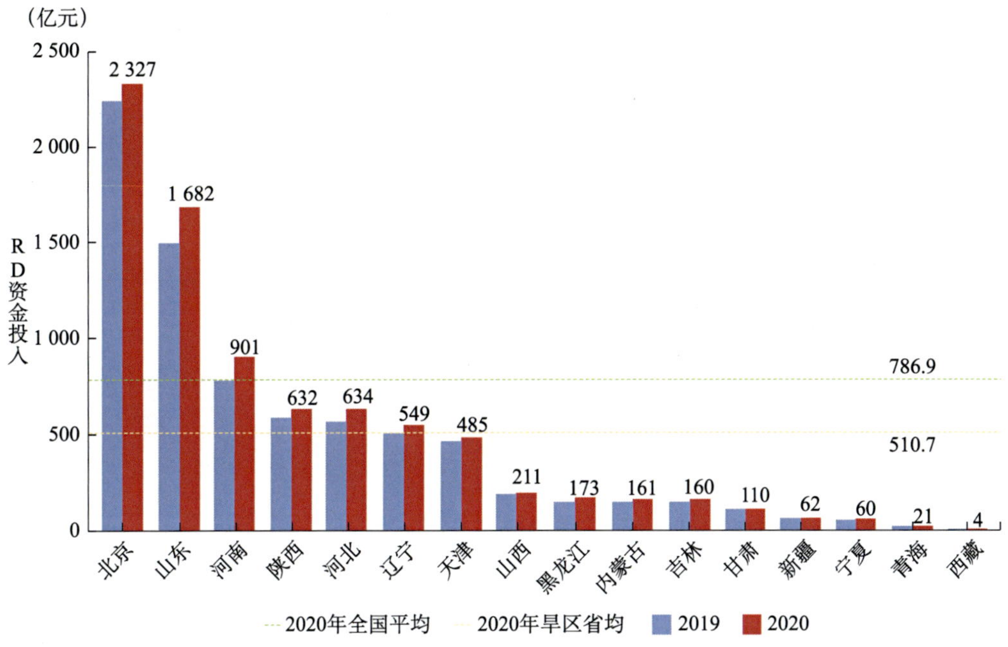

图 2-16　2019—2020 年旱区研究与试验发展（R&D）经费投入情况

Figure 2-16　Input of R&D funds in the arid areas from 2019 to 2020

资料来源：《中国科技统计年鉴》（2020—2021 年）。

强度变化情况来看（见图 2-17），2011—2020 年全国 R&D 经费投入强度总体保持稳定，近几年一直维持在占 GDP 比重 2% 左右的水平上。2011 年，全国 R&D 经费投入强度为 1.8%；2020 年，全国 R&D 经费投入强度为 2.4%。2012—2014 年，R&D 经费投入强度出现下滑，但很快又得到提升。2012 年，全国和旱区的 R&D 经费投入强度增速分别为 7.6% 和 4.8%；2018 年，旱区的 R&D 经费投入强度增速下降到 2.1%，2020 年又回升到 5.3%。

从旱区各省（区、市）R&D 经费投入强度的横向比较情况来看（见图 2-18），旱区省（区、市）经费投入强度与经费投入总量基本保持一致。2020 年，北京 R&D 经费投入强度最大，达到 6.4%；位居第二位的是天津，R&D 经费投入强度为 3.4%；位居第三位的是陕西，R&D 经费投入强度为 2.4%。北京、天津、陕西、山东、辽宁是旱区省（市）中超过全国平均投入强度（1.9%）的 5 个省（市），同时也是仅有的超过旱区平均投入强度（1.8%）的五个省（市）。

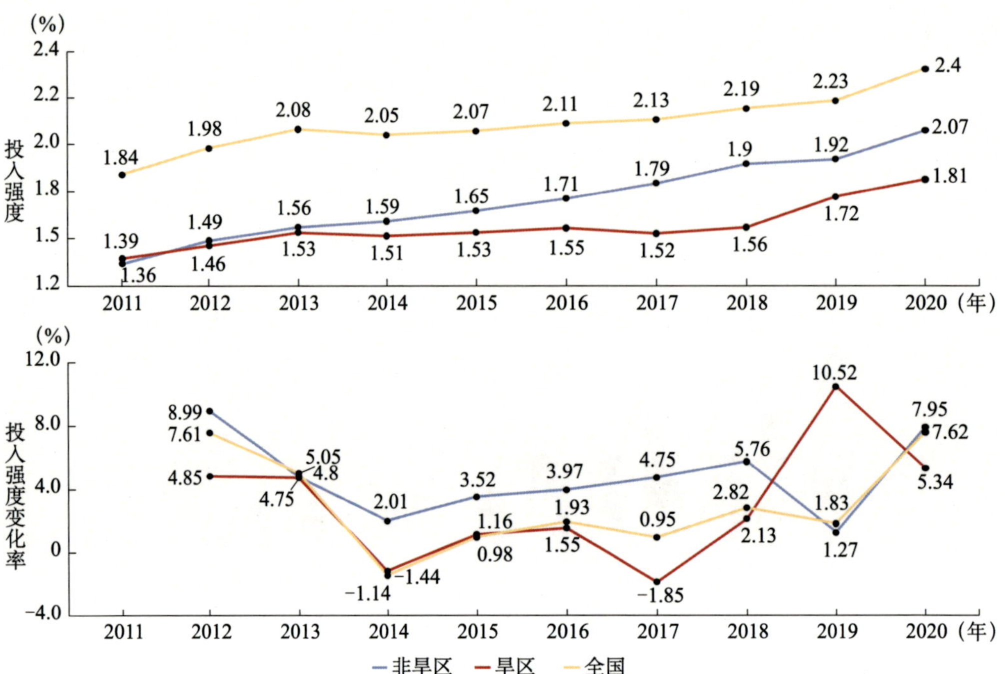

图 2-17　2011—2020 年研究与试验发展（R&D）经费投入强度的历年情况

Figure 2-17　Funds input intense of R&D from 2011 to 2020

资料来源：《中国科技统计年鉴》(2012—2021 年)。

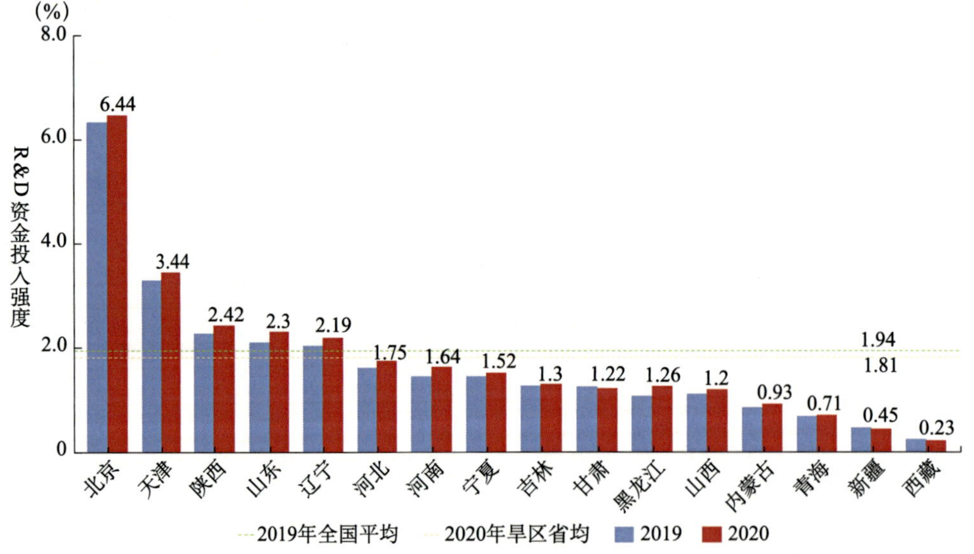

图 2-18　2019—2020 年旱区研究与试验发展（R&D）经费投入强度

Figure 2-18　Funds input intense of R&D in the arid areas from 2019 to 2020

资料来源：《中国科技统计年鉴》(2020—2021 年)。

2.2.3 R&D 活动支出

R&D 研发活动主要包括基础研究、应用研究和试验发展三个方面。对于旱区而言，基础研究经费占比和应用研究经费占比逐年下降，试验发展经费支出逐步增长。2020 年，旱区基础研究、应用研究和试验发展三类研发活动的支出分别为 665 亿元、1 255 亿元和 6 252 亿元（见图 2-19），非旱区三类研发活动的支出分别为 802 亿元、1 503 亿元和 13 917 亿元。同时，非旱区与旱区的三类研发活动支出比值分别由 2010 年的 0.88、0.88、1.45，分别提高到 2020 年的 1.21、1.2、2.23。

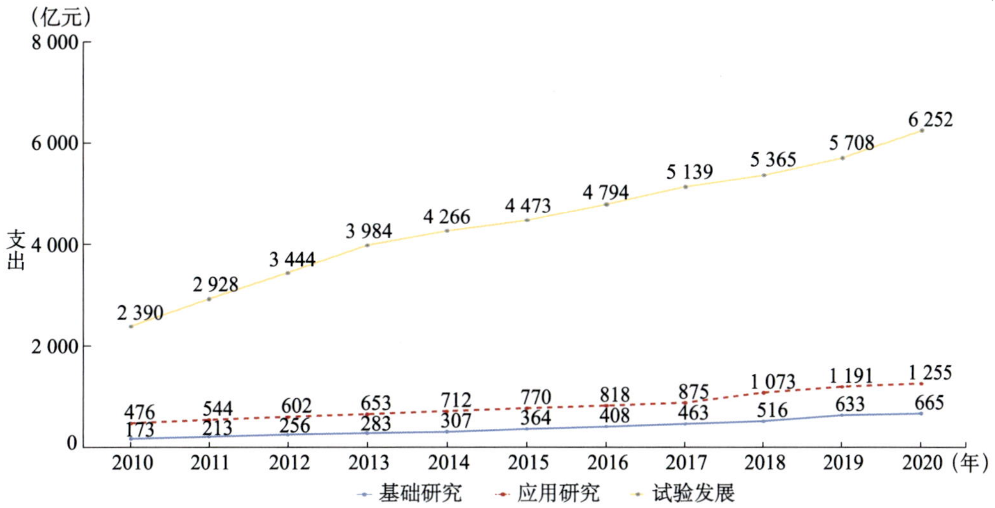

图 2-19 2010—2020 年旱区 R&D 研发活动支出变化

Figure 2-19 Expenditure change of R&D activity in the arid areas from 2010 to 2019

资料来源：《中国科技统计年鉴》（2011—2021 年）。

从旱区各省（区、市）的比较来看（见图 2-20），2020 年 R&D 研发活动总支出数排在前五的省（区、市）依次为北京（2 327 亿元）、山东（1 682 亿元）、河南（901 亿元）、河北（634 亿元）、陕西（632 亿元）。旱区各省（区、市）的研发活动侧重点各不相同，基础研究支出位列前三的省（区、市）依次为北京（373 亿元）、山东（50 亿元）、陕西（40 亿元）；应用研究支出位列前三的省（区、市）依次为北京（571 亿元）、山东（112 亿元）、陕西（111 亿元）；试验发展支出位列前三的省（区、市）依次为山东（1 520亿元）、北京（1 382亿元）、河南（800亿元）。总体来看，北京、陕西和辽宁在基础研究和应用研究的合计支出数相对旱区其他省（区、市）具有优势（应用研究活动投入均超过百亿元，见图 2-21）。

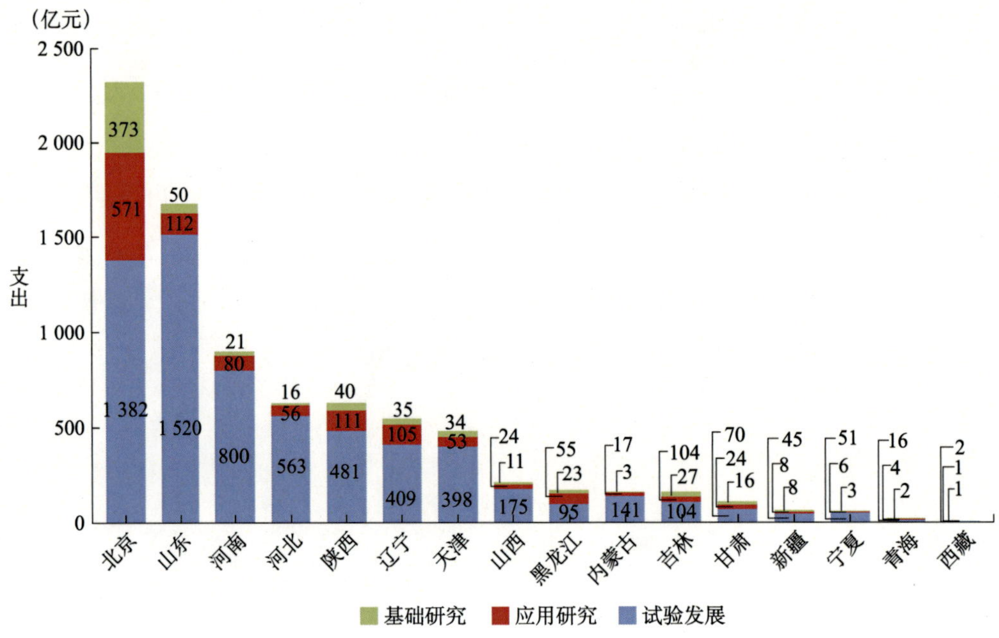

图 2-20　2020 年旱区省（区、市）R&D 研发活动支出

Figure 2-20　Expenditure of R&D activity in provinces of the arid areas in 2020

资料来源：《中国科技统计年鉴 2021》。

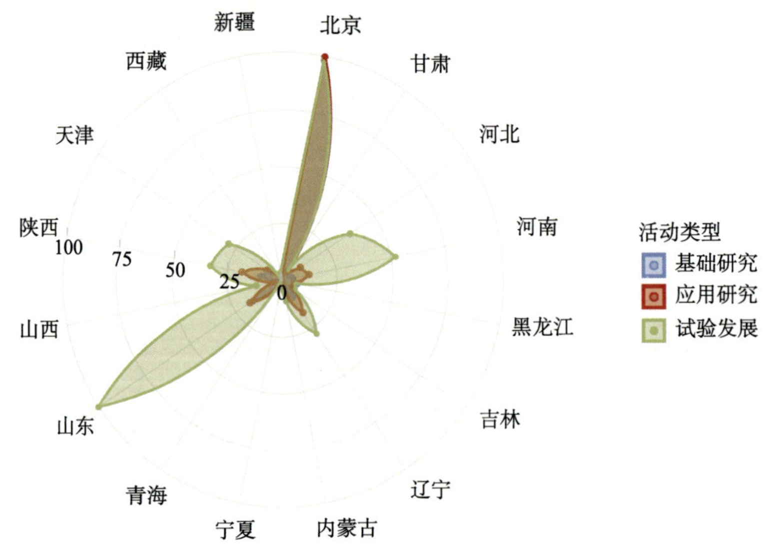

图 2-21　2020 年旱区省（区、市）R&D 研发活动支出对比

Figure 2-21　Expenditure comparison of R&D activity in provinces of the arid areas in 2020

资料来源：《中国科技统计年鉴 2021》。

2.3 科技条件

2.3.1 野外科学观测研究站

野外科学观测研究站是我国重要的科技创新基地之一，是科技创新体系的重要组成部分。我国逐步建设完成了相对完善的国家野外科学观测站体系，野外科学观测研究能力不断提升，科学数据积累日趋丰富，取得了一批高水平科研成果。野外科学观测研究站的建设有利于提升相关领域人才培养水平，建设发展成效日益显著。其中，农业农村部分别在 2018 年和 2019 年分两批次确定并布局了共计 106 个国家农业科学观测实验站。此外，教育部也在 2019 年组织认定了 52 个野外科学观测研究站（具体名单见教育部网站公示文件，教技函〔2019〕65 号）。

为推动新时期国家野外科学观测研究站建设发展，根据《国家科技创新基地优化整合方案》（国科发基〔2017〕250 号）和《国家野外科学观测研究站管理办法》（国科发基〔2018〕71 号）的相关要求，科技部于 2019 年发布国家野外科学观测研究站优化调整名单（国科发基〔2019〕218 号），将原有 105 个国家野外科学观测研究站优化调整为 97 个。随后，根据《国家野外科学观测研究站建设发展方案（2019—2025）》（国科办基〔2019〕55 号），科技部于 2021 年批准新增建设 69 个国家野外科学观测研究站（国科发基〔2021〕295 号），其中旱区建有 44 个（见表 2-2）。至此，科技部总共批准认定了 166 个国家野外科学观测研究站，其中旱区共有 100 个，非旱区共有 66 个（见图 2-22）。

表 2-2　2021 年旱区国家农业科学观测研究站名单

Table 2-2　List of National Agricultural Science Observation and Research Stations in the arid areas in 2021

序号	站点名称	依托单位	省（区、市）
1	甘肃武威绿洲农业高效用水国家野外科学观测研究站	中国农业大学	北京
2	河北曲周农业绿色发展国家野外科学观测研究站	中国农业大学	北京
3	江苏东海大陆深孔地壳活动国家野外科学观测研究站	中国地质科学院地质研究所	北京
4	河北沧州平原区地下水与地面沉降国家野外科学观测研究站	中国地质环境监测院、中国地质科学院水文地质环境地质研究所	北京

续表 1

序号	站点名称	依托单位	省（区、市）
5	北京大杜社公路材料腐蚀与工程安全国家野外科学观测研究站	交通运输部公路科学研究所	北京
6	内蒙古阴山北麓草原生态水文国家野外科学观测研究站	中国水利水电科学研究院	北京
7	山西寿阳旱地农业生态系统国家野外科学观测研究站	中国农业科学院农业环境与可持续发展研究所	北京
8	河南宝天曼森林生态系统国家野外科学观测研究站	中国林业科学研究院森林生态环境与保护研究所	北京
9	河南黄河小浪底地球关键带国家野外科学观测研究站	中国林业科学研究院林业研究所	北京
10	陕西秦岭大熊猫金丝猴生物多样性国家野外科学观测研究站	中国科学院动物研究所	北京
11	浙江钱江源森林生物多样性国家野外科学观测研究站	中国科学院植物研究所	北京
12	江西千烟洲红壤丘陵地球关键带国家野外科学观测研究站	中国科学院地理科学与资源研究所	北京
13	北京燕山地球关键带国家野外科学观测研究站	中国科学院大学	北京
14	西藏纳木错高寒湖泊与环境国家野外科学观测研究站	中国科学院青藏高原研究所	北京
15	西藏珠穆朗玛特殊大气过程与环境变化国家野外科学观测研究站	中国科学院青藏高原研究所	北京
16	北京京津冀区域生态环境变化与综合治理国家野外科学观测研究站	中国科学院生态环境研究中心	北京
17	黑龙江漠河地球物理国家野外科学观测研究站	中国科学院地质与地球物理研究所	北京
18	新疆帕米尔陆内俯冲国家野外科学观测研究站	中国地震局地质研究所、新疆维吾尔自治区地震局	北京
19	河北固城农业气象国家野外科学观测研究站	中国气象科学研究院	北京
20	河北塞罕坝人工林生态系统国家野外科学观测研究站	北京大学	北京
21	西藏那曲高寒草地生态系统国家野外科学观测研究站	中国科学院地理科学与资源研究所、中国科学院青藏高原研究所、西藏大学	北京

续表 2

序号	站点名称	依托单位	省（区、市）
22	西藏羊八井高海拔电气安全与电磁环境国家野外科学观测研究站	中国电力科学研究院有限公司、国网西藏电力有限公司	北京
23	甘肃甘南草原生态系统国家野外科学观测研究站	兰州大学	甘肃
24	甘肃庆阳草地农业生态系统国家野外科学观测研究站	兰州大学	甘肃
25	云南丽江玉龙雪山冰冻圈与可持续发展国家野外科学观测研究站	中国科学院西北生态环境资源研究院	甘肃
26	青海北麓河高原冻土工程安全国家野外科学观测研究站	中国科学院西北生态环境资源研究院	甘肃
27	陕西神木侵蚀与环境国家野外科学观测研究站	西北农林科技大学	陕西
28	青海花石峡冻土公路工程安全国家野外科学观测研究站	中交第一公路勘察设计研究院有限公司、青海省交通科学研究院	陕西
29	陕西黄土高原地球关键带国家野外科学观测研究站	中国科学院地球环境研究所	陕西
30	陕西关中平原区域生态环境变化与综合治理国家野外科学观测研究站	中国科学院地球环境研究所	陕西
31	吉林松嫩草地生态系统国家野外科学观测研究站	东北师范大学	吉林
32	黑龙江兴凯湖湖泊湿地生态系统国家野外科学观测研究站	中国科学院东北地理与农业生态研究所	吉林
33	吉林大安农田生态系统国家野外科学观测研究站	中国科学院东北地理与农业生态研究所	吉林
34	云南昆明电磁波环境国家野外科学观测研究站	中国电子科技集团公司第二十二研究所	河南
35	河南大别山森林生态系统国家野外科学观测研究站	河南大学	河南
36	辽宁清原森林生态系统国家野外科学观测研究站	中国科学院沈阳应用生态研究所	辽宁
37	辽宁盘锦湿地生态系统国家野外科学观测研究站	沈阳农业大学	辽宁
38	云南大理农业生态系统国家野外科学观测研究站	农业农村部环境保护科研监测所	天津

续表 3

序号	站点名称	依托单位	省（区、市）
39	天津环渤海滨海地球关键带国家野外科学观测研究站	天津大学	天津
40	新疆塔克拉玛干沙漠气象国家野外科学观测研究站	中国气象局乌鲁木齐沙漠气象研究所	新疆
41	新疆吐鲁番材料腐蚀与装备安全国家野外科学观测研究站	新疆吐鲁番自然环境试验研究中心	新疆
42	河北红山巨厚沉积与地震灾害国家野外科学观测研究站	河北省地震局、北京大学	河北
43	青海三江源草地生态系统国家野外科学观测研究站	中国科学院西北高原生物研究所、青海大学	青海
44	山东长岛近海渔业资源国家野外科学观测研究站	中国水产科学研究院黄海水产研究所	山东

说明：①站点所属地区根据依托单位组织机构登记信息所属地区进行划分确定。②名单按站点数量和省（区、市）拼音排序。

资料来源：科技部网站，国科发基〔2021〕295 号。

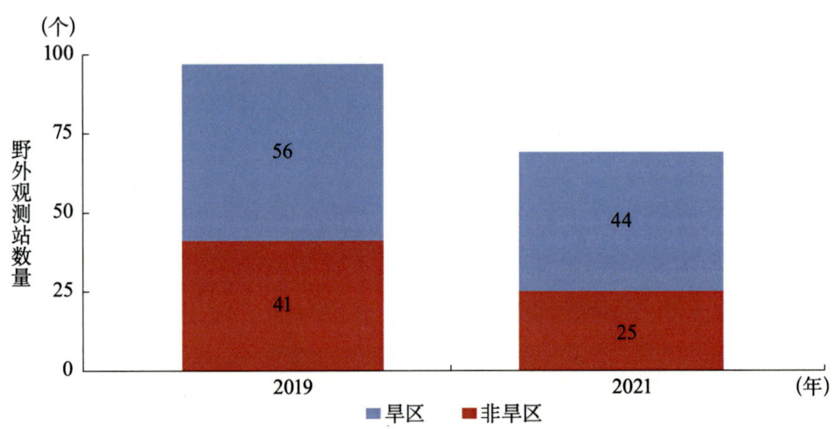

图 2-22　2019—2021 年科技部认定国家农业科学观测研究站情况

Figure 2-22　The National Agricultural Science Observation and Research Stations identified by MOST from 2019 to 2021

资料来源：农业农村部网站。

2.3.2　科技基础性设施和大型科研仪器共享

近年来，科技部和财政部逐步加强对中央级高校和科研院所等单位重大科研基础设施和大型科研仪器开放共享评价考核。参评单位日趋重视开放共享，科研设施与仪器利用率进一步提升，支撑科技创新的成效显著。2018—2021 年，纳入正式考核清单的单位数量依次为 373 家（2018 年）、344 家（2019 年）、356 家（2020 年）和 346 家（2021 年），其中旱区列入考核清单的单位数量依次为 229 家（2018 年）、211 家（2019 年）、219 家（2020 年）和 213 家（2021 年）（见图 2-23）。在 2021 年的评估考核中，旱区单位的评价考核结果具体分布为优秀 29 家、良好 59 家、合格 118 家、较差 7 家。

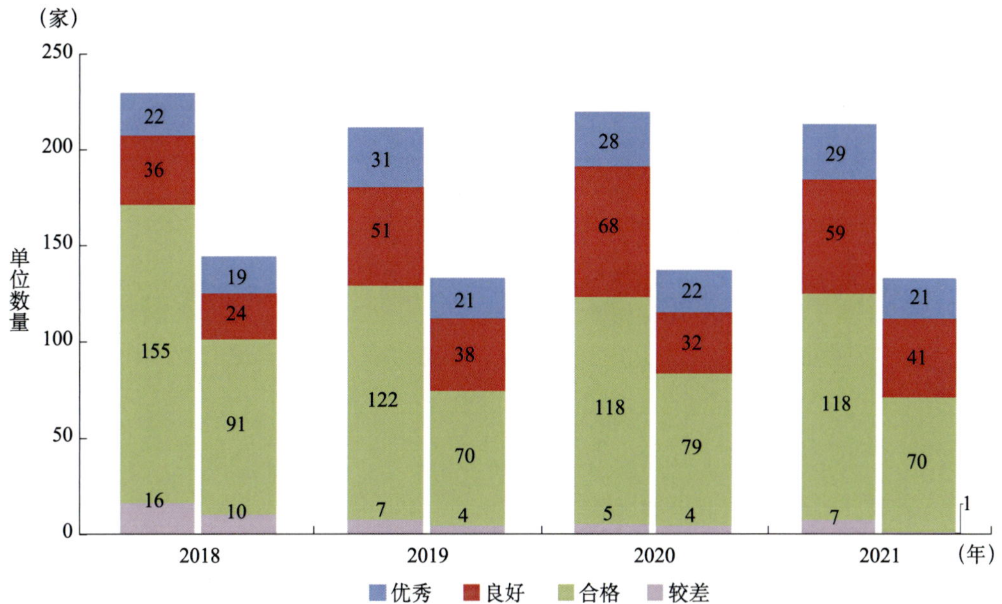

图 2-23　2018—2021 年重大科研基础设施和大型科研仪器开放共享评价考核结果比较

Figure 2-23　The evaluation comparison of Opened and Shared Major Scientific Research Infrastructure and Large Scientific Research Instruments from 2018 to 2021

说明：①左侧柱条表示旱区，右侧柱条表示非旱区。②所属地区根据单位的组织机构登记信息进行划分确定，由编者整理得到。

资料来源：科技部网站。

2021 年 5—9 月，科技部和财政部组织开展 2021 年中央级高校和科研院所等单位科研设施与仪器开放共享评价考核。根据科技部公示文件，2021 年共有 25 个部门、346 家单位参加评价考核，涉及原值 50 万元以上科研仪器共计 4.2 万台（套），原值 1 000 万元以上的科研仪器 359 台（套），涵盖重大科研基础设施 86 个。其中，旱区参评的重大科研基础设施运行和开放共享单位情况较好（见表 2-3）。总体来看，与2020年相比，参评单位对科研设施与仪器的开放共享更加重视，管理和共享应用水平进一步提升。参评的科研仪器年平均有效工作机时为1 278小时，纳入国家网络管理平台统一管理的仪器入网比例为98%，92%的参评单位建立了在线服务平台。参评的86个重大科研基础设施的运行和开放共享情况较好，在支撑国家重大科研任务、推动产业技术创新、服务国家重大战略需求和保障国民经济持续发展等方面取得了显著成效。

表2-3　2021年旱区重大科研基础设施和大型科研仪器开放共享评价考核结果

Table 2-3　Evaluation results of Opened and Shared Major Scientific Research Infrastructure and Large Scientific Research Instruments in the arid areas in 2021

序号	单位	省（区、市）	评定结果
1	中国科学院近代物理研究所	甘肃	优秀
2	中国科学院兰州化学物理研究所	甘肃	优秀
3	中国科学院长春光学精密机械与物理研究所	吉林	优秀
4	中国科学院长春应用化学研究所	吉林	优秀
5	大连理工大学	辽宁	优秀
6	中国科学院大连化学物理研究所	辽宁	优秀
7	中国科学院金属研究所	辽宁	优秀
8	中国农业科学院哈尔滨兽医研究所	黑龙江	优秀
9	中国科学院地球环境研究所	陕西	优秀
10	中国科学院西安光学精密机械研究所	陕西	优秀
11	西北工业大学	陕西	优秀
12	中国农业科学院烟草研究所	山东	良好
13	山东大学	山东	良好
14	中国科学院烟台海岸带研究所	山东	良好
15	中国农业科学院果树研究所	辽宁	良好
16	中国科学院沈阳自动化研究所	辽宁	良好
17	中国农业科学院特产研究所	吉林	良好
18	中国科学院东北地理与农业生态研究所	吉林	良好
19	吉林大学	吉林	良好
20	西安交通大学	陕西	良好
21	西北农林科技大学	陕西	良好
22	西安电子科技大学	陕西	良好

续表1

序号	单位	省（区、市）	评定结果
23	中国地质科学院地球物理地球化学勘查研究所	天津	良好
24	农业农村部环境保护科研监测所	天津	良好
25	中国科学院天津工业生物技术研究所	天津	良好
26	南开大学	天津	良好
27	中国农业科学院郑州果树研究所	河南	良好
28	中国农业科学院棉花研究所	河南	良好
29	黄河水利委员会黄河水利科学研究院	河南	良好
30	中国地震局工程力学研究所	黑龙江	良好
31	哈尔滨工程大学	黑龙江	良好
32	中国科学院西北高原生物研究所	青海	良好
33	中国科学院青海盐湖研究所	青海	良好
34	中国农业科学院兰州畜牧与兽药研究所	甘肃	良好
35	中国农业科学院兰州兽医研究所	甘肃	良好
36	中国农业科学院草原研究所	内蒙古	良好
37	中国科学院新疆生态与地理研究所	新疆	良好
38	中国科学院新疆理化技术研究所	新疆	良好
39	交通运输部天津水运工程科学研究所	天津	合格
40	自然资源部天津海水淡化与综合利用研究所	天津	合格
41	天津大学	天津	合格
42	中国医学科学院血液学研究所	天津	合格
43	应急管理部天津消防研究所	天津	合格
44	中国民航大学	天津	合格
45	哈尔滨工业大学	黑龙江	合格
46	中国水产科学研究院黑龙江水产研究所	黑龙江	合格
47	东北林业大学	黑龙江	合格
48	中国科学院沈阳应用生态研究所	辽宁	合格
49	东北大学	辽宁	合格
50	大连民族大学	辽宁	合格
51	大连海事大学	辽宁	合格
52	中国气象局沈阳大气环境研究所	辽宁	合格
53	应急管理部沈阳消防研究所	辽宁	合格
54	中国水产科学研究院黄海水产研究所	山东	合格

续表2

序号	单位	省（区、市）	评定结果
55	青岛海洋地质研究所	山东	合格
56	中国科学院海洋研究所	山东	合格
57	中国海洋大学	山东	合格
58	中国科学院青岛生物能源与过程研究所	山东	合格
59	自然资源部第一海洋研究所	山东	合格
60	中国石油大学（华东）	山东	合格
61	国家深海基地管理中心	山东	合格
62	中国动物卫生与流行病学中心	山东	合格
63	中国科学院国家授时中心	陕西	合格
64	长安大学	陕西	合格
65	中国科学院西北生态环境资源研究院	甘肃	合格
66	兰州大学	甘肃	合格
67	西北民族大学	甘肃	合格
68	中国地震局兰州地震研究所	甘肃	合格
69	中国气象局兰州干旱气象研究所	甘肃	合格
70	中国科学院遗传与发育生物学研究所农业资源研究中心	河北	合格
71	中国水产科学研究院北戴河中心实验站	河北	合格
72	中国农业科学院农田灌溉研究所	河南	合格
73	国家林业和草原局泡桐研究开发中心	河南	合格
74	牧区水利科学研究所	内蒙古	合格
75	北方民族大学	宁夏	合格
76	中国科学院山西煤炭化学研究所	山西	合格
77	中国气象局乌鲁木齐沙漠气象研究所	新疆	合格

说明：①所属地区根据单位的组织机构登记信息所属地区进行划分确定，由编者整理得到。②此表未包含登记属地为北京的单位。③此表未列出评定结果为“较差”的单位。

资料来源：科技部网站，《科技部办公厅 财政部办公厅关于发布2021年中央级高校和科研院所等单位重大科研基础设施和大型科研仪器开放共享评价考核结果的通知》（国科办基〔2021〕136号）。

2.3.3 现代农业产业技术体系

2007年农业部、财政部共同启动建设国家现代农业产业技术体系，聚焦主要农产品，组建相应的现代农业产业体系，形成跨部门、跨区域、跨单位、跨学科的优势科技力量，联合协作解决产业重大问题。“十二五”期间（2011—2015 年），国家现代农业产业技术体系共确定了 50 个产业技术研发中心、233 个功能研究室和 1 144 个综合试验站，总计聘请了 50 名首席科学家、1 051 名岗位科学家和 1 144 名站长（农科教发〔2011〕3 号）。“十三五”以来，国家现代农业产业技术体系持续加强队伍建设，提升技术支撑能力，开展了多轮次的岗位新增调整和科学家聘用增补。对历年公示文件进行汇总整理，从区域对比来看（见图 2-24），旱区拥有各类科学家共计 1 149 名，非旱区拥有各类科学家共计 960 名，二者的人数比值为 1.2。从旱区省（区、市）对比来看（见图 2-25），科学家人数排在前三的省（区、市）依次是北京（395 名）、山东（146 名）、河南（91 名）。

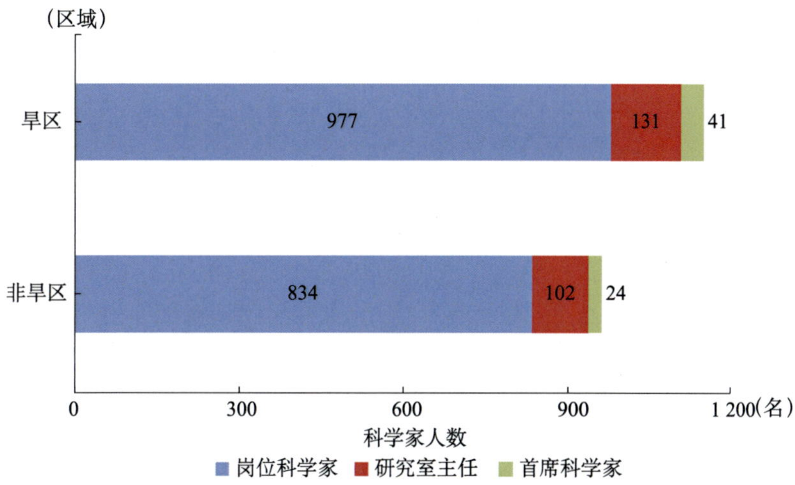

图 2-24 2011—2021 年现代农业产业技术体系科学家人数分布情况

Figure 2-24 Amounts distribution of science researchers in China Agricultural Research System from 2011 to 2021

说明：①同一科学家可能聘用于多个类别的岗位，此处进行累加汇总。②所属地区根据科学家所在单位的组织机构登记信息进行划分确定。

资料来源：农业农村部网站，《农业部关于印发现代农业产业技术体系建设依托单位和岗位聘用人员名单的通知》（农科教发〔2011〕3 号）、《关于公示现代农业产业技术体系“十三五”新增岗位科学家候选人名单的通知》（农科（产业）函〔2017〕第 68 号）、《关于公示现代农业产业技术体系 2019 年增补岗位科学家候选人名单的通知》（农科（产业）函〔2019〕第 184 号）、《关于公示现代农业产业技术体系首席科学家和岗位科学家候选人名单的通知》（农科（产业）函〔2021〕7 号）、《关于公示现代农业产业技术体系首席科学家和岗位科学家候选人名单的通知》（2022 年 6 月 17 日）。

2017 年，国家现代农业产业技术体系遴选增补了 359 名科学家（农科（产业）函〔2017〕第 68 号）；2019 年，增补 55 位岗位科学家（农科（产业）函〔2019〕第 184 号）；2021 年，继续增补 11 名首席科学家和 215 名岗位科学家（农科（产业）函〔2021〕7 号）；2022 年，农业农村部对体系专家进行了优化调整，共遴选公示 4 位首席科学家和 131 位岗位科学家候选人，其中旱区分别有 2 名首席科学家和 73 名岗位科学家候选人围（见表 2-4）。

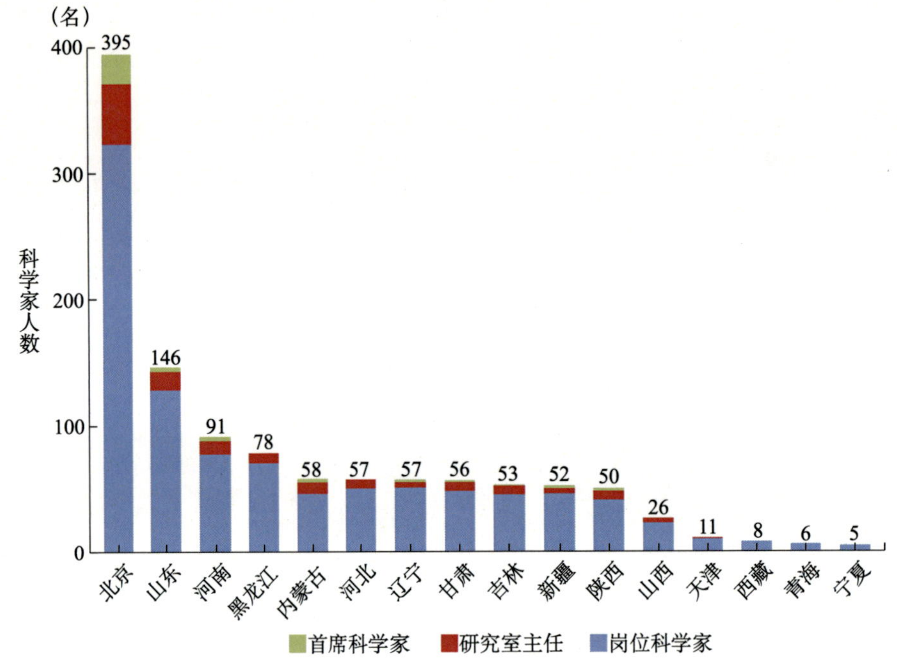

图 2-25　2011—2022 年旱区省（区、市）现代农业产业技术体系科学家人数分布情况

Figure 2-25　Amounts distribution of science researchers of China Agricultural Research System in provinces of the arid areas from 2011 to 2022

说明：①同一科学家可能聘用于多个类别的岗位，此处进行累加汇总。②所属地区根据科学家所在单位的组织机构登记信息进行划分确定。

资料来源：农业农村部网站，《农业部关于印发现代农业产业技术体系建设依托单位和岗位聘用人员名单的通知》（农科教发〔2011〕3 号）、《关于公示现代农业产业技术体系“十三五”新增岗位科学家候选人名单的通知》（农科（产业）函〔2017〕第 68 号）、《关于公示现代农业产业技术体系 2019 年增补岗位科学家候选人名单的通知》（农科（产业）函〔2019〕第 184 号）、《关于公示现代农业产业技术体系首席科学家和岗位科学家候选人名单的通知》（农科（产业）函〔2021〕7 号）、《关于公示现代农业产业技术体系首席科学家和岗位科学家候选人名单的通知》（2022 年 6 月 17 日）。

表 2-4　2022 年旱区省（区、市）入选现代农业产业技术体系科学家候选人名单

Table 2-4　List of candidates of the China Agricultural Research System in provinces of the arid areas in 2022

序号	类别	产业体系	岗位名称	姓名	依托单位	省（区、市）
1	首席科学家	蜂	—	彭文君	中国农业科学院蜜蜂研究所	北京
2	首席科学家	绒毛用羊	—	郑文新	新疆畜牧科学院	新疆
3	岗位科学家	贝类	产业经济	刘子飞	中国水产科学研究院	北京
4	岗位科学家	贝类	滩涂养殖	霍忠明	大连海洋大学	辽宁
5	岗位科学家	贝类	病毒病防控	白昌明	中国水产科学研究院黄海水产研究所	山东
6	岗位科学家	贝类	育种技术与方法	黄晓婷	中国海洋大学	山东
7	岗位科学家	贝类	质量安全与营养品质评价	谭志军	中国水产科学研究院黄海水产研究所	山东
8	岗位科学家	蚕桑	桑树生产管理机械化	宋占华	山东农业大学	山东
9	岗位科学家	大麦青稞	种子扩繁与生产技术	聂小军	西北农林科技大学	陕西
10	岗位科学家	大宗蔬菜	产地环境综合治理	高淼	中国农业科学院农业资源与农业区划研究所	北京
11	岗位科学家	大宗蔬菜	设施蔬菜虫害防控	郭兆将	中国农业科学院蔬菜花卉研究所	北京
12	岗位科学家	大宗蔬菜	温室蔬菜栽培	李衍素	中国农业科学院蔬菜花卉研究所	北京
13	岗位科学家	大宗蔬菜	水分管理与节水技术	佟玲	中国农业大学	北京
14	岗位科学家	大宗蔬菜	菜田生态与土壤管理	刘玉凤	沈阳农业大学	辽宁
15	岗位科学家	大宗蔬菜	细胞育种	刘志勇	沈阳农业大学	辽宁
16	岗位科学家	蛋鸡	品种改良	李转见	河南农业大学	河南

续表1

序号	类别	产业体系	岗位名称	姓名	依托单位	省（区、市）
17	岗位科学家	蜂	种质资源评价	陈超	中国农业科学院蜜蜂研究所	北京
18	岗位科学家	蜂	西方蜜蜂品种改良	王志	吉林省养蜂科学研究所	吉林
19	岗位科学家	谷子高粱	谷子种质资源收集与评价	刘敏轩	中国农业科学院作物科学研究所	北京
20	岗位科学家	谷子高粱	秸秆与副产物综合利用	潘君廷	中国农业科学院农业资源与农业区划研究所	北京
21	岗位科学家	谷子高粱	传统旱作技术挖掘与创新	夏雪岩	河北省农林科学院	河北
22	岗位科学家	花生	油用品种改良	王瑾	河北省农林科学院	河北
23	岗位科学家	花生	虫害防控	赵丹	河北农业大学	河北
24	岗位科学家	花生	干燥与储藏	陈亮	河南工业大学	河南
25	岗位科学家	马铃薯	西北高产高效栽培	刘玉汇	甘肃农业大学	甘肃
26	岗位科学家	棉花	种质资源收集与评价	何守朴	中国农业科学院棉花研究所	河南
27	岗位科学家	棉花	秸秆与副产品综合利用	韩焕勇	新疆农垦科学院	新疆
28	岗位科学家	棉花	中早熟品种改良	马雄风	中国农业科学院西部农业研究中心（新疆）	新疆
29	岗位科学家	牧草	养分管理	何峰	中国农业科学院北京畜牧兽医研究所	北京
30	岗位科学家	牧草	土壤改良与产地环境治理	黄顶	中国农业大学	北京
31	岗位科学家	牧草	种质资源收集与评价	马琳	中国农业科学院北京畜牧兽医研究所	北京
32	岗位科学家	牧草	青藏高原牧草育种	谢文刚	兰州大学	甘肃
33	岗位科学家	牧草	牧区混播栽培	刘志英	内蒙古大学	内蒙古

续表2

序号	类别	产业体系	岗位名称	姓名	依托单位	省（区、市）
34	岗位科学家	奶牛	质量安全与营养品质评价	逄晓阳	中国农业科学院农产品加工研究所	北京
35	岗位科学家	奶牛	后裔测定与遗传评估	张毅	中国农业大学	北京
36	岗位科学家	奶牛	繁殖技术	赵学明	中国农业科学院北京畜牧兽医研究所	北京
37	岗位科学家	苹果	质量安全与营养品质评价	刘璇	中国农业科学院农产品加工研究所	北京
38	岗位科学家	苹果	副产物综合利用	王晓宇	陕西师范大学	陕西
39	岗位科学家	葡萄	砧木评价与改良	韩斌	河北省农林科学院昌黎果树研究所	河北
40	岗位科学家	葡萄	果实品质调控	张雯	新疆农业科学院	新疆
41	岗位科学家	绒毛用羊	病毒病防控	张克山	中国农业科学院兰州兽医研究所	甘肃
42	岗位科学家	绒毛用羊	寄生虫病防控	宫鹏涛	吉林大学	吉林
43	岗位科学家	绒毛用羊	饲养管理与圈舍环境	闫晓刚	吉林省农业科学院	吉林
44	岗位科学家	绒毛用羊	育种规划与管理	王小龙	西北农林科技大学	陕西
45	岗位科学家	绒毛用羊	细毛半细毛羊品种改良选育	付雪峰	新疆畜牧科学院	新疆
46	岗位科学家	绒毛用羊	良种扩繁与生产技术	万鹏程	新疆农垦科学院	新疆
47	岗位科学家	肉牛牦牛	乳牛肉用育肥营养与饲养	孙鹏	中国农业科学院北京畜牧兽医研究所	北京
48	岗位科学家	肉牛牦牛	副产物综合利用	张丽	甘肃农业大学	甘肃
49	岗位科学家	肉羊	性能测定与遗传评估	曹阳	吉林省农业科学院	吉林
50	岗位科学家	肉羊	营养代谢病防控	杨斌	内蒙古自治区农牧业科学院	内蒙古

续表3

序号	类别	产业体系	岗位名称	姓名	依托单位	省（区、市）
51	岗位科学家	生猪	强制性免疫病防控	郑海学	中国农业科学院兰州兽医研究所	甘肃
52	岗位科学家	生猪	饲养管理与养殖环境控制	董娜	东北农业大学	黑龙江
53	岗位科学家	水稻	稻瘟病防控	杨俊	中国农业大学	北京
54	岗位科学家	水稻	东北中部稻区粳稻品种改良	严永峰	吉林省农业科学院	吉林
55	岗位科学家	水禽	鸭饲料营养价值评定	闻治国	中国农业科学院饲料研究所	北京
56	岗位科学家	水禽	鹅病诊断与防治	唐熠	山东农业大学	山东
57	岗位科学家	水禽	鸭品种资源评价	胡志刚	西北农林科技大学	陕西
58	岗位科学家	糖料	甜菜栽培生理	李国龙	内蒙古农业大学	内蒙古
59	岗位科学家	糖料	甜菜水分管理与节水栽培	董心久	新疆农业科学院	新疆
60	岗位科学家	糖料	甜菜虫害防控	杨安沛	新疆农业科学院	新疆
61	岗位科学家	特色蔬菜	洋葱品种改良	刘冰江	山东省农业科学院	山东
62	岗位科学家	特色油料	栽培生理	高桐梅	河南省农业科学院	河南
63	岗位科学家	特色油料	胡麻综合防控	周宇	内蒙古自治区农牧业科学院	内蒙古
64	岗位科学家	兔	寄生虫病防控	刘贤勇	中国农业大学	北京
65	岗位科学家	西甜瓜	水分生理与节水栽培	李好	西北农林科技大学	陕西
66	岗位科学家	小麦	杂交小麦	孙辉	北京市农林科学院	北京
67	岗位科学家	小麦	华北区土壤重金属污染防治	杨建军	中国农业科学院农业环境与可持续发展研究所	北京

续表4

序号	类别	产业体系	岗位名称	姓名	依托单位	省（区、市）
68	岗位科学家	小麦	黄淮北部高产栽培	李升东	山东省农业科学院	山东
69	岗位科学家	藻类	淡水微藻种质资源收集与育种	张曼	河南师范大学	河南
70	岗位科学家	藻类	褐藻加工	任丹丹	大连海洋大学	辽宁
71	岗位科学家	藻类	病害防控	李杰	中国水产科学研究院黄海水产研究所	山东
72	岗位科学家	藻类	藻场建设与生态修复	孙忠民	中国科学院海洋研究所	山东
73	岗位科学家	藻类	离岸式养殖	汪文俊	中国水产科学研究院黄海水产研究所	山东
74	岗位科学家	中药材	质量与品质综合评价（包括外源污染物评价）	孔志强	中国农业科学院植物保护研究所	北京
75	岗位科学家	中药材	绿色防控	陈长卿	吉林农业大学	吉林

说明：①所属地区根据科学家所在单位的组织机构登记信息进行划分确定。②名单按类别、产业体系和省（区、市）拼音排序。

资料来源：农业农村部网站，《关于公示现代农业产业技术体系首席科学家和岗位科学家候选人名单的通知》（2022 年 6 月 17 日）。

2.4 科技服务

2.4.1 国家农业科技园区

根据《国家农业科技园区发展规划（2018—2025 年）》，我国计划在 2025 年布局建设 30 家国家农业高新技术产业示范区、300 家国家农业科技园区、3 000 家省级农业科技园区。国家农业科技园区的布局基本覆盖了全国所有省、自治区、直辖市、计划单列市及新疆生产建设兵团，初步形成了特色鲜明、模式典型、科技示范效果显著的园区发展格局。截至 2021 年底，科技部已分 9 个批次有序批准建设了共 233 家国家农业科技园区。

科技部持续加强对国家农业科技园区的管理，积极推动园区发展。根据《国家农业科技园区管理办法》要求，科技部于2021年对已经验收挂牌的第七批共77个园区以及2019年综合评估结果为“不达标”需整改的10个园区进行了综合评估。总体而言，在第七批园区中，有15个园区的评估结果为“优秀”，有54个园区的评估结果为“达标”，有8个园区的评估结果为“不达标”。在对2019年综合评估结果为“不达标”的园区的复评中，有8个园区复评结果为“达标”并保留园区资格，2个园区被取消园区建设资格。对于旱区而言，评估结果为“优秀”的园区共有8家；评估结果为“达标”的园区共有33家；评估结果为“不达标”的园区共有3家（见表2-5）。根据《国家农业科技园区管理办法》相关规定，评估结果为“优秀”的园区将作为下一步科技项目优先支持对象和国家农业高新技术产业示范区优先培育对象；评估结果为“不达标”的园区整改1年后将再次参加综合评估，如达标则保留园区建设资格，如仍不达标则取消园区建设资格。

表2-5　2021年旱区国家农业科技园区综合评估结果

Table 2-5　Comprehensive assessment results of the National Agricultural Science and Technology Parks in the arid areas in 2021

序号	园区名称	评估结果	省（区、市）
1	山东威海国家农业科技园区	优秀	山东
2	山东聊城国家农业科技园区	优秀	山东
3	山东邹城国家农业科技园区	优秀	山东
4	河北滦平国家农业科技园区	优秀	河北
5	河北辛集国家农业科技园区	优秀	河北
6	河南周口国家农业科技园区	优秀	河南
7	内蒙古巴彦淖尔国家农业科技园区	优秀	内蒙古
8	新疆温宿国家农业科技园区	优秀	新疆
9	山东菏泽国家农业科技园区	达标	山东
10	山东济南国家农业科技园区	达标	山东
11	山东枣庄国家农业科技园区	达标	山东
12	山东潍坊国家农业科技园区	达标	山东
13	山东栖霞国家农业科技园区	达标	山东
14	山东滨城国家农业科技园区	达标	山东
15	山东莒南国家农业科技园区	达标	山东

续表

序号	园区名称	评估结果	省（区、市）
16	河北大厂国家农业科技园区	达标	河北
17	河北固安国家农业科技园区	达标	河北
18	河北涿州国家农业科技园区	达标	河北
19	河北丰宁国家农业科技园区	达标	河北
20	河北威县国家农业科技园区	达标	河北
21	河南商丘国家农业科技园区	达标	河南
22	河南漯河国家农业科技园区	达标	河南
23	河南焦作国家农业科技园区	达标	河南
24	河南安阳国家农业科技园区	达标	河南
25	河南驻马店国家农业科技园区	达标	河南
26	甘肃白银国家农业科技园区	达标	甘肃
27	甘肃甘南国家农业科技园区	达标	甘肃
28	甘肃临夏国家农业科技园区	达标	甘肃
29	内蒙古通辽国家农业科技园区	达标	内蒙古
30	内蒙古鄂尔多斯国家农业科技园区	达标	内蒙古
31	青海海西国家农业科技园区	达标	青海
32	青海海北国家农业科技园区	达标	青海
33	新疆沙湾国家农业科技园区	达标	新疆
34	新疆建设兵团胡杨河国家农业科技园区	达标	新疆
35	北京密云国家农业科技园区	达标	北京
36	黑龙江佳木斯国家农业科技园区	达标	黑龙江
37	吉林白山国家农业科技园区	达标	吉林
38	辽宁锦州国家农业科技园区	达标	辽宁
39	宁夏中卫国家农业科技园区	达标	宁夏
40	陕西铜川国家农业科技园区	达标	陕西
41	西藏那曲国家农业科技园区	达标	西藏

说明：①名单按评估结果、园区数量和省（区、市）拼音排序。②此表仅列出评估结果为“优秀”和“达标”的园区。

资料来源：科技部网站，《科技部办公厅关于公布2021年国家农业科技园区综合评估结果的通知》(国科办农〔2021〕149号)。

同时，科技部于2021年对第八批创建的国家农业科技园区进行验收检查，共认定32个园区验收结果为“通过”，其中旱区验收结果为“通过”的园区共有14个（见表2-6）。

表2-6 2021年旱区第八批国家农业科技园区验收通过名单

Table 2-6 List of parks Passed the inspection of MOST on the eitht batch National Agricultural Science and Technology Parks in the arid areas provinces in 2021

序号	园区名称	省（区、市）
1	辽宁台安国家农业科技园区	辽宁
2	辽宁朝阳国家农业科技园区	辽宁
3	新疆博尔塔拉国家农业科技园区	新疆
4	新疆兵团第二师铁门关国家农业科技园区	新疆
5	北京平谷国家农业科技园区	北京
6	甘肃庆阳国家农业科技园区	甘肃
7	河北衡水国家农业科技园区	河北
8	河南信阳国家农业科技园区	河南
9	黑龙江绥化国家农业科技园区	黑龙江
10	吉林江源国家农业科技园区	吉林
11	内蒙古包头国家农业科技园区	内蒙古
12	山东莱芜国家农业科技园区	山东
13	陕西商洛国家农业科技园区	陕西
14	西藏林芝国家农业科技园区	西藏

说明：名单按园区数量和省（区、市）拼音排序。

资料来源：科技部网站，《科技部办公厅关于公布第八批国家农业科技园区验收结果的通知》（国科办农〔2021〕150号）。

2.4.2 国家农业创新联盟

2014年以来，农业农村部启动国家农业科技创新联盟建设。农业农村部于2019年首批认定了34个国家农业科技创新联盟，随后在2021年和2022年分别认定了第二批（共17个）、第三批（共9个）国家农业科技创新联盟（见图2-26）。至此，农业农村部合计认定了60个国家农业科技创新联盟，其中产业联盟29个、区域联盟21个、专业联盟10个。2022年第三批国家农业科技创新联盟认定结果，如表2-7所示。

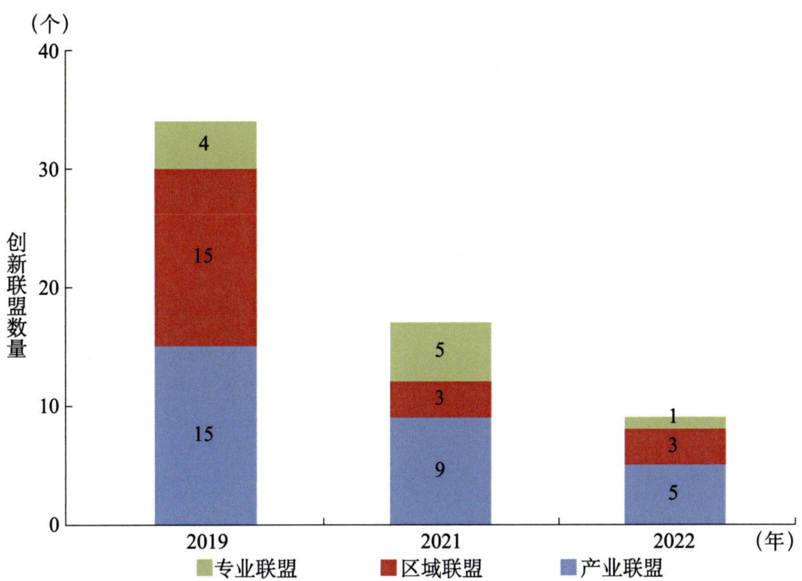

图 2-26　2019—2022 年国家农业科技创新联盟认定结果

Figure 2-26　Assessment of the national agricultural science and technology innovation alliance from 2019 to 2022

资料来源：农业农村部网站。

表 2-7　2022 年第三批国家农业科技创新联盟认定结果

Table 2-7　Assessment of the third batch of the national agricultural science and technology innovation alliance in 2022

序号	联盟名称	类型	等级
1	动物健康与食品安全创新联盟	产业联盟	标杆联盟
2	生物炭科技创新联盟	产业联盟	一般联盟
3	特种经济动物科技创新联盟	产业联盟	一般联盟
4	蔬菜质量标准化创新联盟	产业联盟	一般联盟
5	山药产业科技创新联盟	产业联盟	一般联盟
6	广西农业科技创新联盟	区域联盟	标杆联盟
7	福建省农业科技创新联盟	区域联盟	一般联盟
8	内蒙古农牧业科技创新联盟	区域联盟	一般联盟
9	灌溉农业绿色发展联盟	专业联盟	一般联盟

说明：按联盟类型和等级进行排序。

资料来源：农业农村部网站。

2.4.3 全国生产力促进中心

根据科技部火炬高技术产业开发中心相关统计资料，从国家级生产力促进中心的数量分布来看，2019 年全国共有国家级生产力促进中心 187 个，其中旱区有 105 个。从各地区生产力中心数量分布来看，2019 年全国共有 1 340 个生产力促进中心，其中旱区有 576 个，数量占全国的四成左右；2020 年全国共有 1 186 个生产力促进中心，数量略有减少，其中旱区的减少到 440 个（见图 2-27）。2020 年旱区生产力促进中心数量分布情况，如图 2-28 所示。

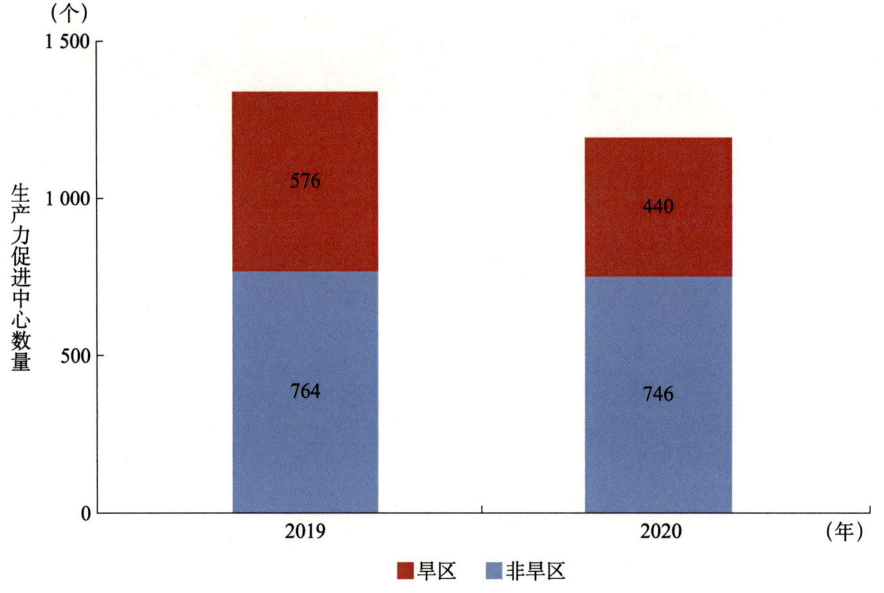

图 2-27　2019—2020 年全国生产力促进中心数量分布情况

Figure 2-27　Distribution of the Productivity Promotion Centers from 2019 to 2020

资料来源：科技部火炬高技术产业开发中心。

从生产力促进中心的资产和政府投入经费情况来看，2020 年全国生产力促进中心共有资产 374 亿元，政府共投入经费 8.6 亿元。其中，旱区省（区、市）生产力促进中心共有资产 71 亿元，政府共投入经费 2.2 亿元。2020 年旱区省（区、市）生产力促进中心总资产和政府投入经费情况，如图 2-29 所示。

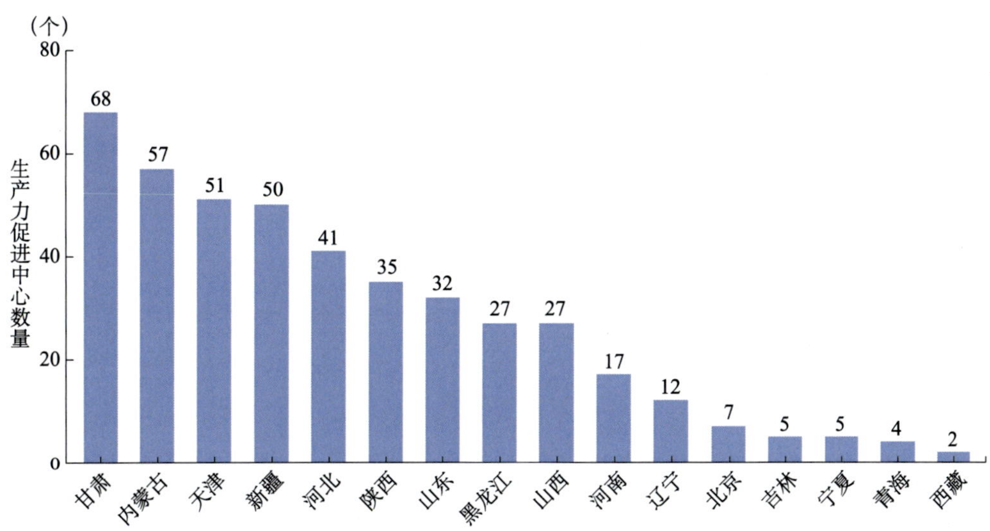

图 2-28　2020 年旱区生产力促进中心数量分布情况

Figure 2-28　Distribution of the Productivity Promotion Centers in the arid areas in 2020

说明：按中心数量由多到少对省份进行排序。

资料来源：科技部火炬高技术产业开发中心。

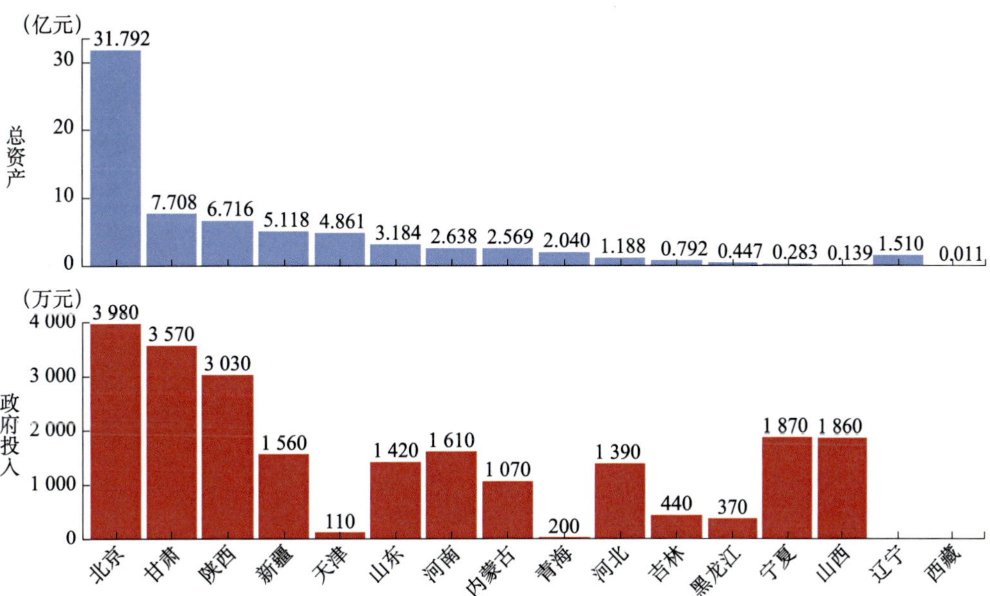

图 2-29　2020 年旱区省（区、市）生产力促进中心总资产和政府投入经费情况

Figure 2-29　Total assets and government investment of Productivity Promotion Centers in provinces of the arid areas in 2020

资料来源：科技部火炬高技术产业开发中心。

2.4.4 国家高新技术企业

根据科技部火炬高技术产业开发中心的公示数据来看，2020—2021 年全国高新技术企业认定数量增幅明显。2021 年，全国高新技术企业认定数为 128 874 家，相比 2020 年的认定数（117 225 家），增幅达到 9.9%。区位优势和经济发展水平往往是培育和发展高新技术企业的重要环境条件。就旱区高新技术企业认定数量分布情况来看（见图 2-30），旱区省均高新技术企业认定数量远低于全国平均高新技术企业认定数量（分别为 2 716 家和 4 157 家），且旱区省（区、市）认定数量的分布较不均衡。2021 年，旱区高新技术企业认定数量排名前五的省市依次是山东（9 863 家）、北京（8 724 家）、河北（4 445 家）、天津（3 830 家）、陕西（3 756 家），认定数量超过全国平均高新企业认定数量的旱区省市只有 3 个，分别为山东、北京、河北；认定数量超过旱区省均高新企业认定数量的旱区省市有 7 个，分别为山东、北京、河北、天津、陕西、河南、辽宁。

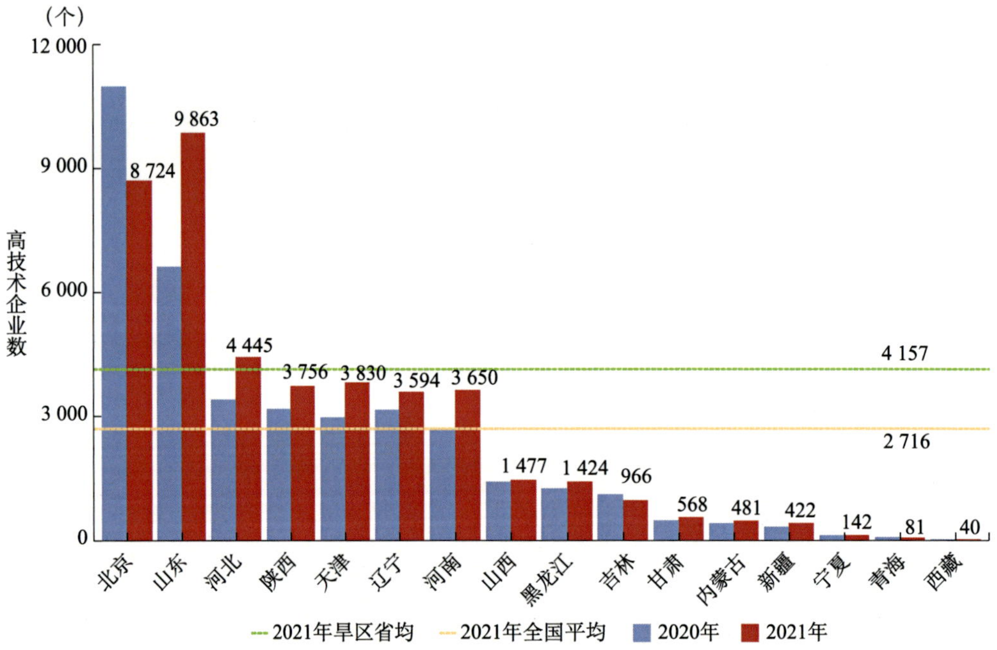

图 2-30 2020—2021 年旱区省（区、市）国家高新技术企业认定数量的分布情况

Figure 2-30 Amounts distribution of the national high-tech enterprises in provinces of the arid areas from 2020 to 2021

资料来源：科技部火炬高技术产业开发中心。

规模以上高新技术企业是我国企业创新的中坚力量，贡献了全部高新技术企业生产产值的六成左右。2019 年全国规模以上高新技术企业数为 35 833 家，到 2020 年，全国规模以上高新技术企业数增加到 40 194 家，其中旱区拥有规模以上高新技术企业 7 458 家，约占全国总数的 1/5。对比来看，2020 年旱区省均拥有规模以上高新技术企业 466 家，比 2019 年的省均数（430 家）有所增加，但仍远低于全国平均拥有的规模以上高新技术企业数（1 297 家）水平（见图 2-31）。旱区仅有山东省（1 718 家）超过了全国平均拥有的规模以上高新技术企业数。就旱区省（区、市）而言，超过旱区省均规模以上高新技术企业数的有山东（1 718 家）、河南（1 198 家）、北京（884 家）、陕西（749 家）、河北（745 家）、天津（549 家）、辽宁（508 家），西北部旱区省（区、市）的规模以上高新技术企业分布明显较少，但比往年的分布情况略有改善。2020 年旱区省（区、市）规模以上高新技术产业研发机构数和新产品研发项目数分布，如图 2-32 所示。

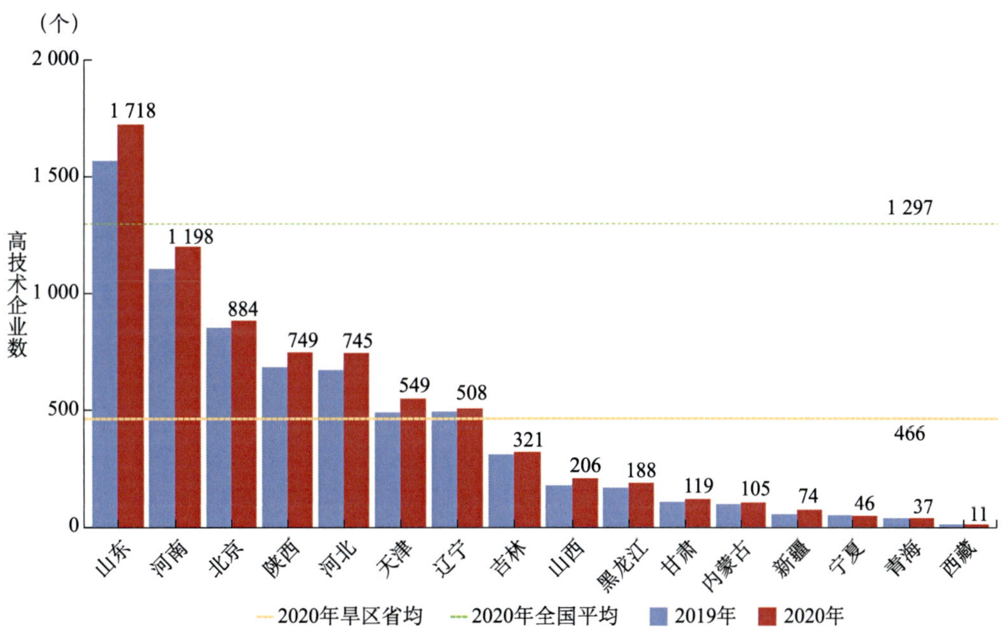

图 2-31　2019—2020 年旱区省（区、市）规模以上高新技术企业数分布及变化

Figure 2-31　Amounts distribution of the high-tech enterprises in provinces of the arid areas from 2019 to 2020

资料来源：《中国科技统计年鉴》（2020—2021 年）。

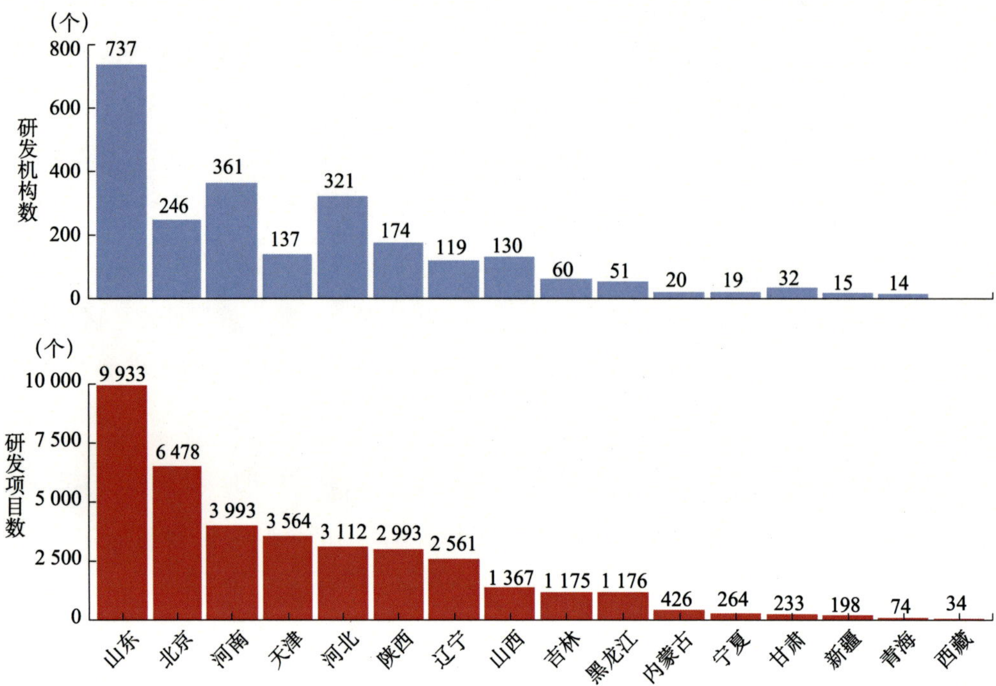

图 2-32 2020 年旱区省（区、市）规模以上高新技术产业研发机构数和新产品开发项目数分布

Figure 2-32 Amounts distribution of the high-tech industry R&D institutions and new product developing projects in provinces of the arid areas in 2020

说明：由于统计口径变化，2020 年未公布 **R&D** 项目数，故与往年不可比，此处仅展示新产品开发项目数。

资料来源：《中国科技统计年鉴 2021》。

3 旱区农业技术产出情况

近年来，旱区农业领域知识产权创造稳中求进，发展势头良好，助推旱区农业高质高效发展。2021 年，旱区 16 个省（区、市）农业领域专利授权量为 62 104 件，占全国农业领域专利授权量的 37.6%，与 2020 年持平。截至 2021 年底，旱区 16 个省（区、市）植物新品种权申请量为 6 025 件，占全国植物新品种权申请量的 56.6%；植物新品种权授权量为 1 728 件，占全国植物新品种权授权量的 53.7%，与 2020 年相比均呈上涨态势。

随着国家对农业科研力量的重视以及科研产出相关要求的提高，旱区农业科研论文产出在数量和质量方面不断提升。近年来，科学引文索引（SCI）收录旱区 16 省（区、市）农业领域科技论文的数量呈上升趋势，其收录量从 2017 年到 2021 年翻了一番；工程索引（EI）收录旱区农业领域科技论文的数量持续增长，2021 年共收录 10 135 篇，创历史新高；科技会议录索引（ISTP）和中国知网收录旱区农业领域科技论文的数量相对稳定。

为破解科技优势与经济发展转化之间的“堵点”难题，2021 年 3 月，陕西省创新驱动发展总平台和创新驱动发展总源头——秦创原创新驱动平台应运而生。杨凌农业高新技术产业示范区（以下简称“杨凌示范区”）紧紧抓住新一轮科技革命和产业变革机遇，扎实推进秦创原农业板块建设，组织开展秦创原农业板块“三秦行”活动，积极把农业高科技服务业作为主导产业，把农业科技型企业作为主攻方向，积极提升秦创原创新驱动平台农业板块的吸引力、承载力、辐射力。同时，杨凌示范区围绕在更高水平上发挥示范区作用，聚力农业科技创新、示范推广、国际合作“三个突破”，全力推进“一带一路”现代农业国际合作中心及中国（陕西）自由贸易试验区杨凌片区建设，聚焦上海合作组织（以下简称“上合组织”）农业基地核心功能高质量建设，奋力打造农业对外开放新高地。

2021 年是“十四五”开局之年，杨凌示范区坚持“核心示范、带动旱区、服务全国”的目标，把科技创新摆在核心位置、作为战略支撑，加快构建以自主创新为核心的旱区农业战略科技力量，优化“全域科创”的发展布局，激发发展活力，为农业稳产增产、农民稳步增收、农村稳定安宁贡献“杨凌力量”，以实际行动迎接党的二十大。

3.1 旱区农业领域三种专利授权情况

科技创新是现代农业的基本出路，依靠科技创新是促进我国农业产业发展的必由之路。随着知识产权在农业领域的飞速发展，管理水平的日渐提升，我国农业知识产权的拥有量快速增加，农业竞争力获得巨大提升。旱区的技术创新能力持续增强，专利授权量占全国的比重较高，发展势头良好。农业科技进步可改善并提高现有农业生产技术装备水平，提高劳动生产率，有利于加快现代化农业建设，增强农业发展后劲。

2021 年，旱区 16 个省（区、市）农业领域专利授权量为 62 104 件，占全国农业领域专利授权量的 37.6%。其中，发明专利授权量为 7 483 件，占全国发明专利授权量的 29.8%；实用新型专利授权量为 54 621 件，占全国实用新型专利授权量的 39.0%。与 2020 年的数据相比，2021 年旱区 16 省（区、市）农业领域专利授权量增长 48.5%，其中发明专利授权量和实用新型专利授权量的全国占比均有提升。2021 年旱区农业领域专利授权量如表 3–1 所示，各省（区、市）农业领域专利授权量从多到少排名依次是山东、河南、河北、北京、黑龙江、甘肃、辽宁、陕西、天津、新疆、内蒙古、山西、吉林、宁夏、青海、西藏。山东、河南作为农业大省，专利授权量位居旱区前列；北京作为中国的科教中心，集聚大量农业科研力量，专利授权量排在旱区第四位，与 2020 年持平。相较于 2020 年，新疆、陕西、内蒙古的排名略有上升，其他省份排名则基本持平。

表 3-1 2021 年旱区农业领域专利授权量

Table 3-1 The number of the three types of patent granted in the arid areas in 2021

单位：件

省（区、市）	发明	实用新型	外观设计	合计
北京	1 453	3 116	—	4 569
天津	203	2 159	—	2 362
河北	475	5 097	—	5 572
山西	238	1 699	—	1 937
内蒙古	182	1 926	—	2 108
辽宁	330	3 414	—	3 744
吉林	276	1 534	—	1 810
黑龙江	368	4 131	—	4 499
山东	2 118	13 912	—	16 030
河南	802	6 888	—	7 690
西藏	42	241	—	283
陕西	332	2 602	—	2 934
甘肃	245	3 830	—	4 075
青海	35	704	—	739
宁夏	173	1 335	—	1 508
新疆	211	2 033	—	2 244
旱区合计	7 483	54 621	—	62 104
全国合计	25 121	139 990	—	165 111

资料来源：通过国家知识产权局专利检索及分析系统查询获得，按 IPC 部的分类，统计与农产品生产及加工有关的 A01、A22、A23B、A23C、A23D、A23F、A23G、A23K、A23N、A24B、A61D 部分的专利授权量。

3.2 旱区植物新品种申请受理与授权情况

高产优质的植物新品种是农林业的核心生产要素，也是农业、园艺、林业质量与生产力发展的重要支撑。世界各地在农业生产能力方面的进步，在很大程度上归功于植物品种的改良。近年来，我国农业植物新品种权申请受理量持续增长，截至

2021 年底，我国累计受理农业植物新品种权申请约 5.2 万件，授予品种权约 1.9 万件。植物新品种权是种业发展的重要战略性资源，植物新品种权的保护，不仅有利于育成和推广更多新的植物品种，而且有利于吸引更多的组织和个人向植物育种领域投资，推动我国种子工程建设，促进我国农林业不断发展，对促进国民经济健康发展及保障国家粮食安全同样具有重大意义。

根据农业农村部科技发展中心品种公告显示，截至 2021 年底，旱区 16 个省（区、市）植物新品种权申请量为 6 025 件，占全国植物新品种权申请量的 56.6%；植物新品种权授权量为 1 728 件，占全国植物新品种权授权量的 53.7%。与 2020 年的数据相比，2021 年旱区 16 个省（区、市）植物新品种权申请量和授权量都有较大增幅，在全国的占比也有所增加。2021 年旱区植物新品种权申请和授权情况如表 3–2 所示，山东省的植物新品种权申请量居旱区第一，各省（区、市）植物新品种权申请量从多到少排名依次是山东、河南、北京、黑龙江、河北、辽宁、内蒙古、新疆、吉林、甘肃、山西、天津、陕西、宁夏、青海、西藏；北京市的植物新品种权授权量居旱区第一，各省（区、市）植物新品种权授权量从多到少排名依次是北京、河南、山东、黑龙江、河北、吉林、辽宁、甘肃、内蒙古、山西、陕西、天津、新疆、宁夏、青海、西藏。

表 3-2　2021 年旱区植物新品种权申请和授权情况

Table 3-2　The number of plant variety right applications in the arid areas in 2021

单位：件

省（区、市）	申请量	授权量
北京	886	315
天津	104	27
河北	698	132
山西	157	36
内蒙古	271	53
辽宁	311	68
吉林	262	94
黑龙江	878	214
山东	947	247
河南	908	287

续表

省（区、市）	申请量	授权量
西藏	1	0
陕西	96	31
甘肃	176	65
青海	15	3
宁夏	46	5
新疆	269	24
旱区合计	6 025	1 728
全国合计	10 644	3 216

资料来源：农业农村部科技发展中心。

3.3 旱区农业领域科技论文主要检索工具收录情况

3.3.1 SCI 收录旱区农业领域科技论文的情况

SCI 收录的科技论文数量可以展现地区的基础研究实力。2017—2021 年 SCI 收录旱区 16 个省（区、市）农业领域科技论文的数量呈现稳步上升趋势，由 2017 年的 21 786 篇增加到 2021 年的 44 162 篇，增长了 1.03 倍（见图 3-1）。对比年度增长率，2019 年的增长速度最快，同比增长了 28.1%；2020 年增速放缓，同比增长率下降为 15.5%；2021 年的增长速度较 2020 年有所提高，同比增长率为 20.9%。总体来看，旱区农业领域科技水平稳步提升。

从 2021 年 SCI 收录旱区 16 个省（区、市）农业领域科技论文数量的地区构成来分析，各省（区、市）论文收录量从高到低排名依次是北京、山东、陕西、河南、辽宁、黑龙江、天津、河北、吉林、甘肃、内蒙古、山西、新疆、宁夏、青海、西藏。排名前三位的北京、山东和陕西，论文收录量分别为 12 590 篇、6 035 篇和 3 934 篇，占旱区 SCI 收录农业领域科技论文数量的 28.5%、13.7% 和 8.9%（见图 3-2）。

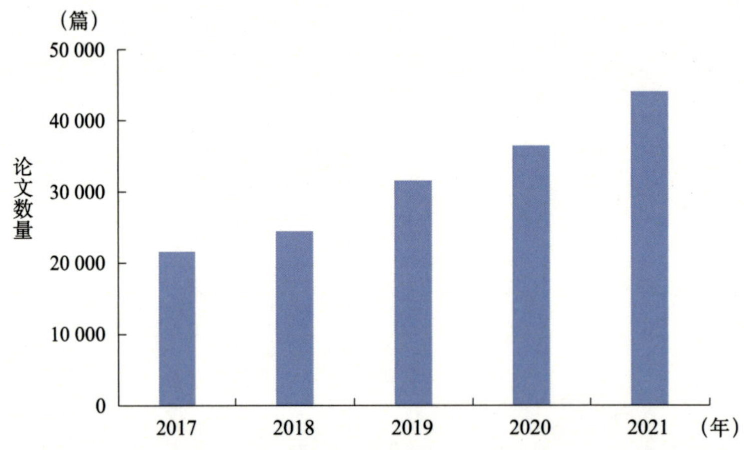

图 3-1　2017—2021 年 SCI 收录旱区农业领域科技论文数量

Figure 3-1　Agriculture science and technology papers retrieved by SCI in the arid areas from 2017 to 2021

资料来源：Web of Science 数据库。

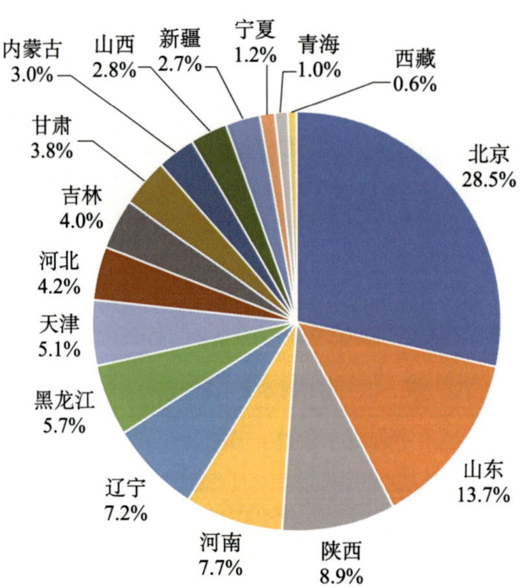

图 3-2　2021 年 SCI 收录旱区农业领域科技论文数量地区构成

Figure 3-2　The region proportion of agriculture science and technology papers retrieved by SCI in the arid areas in 2021

资料来源：Web of Science 数据库。

对比 2020 年与 2021 年旱区 16 个省（区、市）SCI 收录农业领域科技论文的数量情况，2021 年 16 个省（区、市）被收录的论文数量均有所增加，且北京、山东和陕西的论文收录数量始终位列前三（见表 3-3）。从增量角度来看，较之 2020 年，2021 年北京、山东和陕西的增加数量位列前三，分别为 1 651 篇、1 178 篇和 868 篇。从增速角度来看，山西、陕西和青海位列前三，分别为 50.9%、28.3% 和 28.2%。

表 3-3　2020 年 SCI 收录旱区农业领域科技论文数

Table 3-3　The number of agriculture science and technology papers retrieved by SCI in the arid areas in year 2020

单位：篇

省（区、市）	2020 年	2021 年
北京	10 939	12 590
山东	4 857	6 035
陕西	3 066	3 934
河南	2 735	3 383
辽宁	2 585	3 175
黑龙江	2 062	2 503
天津	1 976	2 241
河北	1 472	1 837
吉林	1 547	1 761
甘肃	1 337	1 660
内蒙古	1 100	1 345
山西	827	1 248
新疆	978	1 202
宁夏	408	523
青海	402	445
西藏	241	280
旱区合计	36 532	44 162

资料来源：Web of Science 数据库。

3.3.2　EI 收录旱区农业领域科技论文的情况

EI 也是国际著名的科技论文检索数据库之一。2017—2021 年 EI 收录我国旱区 16 省（区、市）农业领域科技论文的数量呈现逐步增长趋势（见图 3-3），从 2017

年的 5 456 篇到 2021 年的 10 135 篇，增加了 4 679 篇，增长了 0.9 倍。就增量而言，2018 年的增量较多，为 1 415 篇，此后 EI 收录旱区农业领域科技论文的增加数量呈下降趋势，直至 2021 年增量有所反弹，共增加 1 379 篇。就同比增长率而言，与增量的变化趋势相同，2018 年论文收录数量的同比增长率最高，为 25.9%；2020 年论文收录数量的同比增长率最低，为 8.6%，而后 2021 年的论文收录数量同比增长率上升为 15.7%。

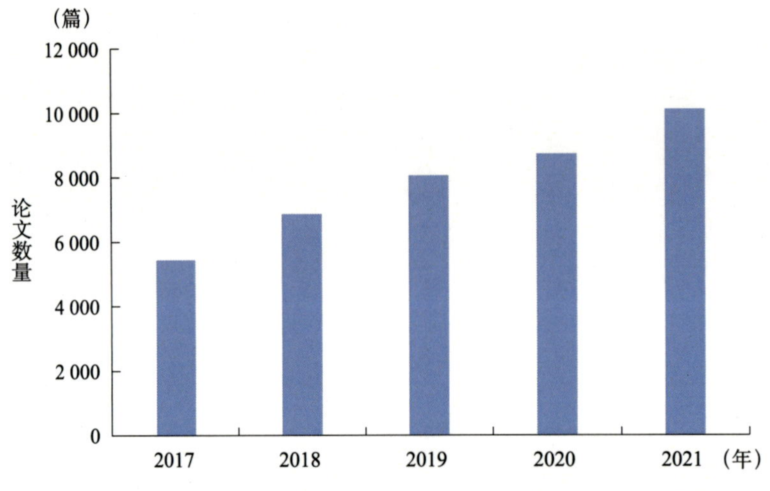

图 3-3　2017—2021 年 EI 收录旱区农业领域科技论文数量

Figure 3-3　Agriculture science and technology papers retrieved by EI in the arid areas from 2017 to 2021

资料来源：Engineering Village Compendex 数据库。

从 2021 年 EI 收录旱区 16 个省（区、市）农业领域科技论文数量的地区构成来看，收录各省（区、市）发表的论文数量从多到少排名依次是北京、山东、陕西、辽宁、河南、天津、黑龙江、河北、吉林、甘肃、内蒙古、新疆、山西、西藏、宁夏、青海（见图 3-4）。排名前三位的北京、山东、陕西，分别被收录 3 117 篇、1 180 篇和 1 021 篇（见表 3-4），占 EI 收录旱区农业领域科技论文总量的 30.8%、11.6% 和 10.1%。相较于 2020 年，天津市 2021 年农业领域科技论文收录数量的排名下降为第六名，河南省上升为第五名，河北省则赶超吉林省，上升为第九名。

与 2020 年相比，2021 年 EI 收录旱区 16 省（区、市）农业领域科技论文的数量均有所上升。2021 年论文收录数量的增量约是 2020 年的 2.0 倍，增速也由 2020 年的 8.6% 上升至 2021 年的 15.7%。其中，山东、北京、辽宁和河南的增量排名为前三，依次增加了 278 篇、246 篇、157 篇 和 157 篇；山东、河北、辽宁的增速排名为前三，分别是 30.8%，30.7% 和 23.4%。

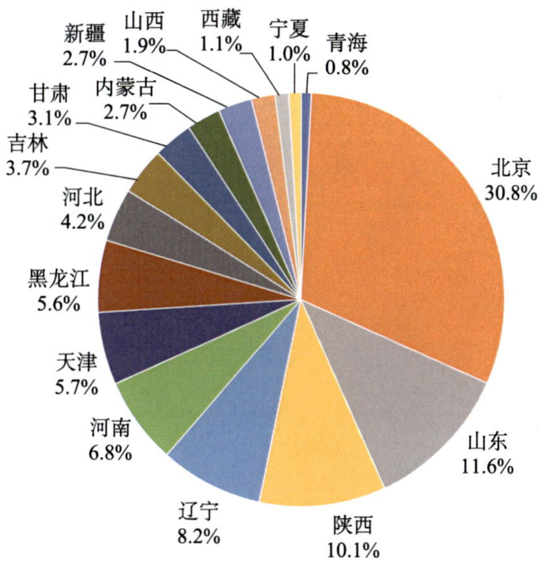

图 3-4　2021 年 EI 收录旱区农业领域科技论文数量地区构成

Figure 3-4　The region proportion of agriculture science and technology papers retrieved by EI in the arid areas in 2021

资料来源：Engineering Village Compendex 数据库。

表 3-4　2020—2021 年 EI 收录旱区农业领域科技论文数量

Table 3-4　The number of agriculture science and technology papers retrieved by EI in the arid areas from 2020 to 2021

单位：篇

省（区、市）	2020 年	2021 年
北京	2 871	3 117
山东	902	1 180
陕西	892	1 021
辽宁	671	828
河南	536	693
天津	560	581
黑龙江	523	564
河北	326	426

续表

省（区、市）	2020 年	2021 年
吉林	329	375
甘肃	258	316
内蒙古	244	272
新疆	220	269
山西	170	197
西藏	87	107
宁夏	87	104
青海	80	85
旱区合计	8 756	10 135

资料来源：Engineering Village Compendex 数据库。

3.3.3 ISTP 收录旱区农业领域科技论文的情况

学术会议是交流科研成果的一种重要形式，主要用于会议论文检索的 ISTP 是国际上重要的文献检索数据库之一。2017—2021 年收录的农业领域科技论文的数量呈现先上升后下降的趋势，仅在 2018 年有所上升，此后呈下降态势，2021 年的下降幅度尤为明显（见图 3–5）。2021 年旱区在农业科技领域被 ISTP 收录的论文总量为 103 篇，减少了 337 篇。

从 2021 年 ISTP 收录旱区农业领域科技论文数量的地区构成来看（见图 3–6），论文收录量排名前三的依次是北京、陕西、辽宁，收录量分别为 42 篇、12 篇、9 篇（见表 3–5），占总收录量的 40.8%、10.7%、8.7%。从数量上来看，北京的收录量远超同年的其他省（区、市）。

受气候环境和新冠肺炎疫情的影响，与 2020 年相比，经 ISTP 统计，2021 年旱区农业领域的科技论文数量整体上呈现大幅度下降趋势。论文收录减少量排名前三的依次是北京、山东和天津，分别减少了 79 篇、55 篇和 31 篇；收录量减少速率最快的三个省市是甘肃、山东和天津，减少速率分别为 100%、93.2% 和 86.1%，各减少了 10 篇、55 篇和 31 篇。

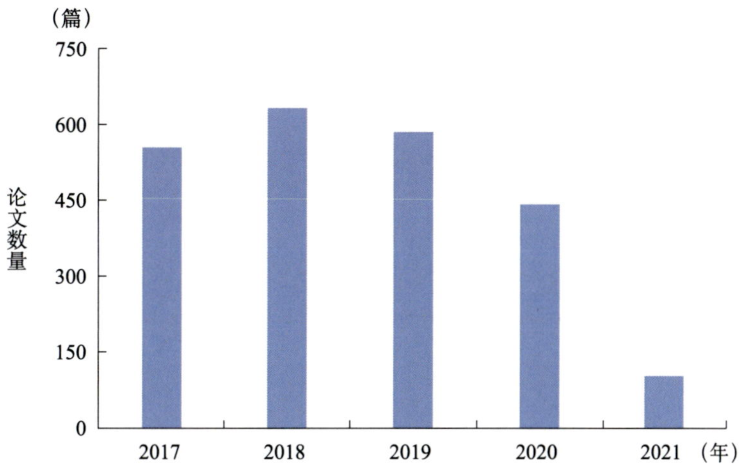

图 3-5 2017—2021 年 ISTP 收录旱区农业领域科技论文数量

Figure 3-5 Agriculture science and technology papers retrieved by ISTP in the arid areas from 2017 to 2021

资料来源：Web of Science 数据库。

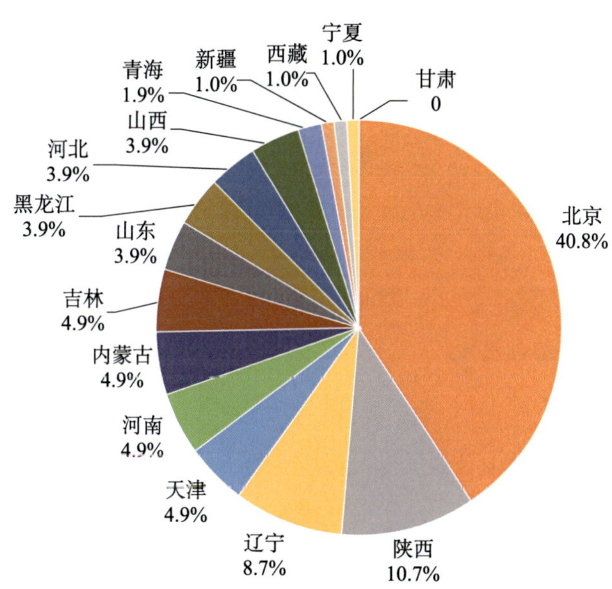

图 3-6 2021 年 ISTP 收录旱区农业领域科技论文数量地区构成

Figure 3-6 The region proportion of agriculture science and technology papers retrieved by ISTP in the arid areas in 2021

资料来源：Web of Science 数据库。

表 3-5　2021 年 ISTP 收录旱区农业领域科技论文数量

Table 3-5　The number of agriculture science and technology papers retrieved by ISTP in the arid areas in 2021

单位：篇

省（区、市）	2020 年	2021 年
北京	121	42
陕西	39	11
辽宁	29	9
天津	36	5
河南	29	5
内蒙古	22	5
吉林	21	5
山东	59	4
黑龙江	24	4
河北	20	4
山西	14	4
青海	3	2
新疆	6	1
西藏	6	1
宁夏	1	1
甘肃	10	0
旱区合计	440	103

资料来源：Web of Science 数据库。

3.3.4　国内旱区农业领域科技论文的收录情况

通过对中国知网的不完全检索和统计，2017—2021 年旱区在农业科技领域被中国知网平台来源期刊收录的论文数量总体上相对稳定，波动较小。2017 年收录的论文数量为 23 960 篇，2018 年收录的论文数量减少了 1 062 篇，下降幅度较大。2019 年出现回升，共被收录论文 23 008 篇，2020 年收录量减少至 22 717 篇，2021 年收录量增加至 23 497 篇（见图 3-7）。就论文收录数量的同比变化率来看，2018 年的同比减少率最大，为 4.4%。

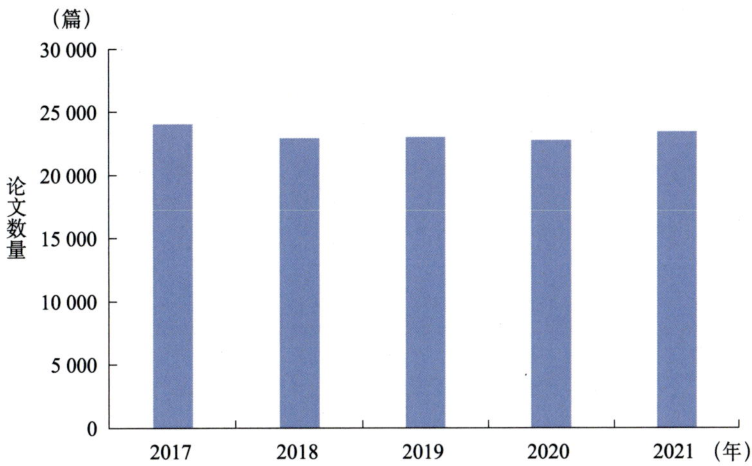

图 3-7　2017—2021 年中国知网收录旱区农业领域科技论文数量

Figure 3-7　Agriculture science and technology papers retrieved by CNKI in the arid areas from 2017 to 2021

说明：通过中国科学院文献情报中心进行检索和统计，其中科技论文只包含农业科技领域的北大中文核心期刊收录论文。

资料来源：中国知网。

2021 年中国知网收录旱区 16 个省（区、市）农业领域科技论文共 23 497 篇，较 2020 年增加 780 篇。其中，黑龙江、吉林、内蒙古、山西的论文收录数量有所减少；北京、山东、河南的论文收录数量位列前三，分别为 5 145 篇、2 256 篇和 2 085 篇（见表 3-6）。

表 3-6　2020—2021 年中国知网检索旱区农业领域科技论文数量

Table 3-6　The number of agriculture science and technology papers retrieved by CNKI in the arid areas from 2020 to 2021

单位：篇

省（区、市）	2020 年	2021 年
北京	5 052	5 145
山东	2 154	2 256
河南	2 025	2 085
新疆	1 504	1 738
陕西	1 642	1 670
黑龙江	1 687	1 660
甘肃	1 370	1 472

续表

省（区、市）	2020 年	2021 年
河北	1 356	1 437
吉林	1 232	1 141
内蒙古	1 099	1 085
辽宁	1 015	1 039
山西	1 045	972
宁夏	587	635
青海	335	503
天津	424	451
西藏	190	208
旱区合计	22 717	23 497

资料来源：中国知网。

根据上述几大主要科技论文检索数据库的检索和统计结果可知，近年来旱区在农业领域的 SCI 和 EI 论文收录量持续增加，中国知网的论文收录量相对稳定，而 ISTP 收录的论文数量波动较大。从旱区农业领域科技论文收录总量和地区构成情况来看，我国旱区在农业领域的基础科学研究实力不断提升。

3.4 旱区农业领域省级科技奖励情况

根据旱区各省（区、市）科技厅网站公布结果可知，截至 2021 年底，旱区 16 个省（区、市）农业领域科技奖励总数为 555 件（未含内蒙古自治区），较 2020 年有所下降。按科技奖励数从多到少排名依次为吉林、甘肃、河南、黑龙江、山东、宁夏、河北、陕西、新疆、辽宁、山西、西藏、天津、青海、北京、内蒙古（见图 3-8），各省（区、市）获省级科技奖励数依次为 79 件、70 件、62 件、58 件、48 件、38 件、35 件、31 件、27 件、26 件、22 件、19 件、15 件、14 件、11 件、0 件。根据旱区农业领域科技奖励数量在全国的占比及省级科技奖励数量的年际变化判断，虽然 2021 年数量有所下降，但总体而言，旱区的农业科研力量在全国范围的农业科研与创新活动中持续发挥重要作用的趋势没有改变。

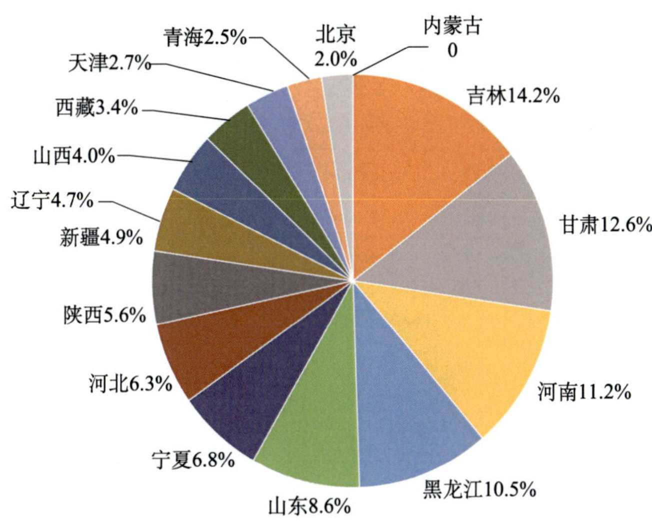

图 3-8　2021 年旱区农业领域省级科技奖励情况

Figure 3-8 The number of provincial agriculture science and technology awards in the arid areas in 2021

说明：内蒙古自治区省级科技奖励暂未公布。

资料来源：各省（区、市）科技厅网站。

3.5　杨凌农业高新技术产业示范区农业技术发展情况

杨凌示范区按照中央经济工作会议要求，坚持稳字当头、稳中求进，在新冠肺炎疫情防控常态化的背景下，高效统筹疫情防控和经济社会发展，统筹发展和安全，积极释放微观主体潜能，持续激发市场主体活力，切实增强发展的平衡性和协调性。同时，示范区着力保障民生，同心协力，攻坚克难，努力推动经济实现量的合理增长和质的稳步提升。

3.5.1　杨凌示范区经济发展情况

2021 年，杨凌示范区实现生产总值 157.8 亿元，同比增长 2.2%（见图 3-9）。其中，第一产业增加值 10.7 亿元，增长 6.2%；第二产业增加值 63.6 亿元，下降 3.5%；第三产业增加值 83.6 亿元，增长 6.3%。三次产业结构为 6.7：40.3：53.0。

2021 年，全区固定资产投资（不含农户和跨区域投资）同比下降 14.8%，其中，项目投资下降 9.7%，房地产投资下降 23.3%。示范区内商品房销售面积 55.7 万平方米，增长 12.3%；待售面积 4.2 万平方米，下降 8.5%。分行业看，第一产业投资同比下降 53.1%，第二产业投资同比下降 13.2%，第三产业投资同比下降 13.6%（见图 3-10）。民间投资下降 36.3%，工业投资下降 13.2%。

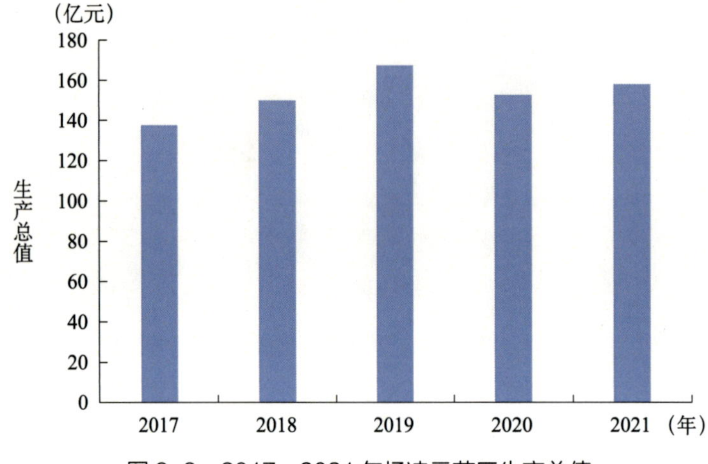

图 3-9　2017—2021 年杨凌示范区生产总值

Figure 3-9　GDP of Yangling from 2017 to 2021

资料来源：杨凌农业高新技术产业示范区管委会网站。

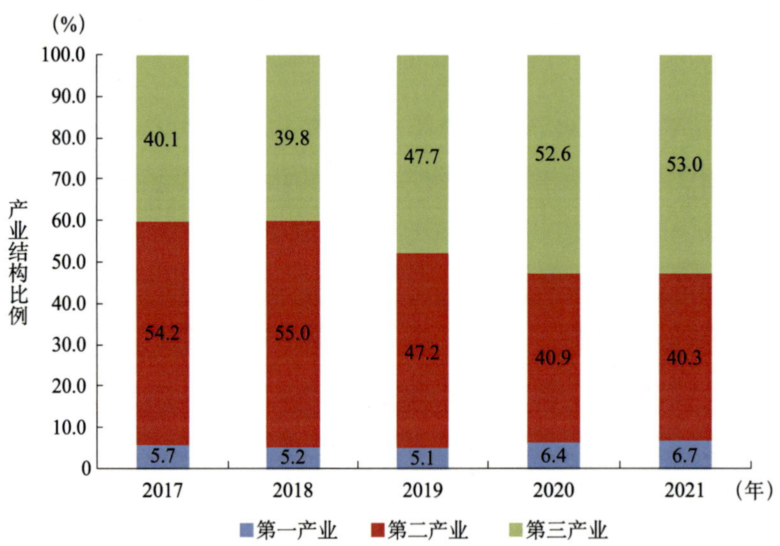

图 3-10　2017—2021 年杨凌示范区三次产业结构对比

Figure 3-10　Structural radio of three industries of Yangling from 2017 to 2021

资料来源：杨凌农业高新技术产业示范区管委会网站。

2021 年，杨凌示范区全体居民人均可支配收入 31 704 元，较上一年增长 8.0%。其中，城镇常住居民人均可支配收入 42 349 元，增长 6.9%；农村常住居民人均可支配收入 16 117 元，增长 10.2%。2021 年是“十四五”开局之年，面对新冠肺炎疫情防控和经济发展的严峻形势、巨大挑战，杨凌示范区贯彻落实“五项要求”“五个扎实”，统筹疫情防控和经济社会发展，实现了“十四五”良好开局，全年实现生产总值 157.8 亿元，同比增长 2.2%。

3.5.2 秦创原创新驱动平台农业板块

秦创原创新驱动平台作为陕西省最大的孵化器和科技成果转化特区，被视为是陕西省创新驱动发展总平台和总源头，创立秦创原创新驱动平台也是打破科技优势与经济发展转化间“堵点”的关键之举。杨凌示范区紧紧抓住新一轮科技革命和产业变革机遇，积极把农业高科技服务业作为主导产业，把农业科技型企业作为主攻方向，面向“微笑曲线”的两端，招引研发和销售类企业、现代服务企业、都市型工业和各类总部企业入驻，打造高新经济聚集区，以秦创原创新驱动平台农业板块覆盖原始基础创新、技术成果转化、产业化规模化等创新活动的全流程。

1. 科技创新能力

（1）科技奖励。2021 年，杨凌示范区获得省部级科学技术奖 15 项，其中一等奖 4 项、二等奖 6 项、三等奖 5 项（见表 3-7）。

表 3-7　2021 年杨凌示范区获省部级科学技术奖名单

Table 3-7　List of Awards named on Yangling for Shaanxi Science and Technology in 2021

序号	项目名称	主要完成单位	等级
1	陕北白绒山羊种质创新与高效健康养殖关键技术研究与应用	西北农林科技大学、榆林学院、榆林市横山区狄青塬种羊场、榆林市畜牧兽医服务中心、榆林市横山区畜牧兽医技术推广站	一等奖
2	葡萄抗逆关键转录因子发掘及功能解析	西北农林科技大学	一等奖
3	黄河上中游水生态演变机制与修复关键技术	西安理工大学、西北农林科技大学、中国水产科学研究院、黄河水利委员会黄河水利科学研究院、中国水利水电科学研究院	一等奖

续表

序号	项目名称	主要完成单位	等级
4	优质强筋抗病小麦新品种西农509和西农529的选育和推广	西北农林科技大学	一等奖
5	重金属在根一土界面的分子形态及其环境效应	西北农林科技大学、中国科学院水利部水土保持研究所	二等奖
6	农业生态系统水分消耗及温室气体排放对变化环境的响应	西北农林科技大学、河北地质大学	二等奖
7	秦岭主要珍稀野生动物抢救饲养繁育关键技术研究	秦岭大熊猫研究中心（陕西省珍稀野生动物救护基地）、西北大学、西北农林科技大学	二等奖
8	油松育种资源选择、测定和高世代遗传改良	西北农林科技大学、洛南县国有古城林场、延安市桥山国有林管理局、陇县国有八渡林场	二等奖
9	饲料添加剂新型微丸载体生产关键技术研发与推广	西北农林科技大学、陕西瑞之源农牧科技有限公司、内蒙古溢多利生物科技有限公司、中牧实业股份有限公司	二等奖
10	太白高山地区十字花科蔬菜根肿病综合防止技术研发与应用	西北农林科技大学、太白县农业技术推广服务中心、汉中市农业技术推广中心	二等奖
11	广适多抗油菜品种汉油1618、汉油七号的选育与应用	汉中市农业科学研究所（陕西省水稻研究所）、杨凌农业高科技发展股份有限公司、陕西华盛种业科技有限公司	三等奖
12	基于微生物源农药2-烯丙基-1，4-苯二酚的开发与应用	延安大学、西北农林科技大学	三等奖
13	汉江上游鳜鱼资源调查评估及翘嘴鳜人工繁育技术研究与示范	安康学院、西北农林科技大学、安康市汉滨区安瀛农业科技有限公司	三等奖
14	城乡有机垃圾能源化综合利用关键技术研究与应用	中国电建集团西北勘测设计研究院有限公司、西北农林科技大学、华北电力大学	三等奖
15	高油高产优质油菜新品种鸿油88、秦油558的选育及推广应用	陕西省杂交油菜研究中心、陕西鸿塬种业有限公司	三等奖

资料来源：陕西省人民政府网站，水土保持研究所网站。

2021年是“十四五”开局之年，从2012—2021年，10年来，杨凌示范区新增省部级及以上科技创新平台28个，获得省部级及以上科学技术奖励161项，其中国家级科学技术奖励18项。特别是在作物遗传育种、小麦条锈病防控、反刍动物遗传进化、苹果抗逆生物学等方面，杨凌示范区均取得了突破性进展。

（2）科技人才。杨凌示范区坚持人才强区发展战略，出台了一系列人才政策。截至 2021 年底，杨凌示范区拥有农业科教人才 7 000 多名，其中两院院士 4 人，双聘院士 11 人，国家级领军人才 93 人，地方级领军人才 197 人。示范区内 2 所高校共有教职工 5 608 人，其中教师 3 350 人。区内大专院校在校学生 56 314 人，其中全日制专科生 22 000 人，全日制本科生 21 226 人，硕士生 10 311 人，博士生 2 777 人。示范区内共有中小学校 30 所，教师 2 913 人，在校中小学生 37 558 人；幼儿园 41 所，教职工 1 287 人，在园幼儿 9 665 人。

（3）科技创新。“十四五”期间，陕西科技创新综合实力将持续增强、基础研究及关键技术攻关将不断突破、企业创新能力和主体地位将显著提升、科技支撑引领作用将更加凸显、科技创新生态环境将更加优化、秦创原创新驱动平台建设将见效成势。杨凌示范区上下深入学习贯彻习近平总书记关于“三农”和科技创新工作的重要论述，认真贯彻落实党中央决策部署和省委工作要求，协同西北农林科技大学、杨凌职业技术学院、陕西省杂交油菜研究中心等科教研单位，聚焦旱区农业发展的技术需求，围绕重塑农业科技创新体系，在加强顶层设计、推进制度创新等方面形成了一批打基础、利长远的制度体系，实现了“十四五”科技创新工作良好开局。

为深入贯彻落实省委《关于解放思想改革创新再接再厉奋力谱写陕西高质量发展新篇章的意见》，中共杨凌示范区工委制定了《关于解放思想改革创新再接再厉奋力谱写杨凌高质量发展新篇章的实施意见》（以下简称《意见》）。杨凌示范区坚守服务“三农”初心，深入实施创新驱动发展战略，为示范区高质量发展增添了新动力。《意见》指出：

全面提升科技创新能力。全面提升示范区创新驱动、示范引领的层次和水平，加快构建“区校协同、区域协同、国际合作”的科技创新体系。在农、林、水、草等特色优势学科领域，争创和布局建设一批国家级创新平台；在生物育种、智慧农业、生命健康等领域，争取建设一批省部级创新平台并争创国家级平台。围绕生物育种、土壤改良与耕地质量提升、节水农业、农业生物安全等重点领域开展关键核心技术攻关，重点要放在推动重大科研平台的发展上，力争在服务国家重大科技战略上取得突破性成果。全面实施“后稷人才”工程，完善激励机制，支持驻区高校和入区企业实施青年科技人才创新创业计划，大力引进集聚高端人才。

加快高新技术产业聚集。积极践行高新区“发展高科技、实现产业化”的国家要求，加快构建企业集聚、项目集合、产业集群、要素集约、创新集成的产业生态体系。优化产业园区规划布局，加快完善各类产业园区基础设施配套，全面提升园区产业承载能力，大力发展“园区经济”。启动实施高新技术产业“515”工程，重点培育种业、农产品精深加工业、生物医药、智能农业装备制造、涉农服务业五大主导产业。到“十四五”期末，培育5家上市企业、100家高新技术企业，形成500亿元规模的农业高新技术产业集群。

推动经济持续稳定增长。紧盯国家和省上政策导向，抓住用好共建“一带一路”高质量发展、黄河流域生态保护和高质量发展等重大机遇，谋划和实施一批打基础、利长远的重大科技项目和上下游产业链项目。抢抓国家关于适度超前进行基础设施建设的政策机遇，策划实施一批重大基础设施建设项目。大力发展农业项目策划咨询、农业科技培训等涉农服务业，以及研发设计、现代物流等现代服务业，促进第一、第二、第三产业融合发展。

高水平建设上合组织农业基地。推动固化顶层设计，加快《上海合作组织农业技术交流培训示范基地建设方案》印发实施，进一步修订基地建设发展规划，完善交流、培训、示范功能，扎实做好面向发展中国家的援外培训，承办好农业援外培训班和境外学员实训班。推动基地建设与国家对外开放格局协同发展，积极参与双多边磋商，推动基地融入“一带一路”建设格局。

持续深化各领域农业国际交流合作。着力打造中国特色农业对外开放的后方支援基地，积极推动联合国粮农组织、国际干旱地区农业研究中心等国际组织及上合组织国家商协会在杨凌设立办事机构或合作平台。主动参与“一带一路”综合试验区建设，在农业产业政策、质量标准、市场开拓等领域加大合作，加快上合农业基地建设，全面启动国际粮农全产业链项目。加快杨凌综合保税区建设，大力吸引外贸企业、检验检测机构等入驻，培育新的经济增长极。加大对国内企业“走出去”的支援力度，推进“订单农业”跨境合作。

通过“十四五”的持续努力，秦创原创新驱动平台将建成全省创新驱动发展的总源头和总平台，成为辐射、带动、支撑陕西高质量发展的市场化、共享式、开放型、综合性科技创新高地。

2. 科技推广带动辐射

立足陕西，辐射带动干旱半干旱地区农业产业发展，是国家赋予杨凌示范区的重要使命。杨凌以实施乡村振兴战略为总抓手，以农业供给侧结构性改革为主线，以科技支撑引领现代农业发展，使特色产业不断发展壮大，农业现代化水平不断提高。特别是近年来，围绕国家脱贫攻坚战略，杨凌示范区将示范推广与科技扶贫紧密结合，坚持立足陕西，面向有扶贫任务的中西部省份，重点在国家集中连片特殊困难地区建立科技示范推广基地，为助力全省、全国脱贫攻坚战贡献“杨凌力量”。

在促进科技成果转化推广方面，《意见》指出，要扎实推进秦创原农业板块建设，组织开展秦创原农业板块“三秦行”活动，持续强化创新资源加速集聚、创新平台功能完善、政策配套落实等举措，着力提升秦创原农业板块的吸引力、承载力、辐射力。加快杨凌良种示范推广“445”计划实施，面向黄淮海麦区、陕甘苹果适生区、宁夏贺兰山北麓葡萄主产区等广大旱区，规划布局农业科技示范基地，积极探索“科技引领、产业支撑、精准服务、广泛辐射”新路径。全面提升杨凌“双创”示范基地质效，完善“创业苗圃 + 众创空间 + 孵化器 + 加速器 + 产业园区”的全链条创新创业体系，营造创新创业良好生态，大力培育和招引一批创新创业团队。进一步强化金融支撑保障，开展科技金融信贷，丰富创投、产投、风投等金融产品，推动设立“杨凌基金”，推进科技、产业、金融良性循环。

截至 2021 年底，杨凌示范区积极发挥秦创原农业板块牵引作用，全年获批建设省部级重点实验室、工程技术研究中心等 10 个创新平台，荣获陕西省科学技术奖 15 项，89 个农作物新品种通过审定登记，6 个小麦品种通过国家审定。示范区不断优化“双创”生态，农业创新创业蓬勃发展，积极融入全球创新体系，农业科技国际交流合作迈上新台阶。杨凌在全国 18 个省市自治区累计建设示范推广基地 350 个，全年示范推广面积 1 亿亩，示范推广效益达 235 亿元。杨凌示范区面向旱区开展农业科技培训 445 场次、培训农民 4.5 万余人次，其中面向省内国家扶贫开发工作重点县区培训农民 11 786 人次，新增 981 人获得杨凌示范区农民技术职称证书。全国累计 23 个省市自治区、116 个地市、274 个县区的 17 280 名学员获得杨凌示范区农民技术职称证书。示范区成立了种业、果业、畜牧等 6 个产业创新中心，集聚了 12 名院士、100 多名科研骨干人才，构建了“院士 + 技术委员会 + 专家工作室”的高层次人才体系。示范区组建了国家（杨凌）农业技术转移中心、国家（杨凌）植物品种权交易中心，积极推动秦创原创新驱动平台农业板块建设，累计技术合同交易额达13亿元，品种权交易额达2.4亿元。示范区的创新创业环境持续优化，新增省部级及以上孵化载体11个，2018年、2020年“双创”工作两次受到国务院表彰。

在强力推进现代种业创新发展方面，杨凌围绕打造中国（旱区）种业硅谷，成立了种业创新中心，组成了汇聚6名院士、31名国内顶尖专家的技术创新团队，建立了以小麦、玉米、油菜、马铃薯、蔬菜为代表的生物育种技术创新体系。2021年，杨凌示范区有89个农作物新品种通过审定登记，“陕单650”入选2021年黄淮海夏玉米（机收）五大核心展示综合表现优良品种。

在持续推动科技成果产业化方面，杨凌联合中国农业科学院共建技术转移中心杨凌分中心、全国农业科技成果转移服务中心及国家种业科技成果产权交易中心杨凌分中心，示范区新增国家高新技术企业20家，全年实现技术合同交易109项、交易额2.4亿元。

在持续提升农业科技示范推广质效方面，杨凌聚焦现代农业发展重大技术需求，支持法人科技特派员企业参与“政产学研用”一体化推广联合体，发展产业链推广企业10家，面向旱区开展各类农业科技培训445场次、培训农民4.5万余人次，981人获示范区农民技术职称证书，全年实现科技创新示范推广面积超1亿亩，推广效益达235亿元。

在品牌打造方面，作为农业科技推广品牌的杨凌农业高新科技成果博览会影响力持续扩大。2021年10月26日，第28届中国杨凌农业高新科技成果博览会（以下简称“农高会”）闭幕，此次博览会围绕保障国家粮食安全、支撑引领农业高质量发展主线，聚焦创新驱动发展战略和乡村振兴战略，以“科技创新引领乡村振兴”为主题，举办了2021上海合作组织现代农业发展圆桌会议、第一届国家农高区发展论坛、第六届陕西省农业科技创新创业大赛决赛等一系列活动。博览会设置了8个展馆（展区），总展览面积20万平方米，标准展位2 100个，共有4个部委展团、25个外省市区展团、28个省内地市和有关厅局展团以及1 800多家企业参会参展。通过42个专题展览，此次博览会集中展示了9 000多项国内外最新农业科技成果及先进适用技术，大会集中签约投资及交易总额达906.4亿元。此届农高会上，秦创原创新驱动平台农业板块正式对外亮相，集中发布了32条“硬核”支持政策，促进农业科技、金融、产业、人才等创新要素集聚融合。此次农高会还以会中会的形式举办了首届中国西部国际果业博览会，农村改厕技术及产品展、新型农业机械展、旱作节水农业示范模式展和西北脱贫地区农产品产销展4个专题展全面亮相。通过农高会这个平台，大批农业高新技术成果得到转化，大量实用技术得到推广，人才、资金等多方面信息被扩散和辐射，技术、资金、人才在这里得到了有机结合。杨凌农高会影响力持续扩大，成为科技成果转移转化、产业化、国际合作的重要平台。

陕西省科技厅也将以更大力度支持示范区持续提升科技创新能力，建设旱区农业科技创新高地；支持杨凌加快秦创原农业板块建设，促进成果供给与产业需求高效衔接，加速成果转化推广，打造农业高新技术产业高地；支持杨凌服务乡村振兴战略，深入推行科技特派员制度，创新农业科技服务模式，高标准建设上合组织农业基地。杨凌示范区要以建设国家农业科技现代化改革创新先行示范区为目标，以服务国家战略、提升自主创新能力、引领现代农业产业发展为己任，深入实施创新驱动发展战略，推动科技创新工作再上新台阶。

3. 科技成果产业化平台

（1）企业培育。为加快推动秦创原创新驱动平台农业板块建设，优化创新创业生态，杨凌示范区管委会印发《关于支持重大产业化项目招引和重点企业培育的若干政策措施》《杨凌示范区优化创新创业生态着力提升技术成果转化能力实施方案（2021—2023年）》等关键性文件，把创新作为高质量发展的第一动力，推动创新链与产业链深度融合、双向发力，着力培育科技型企业。

在企业培育上，为推动杨凌示范区产业规模发展、集聚发展、快速发展，培育形成新的经济增长极和产业竞争优势，全面打造具有国际影响力的涉农产业高地，在秦创原创新驱动平台农业板块建设过程中，杨凌示范区大力实施扶持企业、培育企业的政策措施，如加大金融财政扶持力度、完善土地供应保障、加快人才培育聚集、提高行政服务效率等。同时，示范区注重产业科技创新，引导企业加大科技研发投入，促进企业开展技术创新，对于认定的高新技术企业、入选科技部火炬中心独角兽企业榜单的创新企业、企业研发投入较上年度增长30%以上的创新型企业，给予资金鼓励与所得税优惠政策。

企业培育的另一大有力措施是加快人才培育聚集，通过培育高速、高质量发展企业，搭建载体平台，吸引更多的高素质人才、科技人才。杨凌示范区出台实施“后稷人才工程”方案，提出产业领军人才支持计划，积极引进对示范区产业发展有重大引领带动作用的产业领军人才及创新创业团队，进一步推动示范区政、产、学、研、用协同创新，推进产业合理布局、产业链协同发展，招引专业团队，推动资本、科技、人才、产业集聚，从而为高新技术企业的发展注入源源不断的新鲜血液，与企业培育形成相互促进、协同发展的良好局势。

据示范区市场监管局统计，2021 年全区新登记各类市场主体 3 498 户，其中各类企业 1 376 户，个体工商户 2 108 户，农民专业合作社 14 户。截至 2021 年底，示范区共登记有效市场主体 22 700 户，相比上一年度增长 5.7%，其中各类企业 8 379 户，个体工商户 13 954 户，农民专业合作社 367 户。示范区内的市场主体共有注册资本 926.6 亿元，从业人员 88 209 人，示范区每平方公里拥有市场主体数 168 户。

企业创新与企业培育不但对拉动经济持续增长、优化结构转型升级、激发创新创业活力具有重要作用，而且是实施创新驱动战略的重要载体和抓手。“十四五”期间，杨凌示范区将加紧落实促进创新创业与高新企业培育的各类实施方案和政策措施，强化企业创新主体地位，加快科技创新工作先行先试，对企业科技创新能力精准画像，精准支持企业技术创新，着力构建“规模发展、集聚发展、快速发展”的产业发展格局。

（2）转化推广。为了更好发挥“双创”对于科学技术的转化、应用与推广作用，更好地优化机制、增强功能，为科技成果转化推广提供更好服务，杨凌示范区着力完善科技转化推广相关机制，着力将秦创原农业板块创新驱动平台建设成为创新驱动现代农业高质量发展的强大引擎。

2021 年 1 月，杨凌示范区管委会印发了《杨凌示范区优化创新创业生态着力提升技术成果转化能力实施方案（2021—2023 年）》（以下简称《实施方案》），该方案是“进一步提高站位、吃透精神，充分认识高标准建好用好秦创原农业板块创新驱动平台的重大意义”的有效体现。为进一步解放思想、开阔视野，有必要将《秦创原农业板块创新驱动平台建设实施方案》与此前出台的《秦创原创新驱动平台建设三年行动计划》有机衔接，实现秦创原建设的“路径再明晰、措施再细化、推动再加力”。同时，要把准目标定位，充分发挥杨凌示范区农科教资源优势和产业优势，着力提升技术成果转化能力，加速把新优势转化为高质量发展成果。

《实施方案》提出，2021—2023 年，建设创新联合体、共性技术研发平台及产业创新中心等新型研发机构 10 个以上，引进培育创新创业团队、科技型企业 200 家，推广转化科技成果 240 项，创新创业生态显著优化，技术成果转化能力大幅提升。

充分激发高校技术成果转化活力，促进科技成果加速转化。杨凌示范区致力于深化高校创新创业教育改革，提升高校创新创业教育水平。第一，打造高校创新创业支持体系，鼓励高校将创新创业教育和实践课程纳入课程体系，推广创业导师制，指导大学生参与创业训练计划项目和“互联网 +”大学生双创大赛等品牌赛事活动，提高高校师生的创新创业能力，为企业发展注入新活力。第二，积极促进高校高端科研技术转化。支持高校建设专业化、市场化技术转移机构，鼓励以委托开发、技术转让、独占许可、技术入股等方式转化高校院所成果，使高校成为创新创业的“动力源”和“加速器”，推动形成“创新人才培养—创新资源集成—科技成果转化—科技企业孵化”的全链条科学技术推广转化体系。同时，将大学科技园建设纳入示范区发展规划，支持利用区内高校资源，建设环大学创新经济圈，建立奖补机制，促进区内高校科研成果在杨凌转化，加快秦创原农业板块创新驱动平台的建设与发展。

构建多元化服务体系，全面提升科技企业孵化水平。围绕建设秦创原创新驱动平台农业板块，构建“创业苗圃 + 众创空间 + 孵化器 + 加速器 + 产业园区”的服务体系，建设行业性中试基地、专业化孵化载体，探索利用国家减免税政策，将类似工业用地、文化教育营地转化为创新创业用地，加强对创业带动就业重点项目的支持，引导和支持各类产业投资机构、风险投资机构等参与建设和升级科技企业孵化器，全面提升科技企业孵化水平。

加大补助支持力度，进一步提高科技资源利用率，持续提升企业研发能力和技术创新水平。引进培育领军型创业团队，采取揭榜挂帅制，重点引进支持创新路径清晰、创业成果显著、产品研发基本完成、预期效益明显的领军型创业团队或高层次人才创业团队。加强对科技人才创新创业奖补，支持各类人才携带科技成果创新创业，孵化和培育科技型创业团队和初创企业。加速技术成果转移转化，对成果完成人实施转化的，将拿出不低于 90% 的转化净收益进行奖励；对 2 年内未转化的采取挂牌交易、拍卖等方式实施转化，将不低于 85% 的转化净收益拿出奖励。在此基础上，进一步优化创新创业生态，加快双创示范基地建设，加强培育科技型中小企业和高新技术企业，发展战略性新兴产业和特色产业。吸引或联合国内外高等院校、科研院所和农业领域龙头企业，在杨凌示范区建设一批产业创新中心、共性技术研发平台。

完善投资融资体系，打造支持创新创业金融生态。杨凌示范区建立完善创新创业投资体系，引导社会资本投早、投小、投科技，弥补科技型企业早期市场融资难的短板。支持政府性融资担保机构对科技型中小企业、高新技术企业、农业科技“小巨人”企业等提供贷款融资担保，鼓励担保机构将担保费率降至 1% 以内。支持开发批量化创业担保贷款产品，探索通过实施政银保联动授信担保、完善科技金融风险补偿处置机制等支持科技型企业融资。为推进秦创原农业板块建设，切实解决科技型企业融资难、融资贵问题，支持科创企业集群发展，杨凌示范区科技创新和转化推广局、杨凌农科融资担保有限公司以及区内长安银行、中国农业发展银行、杨凌农商行等金融机构共同推出秦创原“科创贷”。2021 年 12 月，杨凌示范区秦创原创新驱动平台农业板块“科创贷”首笔贷款成功落地。“科创贷”主要通过设立风险补偿准备金，实现“政银担”[①]风险分担，并按照“资源共享、批量运作、合作共赢、风险分担”的原则，面向区内科技型企业，提供以低利率、免担保费、知识产权质押为特点的融资担保贷款业务。通过类似“科创贷”的创新金融产品，“政银担”各方充分发挥对科技型企业的政策扶持和金融支持作用，及时满足企业发展的流动资金需求，进一步提高科技型企业获贷的便利度和及时性。另外，杨凌示范区积极推动资本市场股权服务发展，支持企业在新三板、科创板、创业板挂牌，扩大直接融资规模，同时对符合条件的上市融资企业给予一定财政资金奖补支持。

作为我国首个国家级农业高新技术产业示范区，杨凌示范区将立足全面实施乡村振兴战略和农业高质高效发展的新形势、新要求，高标准建设中国（旱区）种业硅谷，加快秦创原创新驱动平台农业板块建设，以科技为身份标签，以创新为本质特色，不断探索现代农业高质量发展的路径，全力打造现代农业发展示范先行区。

---

① 政银担：指政府支持的融资担保机构，由政府、银行、担保机构三方合作，为小微企业解决融资难问题。

3.5.3 国际农业技术交流

2013年9月和10月，习近平总书记分别提出建设“新丝绸之路经济带”和“21世纪海上丝绸之路”的合作倡议。依靠中国与有关国家既有的双多边机制，借助既有的、行之有效的区域合作平台，中国高举和平发展的旗帜，积极发展与沿线国家的经济合作伙伴关系，共同打造政治互信、经济融合、文化包容的利益共同体、命运共同体和责任共同体。杨凌示范区经过多年发展已经成为了中国的国家品牌，也成为了一个利用现代科技和实践成就促进国际交流和发展新型合作的重要平台。杨凌示范区通过这种形式，持续向“一带一路”沿线国家输送“杨凌智慧”，在上合国家中展示“中国力量”，为促进上合组织成员国依托杨凌现代农业技术、创新合作、农业现代化作出积极贡献。

（1）“一带一路”农业技术交流情况。为响应国家号召，陕西省委、省政府迅速作出主动融入“一带一路”建设、打造丝绸之路经济带新起点的决策和部署，明确提出要把杨凌示范区建设成为丝绸之路经济带现代农业国际合作中心。2014年7月，杨凌示范区管委会印发《丝绸之路经济带杨凌现代农业国际合作中心建设方案》，全面推进相关工作。杨凌示范区围绕在更高水平上发挥示范区作用，聚力农业科技创新、示范推广、国际合作“三个突破”，全力推进“一带一路”现代农业国际合作中心及中国（陕西）自由贸易试验区杨凌片区建设。

在农业技术国际交流方面，杨凌示范区为“一带一路”沿线国家的农业技术发展起到了一定的示范带头作用。巴基斯坦作为农业大国，其农业发展面临的水资源短缺问题极大制约了国内农业的发展。2021年11月25日，由中华人民共和国商务部主办，杨凌示范区管委会承办的2021年巴基斯坦节水农业培训班在杨凌线上开班。中国农业科学院、西北农林科技大学等科教单位的知名专家参与授课，围绕节水农业发展趋势、农业节水灌溉技术等主题开展研讨交流。近年来，杨凌在节水灌溉、水肥一体化、水资源高效利用等方面进行了积极探索，取得了明显成效，积累了较为丰富的经验。巴基斯坦对发展节水农业有着巨大的内在需求，举办节水农业培训班能够分享双方在节水农业领域的经验、做法，必将有力促进双方现代农业发展。通过此次培训，可以深化彼此在农业领域的务实合作，为中巴现代农业发展作出新的贡献。

同时，我国积极拓展新的国际交流朋友圈。中国和多米尼加共和国自 2018 年建交以来，两国国际贸易交流日益加强，随着双方交流合作的深入，农业科技合作也将成为双方合作的重点领域。2021 年 12 月 8 日，为期 14 天的发展中国家设施农业技术培训班在杨凌开班。中国热科院、中国农业科学院以及西北农林科技大学等科教单位的知名专家参与授课，围绕热带农业科技发展、设施农业环境管理、农业生产环境保护等主题，与来自多米尼加的多位学员开展研讨交流。此次培训班的举办，为双方搭建了交流平台，有助于进一步密切双方在相关领域的合作。

为深入推动“一带一路”农业科技合作，杨凌示范区及区内高校和科研院所在丝路沿线国家布局建设了一批国际农业科技合作园区。目前，西北农林科技大学在海外共建有 8 个农业科技示范园，其中中巴生物健康农业海外科技示范园、乌兹别克斯坦节水农业示范园、在哈萨克斯坦的农业科技示范园等，都是现有的农业海外科技示范园中凝聚高新农业科技、共创农业技术合作交流的典型代表。

专栏 3-1　中巴生物健康农业海外科技示范园

巴基斯坦是世界第六大人口国，农业是其基础产业及经济支柱，占 GDP 的 19.5%，该国国内从事农业生产的人口占比高达 42.3%。小麦、玉米、食用菌、药用植物等是巴基斯坦的主要农业生物资源，但在该国的小麦和玉米生产中，存在产量低而不稳、品种退化、土地干旱盐渍化、水资源短缺以及优质种子、肥料进口依赖性较强等“瓶颈”问题。同时，巴基斯坦国内农作物种植产生的废弃物利用效率不高，无法满足其日益增长的产业需求。根据巴基斯坦的农业发展需求，中巴生物健康农业海外科技示范园围绕小麦、玉米、果蔬等重点农作物进行展示，从重点人才选拔、重点团队建设、国际交流合作、科学研究、成果转化、人才培养、文化传播等方面，建立以生物健康农业为主导产业、以更新关键核心技术为特色的科技示范园，为巴基斯坦现代农业发展提供新思路、新模式、新途径，也为我国在极端环境下发展特色农业生物种质资源，如解决小麦、玉米等植物资源单一的问题，提供了解决思路。相关种质资源的收集、挖掘以及农业高新技术的示范应用与推广，如生物纳米技术和农业废弃物快速绿色高效利用技术，为保障粮食安全进一步奠定了基础，使高产、优质、高效、生态、安全的现代农业更好地服务于乡村振兴战略，服务于“一带一路”建设和科技外交。

在科技创新成果方面，示范园开展了针对中巴小麦、玉米的应用基础研究，相关研究以生物纳米材料为突破口，布置试验 3 个、应用示范 5 个，内容包括了中巴小麦、玉米品种对比，生物纳米材料应用等；中巴农业专家共同创制的“生物健康有机肥银行”和“生物健康农场生物多样性优化配置模式”2 项创新科技成果，在示范园内取得了良好的试点效果，未来将在巴方示范园以及更大范围的农场、农村进行示范推广。

专栏 3-2　乌兹别克斯坦节水农业示范园

乌兹别克斯坦是“一带一路”沿线国家之一，气候条件较为干旱缺水，近年来人均水资源逐年减少。该国的灌溉技术较为落后，仍然以地面沟灌为主，灌溉用水损失率高达 66%。西北农林科技大学充分发挥其处理干旱地区节水灌溉“瓶颈”问题的优势，与乌兹别克斯坦开展了节水灌溉技术研究与示范方面的合作。经过中乌专家多次互访，两国在节水自动化、精准灌溉、信息远程监测等方面达成合作协议，并签订了《中乌节水农业技术科技示范园建设协议》，由乌方塔什干灌溉和农业机械化工程师研究所（TIIAME）提供土地、承建蓄水池及土建工程，中方提供节水灌溉相应设备，共同建设乌兹别克斯坦节水农业示范园。

在科技合作方面，我国与乌兹别克斯坦签订了“绿色智能型水肥一体节水灌溉系统集成与应用”项目，该项目将太阳能光伏技术、信息技术和先进的节水灌溉技术相结合，把我国先进的太阳能驱动节水灌溉技术、智能型水肥一体两项核心技术引入乌兹别克斯坦。为解决太阳能驱动灌溉机组动力需求优化配置，作物水分、养分和环境信息快速准确获取等科学问题，我方专家对乌兹别克斯坦的土壤、降雨量、作物种植模式、灌水状况等进行了大量调查和大数据分析，研究太阳能驱动农田灌溉装备在乌兹别克斯坦的适应性。同时，结合当地经济、气候、土壤、种植模式，通过系统集成，形成了环保、节能、节水、造价低廉、自动化程度高、水肥一体化、性能稳定且适合于乌兹别克斯坦推广的太阳能驱动、水肥一体的农田灌溉自动控制装备系统，对今后我国灌溉设备产品出口、国内设备制造业发展具有积极促进作用。与乌兹别克斯坦联合开展的节水灌溉示范项目，对于促进我国与中亚地区国家的政治、经济和文化交流也将起到积极作用，以点带面，进一步加深我国在“一带一路”沿线国家的文化影响。

专栏 3-3　哈萨克斯坦农业科技示范园

近年来，依托西北农林科技大学建立的丝路农业科技创新联盟，杨凌示范区积极响应国家“一带一路”倡议，加强与涉外农业企业的交流沟通，推进农业科研与生产加工的海外合作，推进我国与中亚国家农业科教人员的互访、交流学习。西北农林科技大学与哈萨克斯坦建立了广泛的农业合作项目，建设了多个海外农业科技示范园。自 2016 年以来，我国在哈萨克斯坦努尔苏丹农业科技示范园园区开展了有关哈萨克斯坦作物生产技术规范和标准的制订工作。为了更有针对性地开展示范园的工作，我方专家主要收集了哈萨克斯坦小麦、马铃薯、大麦等作物的最新品种及生产技术，分析比较其与我国旱区作物的差异，同时开展广泛的生产调研，进一步促进我国作物生产技术规范化标准制订工作的顺利开展。在农业科技研究成果方面，中哈两国在哈萨克斯坦科克舍套农业科技示范园开展了小麦可逆性研究、杂交利用、春小麦多生态区异地穿梭联合育种、抗旱棚改造以及大豆引种与选种等农业交流合作。截至 2021 年底，示范园完成了试验示范任务 3 000 亩（两个自主品种 1 875 亩），品种产量、面筋值、容重优于对照；完成抗旱棚节水灌溉系统改造，实施中哈小麦抗寒耐热鉴定评价研究、哈萨克斯坦小麦抗逆性评价与杂交利用，配制杂交新组合 140 个。我国与哈萨克斯坦合作进行的农业推广实验、建立多个农业科技示范园等举措，进一步推动中国农业“走出去”，探寻“一带一路”中哈农业合作之路。与此同时，哈萨克斯坦农业科技示范园开展了小麦、玉米油料、蔬菜、苗木等 6 大类共 45 个品种的引种试验和筛选，多种类、多领域的农业交流合作实验成为了哈萨克斯坦农业部重点推动建设的双边合作项目，进一步拓宽了中哈农业科技合作路径。

（2）上合组织国家农业合作技术交流情况。杨凌示范区作为中国首个国家级农业高新技术产业示范区、全国唯一具有农业特色的自贸试验区，肩负起了建设上海合作组织农业技术交流培训示范基地（以下简称“上合组织农业基地”）的重要使命。2019—2021 年，陕西省委、省政府强化政治担当，充分发挥杨凌主体作用，聚焦上合组织农业基地核心功能高质量建设，奋力打造农业对外开放新高地。

上合组织农业基地以构建“一基地多平台、一中心多园区、一院多所”的平台体系为目标，组建成立了上合组织农业基地现代农业发展研究院、国际联合实验室、上合组织成员国农学高校联盟、上合组织现代农业交流中心等 10 多个农业科研交流合作平台。其中，上合组织农业基地现代农业发展研究院确立了上合组织国家现代农业发展研究、节水灌溉技术研究等 10 个中外联合研究项目，吸引国内多家高校、科研机构联合上合组织国家知名专家开展课题研究。2021 年，上合组织农业基地新设立了哈萨克斯坦爱菊农产品物流加工园、中乌现代农业科技产业园等 4 个实训基地，实训基地总数达 20 个。

杨凌示范区作为中国开展农业对外合作交流的主阵地之一，以上合组织农业基地为培训主体，深度契合上合组织国家需求，线上线下融合开展各类农业技术国际培训，打造涉农培训国际品牌，组织开展面向上合组织国家农业技术培训共 28 期、累计 2.3 万人次参与在线学习，培训规模、数量位居全国前列。2021 年，杨凌示范区围绕农业节水、园区建设、电子商务等主题开设了 8 期线上培训班，吸引了哈萨克斯坦、吉尔吉斯斯坦等 18 个国家的 330 余名农业发展部门人员和高级技术人员参加培训和交流；组织开展农业技术远程培训 10 期，累计 8 000 多人次在线学习。依托中国旱作农业技术援外培训基地，杨凌示范区全方位开展农业技术教育培训，初步形成了以上合组织国家为主体、辐射发展中国家的农业国际培训新局面。

3.6 科技成果转化

近年来，全国技术市场交易活动日趋活跃，成交额屡创历史新高。对于旱区而言，技术交易市场整体表现为技术净吸纳，技术引进的需求空间巨大。从交易合同数来看（见图 3-11），2012 年技术交易合同总数为 26.6 万项，技术交易净输出合同数（输出与吸纳交易合同数的差值）为 1.2 万项；2018 年技术交易合同总数为 40.5 万项，技术净输出交易合同数扩大到 2.3 万项；2020 年技术交易合同总数为 53.5 万项，技术净输出交易合同数为 2.5 万项。从交易金额来看，2012 年技术交易总金额为 6 593 亿元，技术净输出交易金额（技术输出金额与技术吸纳金额的差值）为 1 081 亿元；2018 年技术交易总金额为 16 359 亿元，技术净输出交易金额扩大到 2 527 亿元；2020 年技术交易总金额为 24 197 亿元，技术净输出交易金额增长至 3 245 亿元。

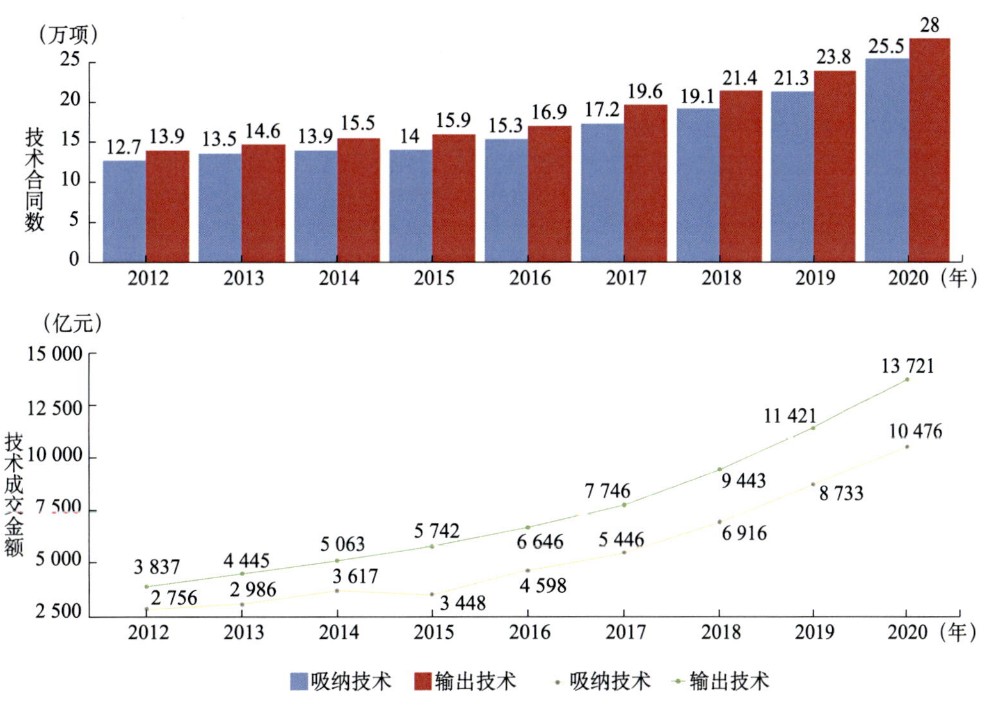

图 3-11　2012—2020 年旱区技术合同成交情况

Figure 3-11　Trade of technology contract in the arid areas from 2012 to 2020

资料来源：《中国科技统计年鉴》(2013—2021 年)。

从旱区各省（区、市）的技术交易合同数来看（见图 3-12），交易合同总数排在前五的省（市）依次为北京（15.0 万项）、山东（14.1 万项）、陕西（8.1 万项）、辽宁（3.2 万项）、河南（2.5 万项）。其中，技术交易合同数表现为净输出的前五个省（市）（净输出合同项数）依次为陕西（2.3 万项）、北京（1.9 万项）、山东（0.6 万项）、辽宁（0.2 万项）、天津（0.1 万项）；技术交易合同数表现为净吸纳的前五个省（区）（以净输出合同项数排序）依次为内蒙古（0.6 万项）、新疆（0.5 万项）、河北（0.5 万项）、山西（0.4 万项）、河南（0.2 万项）。

从旱区各省（区、市）的技术交易金额来看（见图 3-13），技术交易总金额排在前五的省（市）依次为北京（9 445 亿元）、山东（3 953 亿元）、陕西（2 700 亿元）、天津（1 707 亿元）、河北（1 262 亿元）。技术交易金额表现为净输出的前五个省（市）（净输出金额）依次为北京（3 188 亿元）、陕西（818 亿元）、天津（473 亿元）、辽宁（226 亿元）、黑龙江（75 亿元）；技术交易合同数表现为净吸纳的前五个省（区）（以净吸纳金额排序）依次为山西（287 亿元）、新疆（258 亿元）、内蒙古（215 亿元）、河南（157 亿元）、河北（152 亿元）。

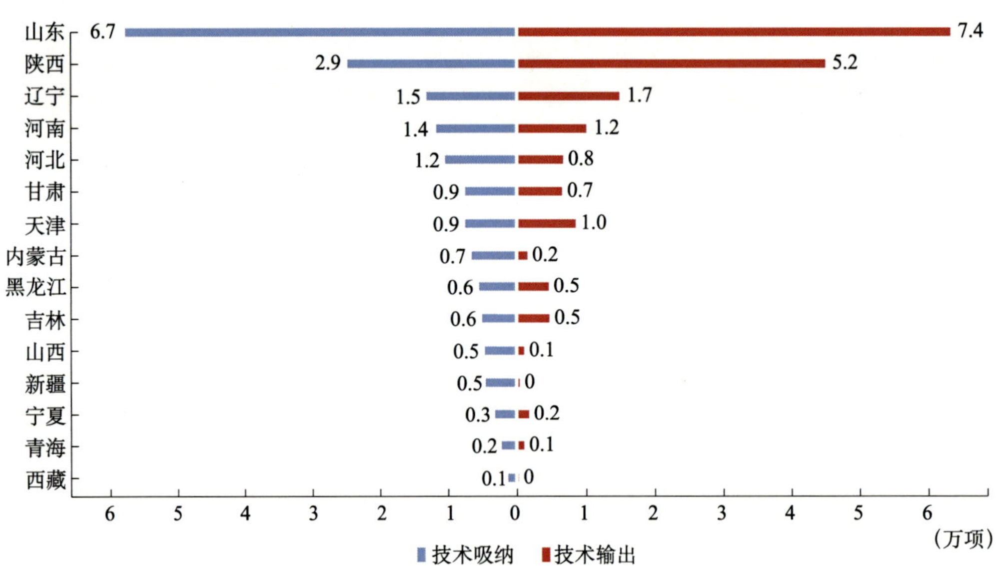

图 3-12 2020 年旱区省（区、市）吸纳和输出技术的市场交易合同数

Figure 3-12 Contracts comparison of the technology transaction market in provinces of the arid areas in 2020

说明：北京的统计数据远高于其他省（区、市），因此图中没有显示。

资料来源：《中国科技统计年鉴 2021》。

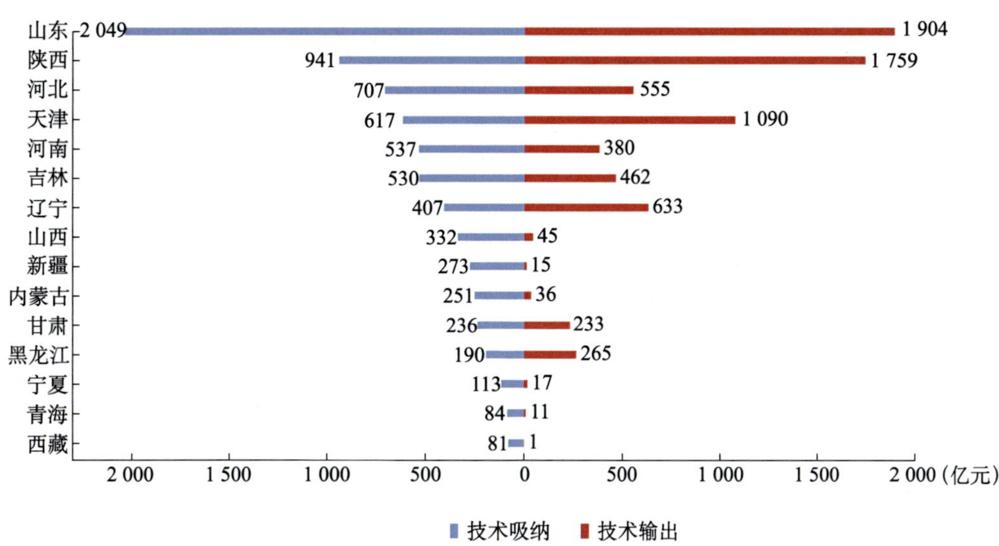

图 3-13 2020 年旱区省（区、市）吸纳和输出技术的市场交易成交金额

Figure 3-13 Funds comparison of the technology transaction market in provinces of the arid areas in 2020

说明：北京的统计数据远高于其他省（区、市），因此图中没有显示。

资料来源：《中国科技统计年鉴 2021》。

4 旱区农业技术进展

4.1 旱区农业重点技术进展

为了充分发挥科技创新的引领带动作用，全面支持创新驱动发展战略和“藏粮于地、藏粮于技”战略，2021 年农业农村部发布了 114 项农业主推技术和 10 项重大引领性技术。其中，旱区入选主推技术 49 项[①]、重大引领性技术 5 项，这从侧面反映了 2021 年旱区农业技术的主要进展和突破。

4.1.1 农业农村部旱区农业领域主推技术

为深入贯彻中央农村工作会议和全国农业工作会议精神，引导广大农业生产经营者科学应用农业先进适用技术，加快科技入户步伐，为实施乡村振兴战略、推动农业转型升级提供有力的科技支撑，农业农村部经过应用评价、专家论证，推介发布了农业主推技术。2021 年，农业农村部共组织遴选了 114 项农业主推技术，其中旱区农业主推技术达到了 49 项，分布于粮食增产类、油料增效类、特色产业类、绿色防控类、耕地质量提升类、健康养殖类、畜禽防疫类、增值加工类、生态环保类九大领域。

1. 粮食增产类

粮食安全始终是关系我国国民经济发展、社会稳定和国家自立的全局性重大战略问题。充足的粮食总量和强大的粮食生产、储备、调运能力，是经济社会活动存在的基础，更是发展的前提。因此，保证粮食产量、促进粮食增产，对保障粮食安全具有重要作用。

---

① 2021年，在16个旱区省（区、市）中，天津市、甘肃省、西藏自治区入选的农业主推技术暂未从其官方网站获得，可能存在旱区入选主推技术数量不全的情况。

旱区粮食增产类技术共 7 项入选主推技术，分别是优质小麦全环节高质高效生产技术、冬小麦宽幅精播高产栽培技术、冬小麦节水省肥优质高产技术、水稻叠盘出苗育秧技术、北方寒地水稻机插同步侧深施肥技术、玉米品种互补增抗生产技术、旱地黑色地膜马铃薯垄上微沟栽培技术（见表 4-1）。

表 4-1　2021 年农业农村部旱区粮食增产领域主推技术

Table 4-1　Main technologies in the field of grain production increase in arid areas of the Ministry of agriculture and rural areas in 2021

技术名称	技术依托单位
优质小麦全环节高质高效生产技术	河南省农业技术推广总站
冬小麦宽幅精播高产栽培技术	山东农业大学、山东省农业技术推广站
冬小麦节水省肥优质高产技术	中国农业大学
水稻叠盘出苗育秧技术	中国农业科学院水稻研究所
北方寒地水稻机插同步侧深施肥技术	吉林省（未标明单位）
玉米品种互补增抗生产技术	河南农业大学
旱地黑色地膜马铃薯垄上微沟栽培技术	—

说明：旱地黑色地膜马铃薯垄上微沟栽培技术未查到技术依托单位。

资料来源：各省（区、市）农业农村厅网站及高等院校官网。

优质小麦全环节高质高效生产技术能够有效解决优质小麦生产中良种良法不配套，技术集成度、融合度不够，产量品质效益不同步等问题，为优质小麦发展提供技术支撑。冬小麦宽幅精播高产栽培技术提高了个体发育质量，构建合理群体，对小麦前期促蘖、中期促穗、后期攻粒具有至关重要的作用和效果。冬小麦节水省肥高产技术提高了水分和氮肥利用效率，简化管理措施节本增效，实现节水、省肥、高产、简化多目标统一，对转变小麦生产方式、促进区域小麦生产的持续发展具有重要意义。水稻叠盘出苗育秧技术根据水稻规模化生产及社会化服务需求，创新研发水稻机插二段育秧和“1 个育秧中心 + N 个育秧点”水稻机插育供秧模式与技术，创制了配套装备。北方寒地水稻机插同步侧深施肥技术促进了水稻前期生长发育，使水稻无效分蘖少、抗逆性增强、稳产增产，大大提高肥料利用率，减少化肥施用量，减轻水质环境污染，节省人力。玉米品种互补增抗生产技术利用不同玉米品种之间的抗逆性和育性的差异，通过间作或混作，构建互补增抗群体，提高群体对单一或多种灾害的抗性，从而实现玉米减灾稳产。旱地黑色地膜马铃薯垄上微沟栽培技术，通过整地施肥、起垄覆膜、优质选种、控制播种密度和时间、田间管理等措施，提高了马铃薯的产量、品质和水肥利用效率，推动了马铃薯产业健康发展。

2. 油料增效类

受耕地资源有限、新冠肺炎疫情、地缘政治等因素影响，我国大豆、食用植物油等紧缺农产品通过进口保障供应的风险不断加大，扩大大豆和油料作物生产，对增加市场供给、推动油料与粮食作物规模化合理轮作、培肥地力、保障国家粮食安全具有重要意义。

旱区油料增效类技术共 3 项入选主推技术，分别是米豆轮作条件下大豆高产栽培技术、玉米花生宽幅间作技术和花生单粒精播节本增效栽培技术（见表 4-2）。

表 4-2　2021 年农业农村部旱区油料增效领域主推技术

Table 4-2　Main technologies in the field of oil efficiency in arid areas of the Ministry of agriculture and rural areas in 2021

技术名称	技术依托单位
米豆轮作条件下大豆高产栽培技术	中国科学院东北地理与农业生态研究所、黑龙江省农业技术推广站、黑龙江省农业环境与耕地保护站
玉米花生宽幅间作技术	山东省农业科学院
花生单粒精播节本增效栽培技术	山东省农业科学院

资料来源：各省（区、市）农业农村厅网站及科研院校官网。

东北地区以发展玉米与大豆轮作为主，米豆轮作条件下大豆高产栽培技术能够发挥大豆根瘤的固氮养地作用，提高土壤肥力，增加优质食用大豆供给。玉米花生宽幅间作技术充分发挥了花生根瘤的固氮作用及玉米边际效应，保障间作玉米稳产高产，挤出带宽增收花生；次年条带调换种植，实现了间作与轮作有机融合。花生单粒精播节本增效栽培技术解决了花生常规种植方式（一般每穴播种 2 粒或多粒）用种量多、群体与个体矛盾突出、株间竞争、大小苗、单株结果数及饱果率难以提高等问题。

3. 特色产业类

产业兴旺是实现乡村振兴的基础，产业振兴也是乡村振兴战略的关键性任务。特色产业已经成为实现农民增收和实施美丽乡村建设的前提与原动力。脱贫地区发展特色产业有利于拓宽农民增收渠道，促进乡村经济发展，实现乡村振兴。

旱区特色产业类技术共 8 项入选主推技术，分别是西北内陆棉区“宽早优”绿色高质高效机采棉生产技术、黄河流域棉花生产全程机械化增产技术、旱作区苹果高品质栽培技术、哈密瓜露地优质绿色高效轻简化栽培技术、设施高品质生食果蔬生态基质无土栽培稳产技术、燕麦宽幅匀播栽培技术、旱作谷子全程机械化栽培技术、食用菌菌棒自动化高效生产技术（见表 4-3）。

表 4-3　2021 年农业农村部旱区特色产业领域主推技术

Table 4-3　Main technologies in characteristic industries in arid areas of the Ministry of agriculture and rural areas in 2021

技术名称	技术依托单位
西北内陆棉区“宽早优”绿色高质高效机采棉生产技术	中国农业科学院棉花研究所
黄河流域棉花生产全程机械化增产技术	山东省农业机械技术推广站
旱作区苹果高品质栽培技术	—
哈密瓜露地优质绿色高效轻简化栽培技术	新疆农业科学院哈密瓜研究中心
设施高品质生食果蔬生态基质无土栽培稳产技术	中国农业科学院蔬菜花卉研究所
燕麦宽幅匀播栽培技术	内蒙古自治区农牧业科学院
旱作谷子全程机械化栽培技术	山西农业大学农学院
食用菌菌棒自动化高效生产技术	河北省（未标明单位）

说明：旱作区苹果高品质栽培技术未查到技术依托单位。

资料来源：各省（区、市）农业农村厅网站及科研院校官网。

西北内陆棉区“宽早优”绿色高质高效机采棉生产技术为解决新疆棉区产量徘徊、品质下降等问题，实现机采棉花优质高产高效提供了技术支撑。黄河流域棉花生产全程机械化增产技术利于促进棉花生产、农民持续增收、农业稳定发展和纺织业健康发展。旱作区苹果高品质栽培技术通过树体结构改造、起产覆盖肥水耦合、果园覆砂覆草、套袋和摘袋、摘叶转果、铺设反光膜等措施，提高旱区苹果产品品质，增加市场竞争力。哈密瓜露地优质绿色高效轻简化栽培技术通过筛选高抗品种，研究一次性基施缓释肥等轻简化栽培技术与水肥药减施技术，实现了新疆哈密瓜良种良法配套、生产生态协调。设施高品质生食果蔬生态基质无土栽培稳产技术，从根本上推动基质栽培和水肥精准智能高效管理技术在设施蔬菜生产中的应用，进而提高水肥利用率，减少农药用量，推动农业产业转型升级。燕麦宽幅匀播栽培技术，改变燕麦传统的小垄栽培模式，增大种植带幅，利用宽幅条播燕麦播种机，配套高产优质燕麦品种及施肥技术等，形成燕麦宽幅条播高产栽培模式。旱作谷子全程机械化栽培技术，从整地、播种、病虫草害防控到收获，均实现机械化作业，加快谷子种植产业转型升级。食用菌菌棒自动化高效生产技术颠覆了传统的制棒技术和工艺，实现了食用菌制棒生产的工业化、自动化。

4. 绿色防控类

随着社会各界对食品安全和环境安全问题的关注度不断提高，大力发展绿色防控类技术，走绿色之路，是新时期对绿色农业发展的要求，也是农业生产发展的方向。发展绿色防控技术，能够大大降低化学农药的使用量，实现减药控害，推动现代农业可持续发展。

旱区绿色防控类技术共 6 项入选主推技术，分别是水稻病害“一浸两喷”精准防控技术、二点委夜蛾绿色防控技术、葡萄果实病害绿色防控技术、猕猴桃细菌性溃疡病“三位一体”精准防控技术、水果内部病害的田间减控与采后精准无损筛查技术、梨蜜蜂授粉与病虫害绿色防控技术（见表 4-4）。

水稻病害“一浸两喷”精准防控技术抓住播前种子处理、营养生长期叶面处理、穗期保护三个关键环节，采用精准、简便、高效、减药的“一浸两喷”防控技术，实现水稻全生育期多种病害的全程控制。二点委夜蛾绿色防控技术采用秸秆细粉碎、清除田间麦秸、灭小麦茬、专一性诱剂、高效杀虫灯等绿色防控技术模式，控制危害，保证玉米苗全苗壮。葡萄果实病害绿色防控技术有效控制主要病虫危害，保障果品产量，减少化学农药使用次数和用量，提升果品质量，保护果园生态环境，形成果园自然生态平衡。猕猴桃细菌性溃疡病“三位一体”精准防控技术，创建了“地上地下统抓、树表树内精防、病前病后细管”的新防控策略和“保健诱抗、监测预警、精准预防”的绿色安全高效防控技术体系，攻克了生产上的溃疡病防控难题。水果内部病害的田间减控与采后精准无损筛查技术，解决了水果生产中不合理使用化学农药的问题，同时利用果实所具有的物理特性，分析获取水果品质的检测过程，具有非破坏性、高效、实时等优势。梨蜜蜂授粉与病虫害绿色防控技术，减少了花期用药，多使用物理、生物防控技术，保护蜜蜂等传粉昆虫，将梨蜜蜂授粉增产提质、节本增效的目标最大化。

表 4-4 2021 年农业农村部旱区绿色防控领域主推技术

Table 4-4 Main technologies for green prevention and control in arid areas of the Ministry of agriculture and rural areas in 2021

技术名称	技术依托单位
水稻病害“一浸两喷”精准防控技术	中国农业科学院水稻研究所
二点委夜蛾绿色防控技术	河北省（未标明单位）
葡萄果实病害绿色防控技术	宁夏大学、西北农林科技大学、浙江大学、宁夏农科院植保所、志辉源石酒庄
猕猴桃细菌性溃疡病“三位一体”精准防控技术	西北农林科技大学
水果内部病害的田间减控与采后精准无损筛查技术	中国农业大学
梨蜜蜂授粉与病虫害绿色防控技术	山西农业大学园艺学院、省植物保护植物检疫中心

资料来源：各省（区、市）农业农村厅网站及科研院校官网。

5. 耕地质量提升类

耕地是最宝贵的农业资源、最重要的生产要素，事关国家粮食安全。发展耕地质量提升技术，是促进粮食和农业可持续发展的迫切需要，是保障粮食等重要农产品有效供给的重要措施，也是提升我国农业国际竞争力的现实选择。

旱区耕地质量提升类技术共 4 项入选主推技术，分别是东北地区玉米秸秆集中深还田快速改土培肥技术、旱作土壤秸秆错位轮还全耕层培肥技术、寒区黑土地保护性耕作技术和东北黑土区旱地肥沃耕层构建技术（见表 4-5）。

表 4-5 2021 年农业农村部旱区耕地质量提升领域主推技术

Table 4-5 Main technologies for improving cultivated land quality in arid areas of the Ministry of agriculture and rural areas in 2021

技术名称	技术依托单位
东北地区玉米秸秆集中深还田快速改土培肥技术	沈阳农业大学
旱作土壤秸秆错位轮还全耕层培肥技术	黑龙江省农业环境与耕地保护站
寒区黑土地保护性耕作技术	黑龙江省农业机械化技术推广总站
东北黑土区旱地肥沃耕层构建技术	中国科学院东北地理与农业生态研究所、黑龙江省农业环境与耕地保护站

资料来源：各省（区、市）农业农村厅网站及科研院校官网。

东北地区玉米秸秆集中深还田快速改土培肥技术，针对东北旱田耕地“变薄、变硬、变瘦”三大问题，通过秸秆隔年错位交替翻埋还田，打破犁底层，改善耕层土壤结构；秸秆集中腐解，快速提高土壤有机质含量，促进肥沃耕层构建。旱作土壤秸秆错位轮还全耕层培肥技术，通过不同耕作措施将不同季节的秸秆错位轮还至不同耕层深度，利用各种错位轮还组合，辅以少量有机肥或激发剂激发分解，达到全耕层培肥效果。寒区黑土地保护性耕作技术，突破了秸秆覆盖量大、春季低温干旱等制约因素，解决了不同区域实施秸秆覆盖免耕播种质量差，影响作物出苗和生长的技术难题，为寒区实施保护性耕作提供了科学的装备支撑和技术支持。东北黑土区旱地肥沃耕层构建技术，实现了东北黑土地保护利用的农机农艺融合，提高了秸秆和畜禽粪污的综合利用率，减少秸秆焚烧、畜禽粪随处堆放对环境造成的污染，实现了生态环境的协调发展。

6. 健康养殖类

在传统畜牧养殖中，会有大量畜禽粪便、污水、二氧化碳等物体和气体出现，严重危害到生态环境。同时，兽药、激素等药物的滥用，导致畜产品出现药物残留问题，进而威胁到人类健康。健康养殖技术不仅使畜产品的质量安全得到保证，而且使畜牧养殖造成的环境污染问题也得到缓解。

旱区健康养殖类技术共 12 项入选主推技术，分别是玉米豆粕减量替代技术、优质苜蓿青贮加工与饲喂利用技术、放牧绵羊母子一体化养殖技术、单作苜蓿田季节性套作青贮玉米种植技术、规模养殖母猪定时输精批次生产技术、高青贮日粮均衡营养技术、漏斗形池塘循环水高效养殖技术、池塘鱼菜共生循环种养技术、稻田生态综合种养技术、池塘养殖水质调控与尾水生态治理技术、对虾工厂化循环水高效生态养殖技术和池塘工程化循环水养殖技术（见表 4-6）。

玉米豆粕减量替代技术可以充分挖掘利用杂粮、杂粕、粮食加工副产物、农业副产物等替代资源，改进制油工艺，提高杂粕质量。优质苜蓿青贮加工与饲喂利用技术提高了奶牛产奶量，减少精料用量，促进奶牛健康高产，饲喂效果和经济效益明显提升。放牧绵羊母子一体化养殖技术集成了放牧羊瘤胃调控技术等六项技术，在新疆、青海、甘肃北部延线区域推广应用，取得了显著的经济效益。单作苜蓿田季节性套作青贮玉米种植技术解决了苜蓿由于“夏眠”导致的产量低问题，以及苜蓿雨季割草后晾晒干草困难的问题，具有广阔的应用前景。规模养殖母猪定时输精批次生产技术能够提高母猪繁殖性能，且仔猪批次化生产整齐度高、残次率低，便于销售，大大提高了养殖效益。高青贮日粮均衡营养技术有效缓解了我国青贮饲料短缺的局面，提高了青贮饲料的生产水平，促进了草食畜牧业的发展。漏斗形池塘循环水高效养殖技术能及时收集移除 75% 以上的鱼粪，有效净化养殖水体，改善养殖鱼类的生活环境，加快鱼类生长速度，提高产品品质；同时将收集的鱼粪发酵，生产有机肥，实现资源循环利用。池塘鱼菜共生循环种养技术是一种生态型可持续发展农业新技术，通过在鱼类养殖池塘栽培蔬菜，利用鱼类与蔬菜的共生互补，将渔业和种植业有机结合，使池塘鱼菜生态系统内实现物质循环，互惠互利。稻田生态综合种养技术是一种将水稻种植和水产养殖相结合的复合农业生产方式，具有产出高效、资源节约、环境友好的特点，是实现经济、生态、社会效益协调发展的重要农业生产方式。池塘养殖水质调控与尾水生态治理技术可实现池塘养殖尾水的达标排放和循环再利用，减少对环境的污染，有助于减轻江河、湖库等自然水域的富营养化，提高水资源利用效率，改善养殖水体水质，提升水产品质量安全水平。对虾工厂化循环水高效生态养殖技术依托现代养殖工程和水处理设施，实现了对虾的全年高效、生态化养殖。该技术具备水体循环利用、生态环境稳定、养殖过程人工调控、尾水达标排放等明显特点。池塘工程化循环水养殖技术通过对传统养殖池塘的改造，科学布局养鱼与养水的空间与功能，综合运用新型养殖设施与工业化技术，集约化利用养殖空间，实现了高产优产、水资源循环使用和营养物质多级利用的生态养殖。

表 4-6　2021 年农业农村部旱区健康养殖领域主推技术

Table 4-6　Main technologies in the field of healthy breeding in arid areas of the Ministry of agriculture and rural areas in 2021

技术名称	技术依托单位
玉米豆粕减量替代技术	中国农业大学
优质苜蓿青贮加工与饲喂利用技术	中国农业大学
放牧绵羊母子一体化养殖技术	内蒙古自治区农牧业科学院
单作苜蓿田季节性套作青贮玉米种植技术	中国农业大学
规模养殖母猪定时输精批次生产技术	中国农业大学
高青贮日粮均衡营养技术	中国农业大学
漏斗形池塘循环水高效养殖技术	郑州市水产技术推广站、河南省水产技术推广站、河南省水产科学研究院

续表

技术名称	技术依托单位
池塘鱼菜共生循环种养技术（池塘鱼菜共生技术）	吉林省（未标明单位）
稻田生态综合种养技术	中国水产科学研究院
池塘养殖水质调控与尾水生态治理技术（池塘养殖尾水生态治理技术）	黑龙江省水产技术推广总站
对虾工厂化循环水高效生态养殖技术	中国水产科学研究院
池塘工程化循环水养殖技术	中国水产科学研究院

资料来源：各省（区、市）农业农村厅网站及科研院校官网。

7. 畜禽防疫类

强化畜禽防疫、消除畜禽疫病，可以维护公共卫生安全，确保公众身体健康，促进传统养殖业向现代养殖业发展，推动农民增收，同时也是国家文明程度与经济实力的体现。

旱区畜禽防疫类技术共 2 项入选主推技术，分别是非洲猪瘟常态化防控技术和奶山羊布鲁氏菌病区域净化技术（见表 4-7）。

非洲猪瘟常态化防控技术利用现代疫病检测技术、消毒技术和营养调控技术，控制病原的传入，切断病原的传播，提高猪群机体抵抗力，确保猪群健康，促进养猪业的发展。奶山羊布鲁氏菌病区域净化技术大幅降低了疫病检测和疫病防控成本，提高了疫病防控的科学性和有效性，具有显著的经济效益和社会效益。

表 4-7 2021 年农业农村部旱区畜禽防疫领域主推技术

Table 4-7 Main technologies for livestock and poultry epidemic prevention in arid areas of the Ministry of agriculture and rural areas in 2021

技术名称	技术依托单位
非洲猪瘟常态化防控技术	山西农业大学、山西省畜禽繁育工作站
奶山羊布鲁氏菌病区域净化技术	西北农林科技大学

资料来源：各省（区、市）农业农村厅网站及科研院校官网。

8. 增值加工类

增值加工类技术的快速发展促进了产品市场的有效需求，提高了产品质量和产品附加值，延长了产品的产业链条，实现了产品在生产、流通、加工等各环节的增值，并通过各种利益联结方式，将企业和农户的收益紧紧联系在一起，从整体上增加了农业生产效益和农产品的市场竞争力，为农民增收打下坚实基础。

旱区增值加工类技术共 3 项入选主推技术，分别是奶产品三维评价技术、切花采后运销综合保鲜技术和橡胶树省工高效采胶技术（见表 4-8）。

奶产品三维评价技术能够客观地评价市场上奶产品的质量安全水平，有助于企业掌握产品质量优化的方向，帮助主管部门掌控制定奶业发展的政策，使消费者更加科学合理地消费。切花采后运销综合保鲜技术切实提升了花卉主产区的切花采后处理能力，提高了企业和农户的切花生产效益。橡胶树省工高效采胶技术降低了割胶频率，提高了橡胶生产效率，对缓解胶工短缺的困境发挥了重要作用。

表 4-8　2021 年农业农村部旱区增值加工领域主推技术

Table 4-8　Main technologies of value-added processing in arid areas of Ministry of agriculture and rural areas in 2021

技术名称	技术依托单位
奶产品三维评价技术	国家农业科技创新联盟、广东省农垦总局
切花采后运销综合保鲜技术	中国农业大学
橡胶树省工高效采胶技术	中国热带农业科学院

资料来源：各省（区、市）农业农村厅网站及科研院校官网。

9. 生态环保类

乡村是生态环境的主体区域，生态是乡村最大的发展优势。推进农业绿色发展，是农业高质量发展的应有之义。生态环保技术是发展绿色农业模式的客观需要，它有利于促进我国农业环境的保护与修复，提高农业资源利用效率，为国民提供绿色安全的农产品，减少全球气候变暖中农业温室气体的排放。

旱区生态环保类技术共 4 项入选主推技术，分别是北方地区秸秆捆烧清洁供暖关键技术、畜禽粪便纳米膜好氧发酵堆肥技术、黄土高原旱作果园雨水集蓄根域补灌技术和玉米无膜浅埋滴灌水肥一体化技术（见表 4-9）。

北方地区秸秆捆烧清洁供暖关键技术将松散的农作物秸秆打包，采用专用锅炉直接捆烧直燃，捆烧产生的热量可以通过高效换热技术实现清洁供暖，具有原料适应性强、运行成本低、操作方便等优势。畜禽粪便纳米膜好氧发酵堆肥技术相较于传统的堆肥方式，具有发酵投入成本低、发酵效果好、发酵环境好等几大优点，有利于促进土壤团粒结构的形成，增加土壤保水、保温、透气、保肥的能力。黄土高原旱作果园雨水集蓄根域补灌技术实现了“秋雨春用，丰雨旱用”，提高了黄土高原的苹果产量，为改善当地果农的生活质量、助力乡村振兴发挥了作用。玉米无膜浅埋滴灌水肥一体化技术是以浅埋滴灌技术为核心，将玉米大小垄种植技术与滴灌系统水肥一体化技术相结合的节水、节肥、减药、减膜、绿色、增产、增效的种植技术。

表 4-9　2021 年农业农村部旱区生态环保领域主推技术

Table 4-9　Main technologies in the field of ecological and environmental protection in arid areas of the Ministry of agriculture and rural areas in 2021

技术名称	技术依托单位
北方地区秸秆捆烧清洁供暖关键技术	中国农业科学院农业环境与可持续发展研究所
畜禽粪便纳米膜好氧发酵堆肥技术	领先生物农业股份有限公司
黄土高原旱作果园雨水集蓄根域补灌技术	西北农林科技大学
玉米无膜浅埋滴灌水肥一体化技术	内蒙古民族大学、内蒙古自治区农业技术推广站、通辽市农业技术推广站、科左中旗农业技术推广站、内蒙古农业大学

资料来源：各省（区、市）农业农村厅网站及科研院校官网。

4.1.2　农业农村部旱区重大引领性技术

为深入贯彻落实党的十九届五中全会及中央农村工作会议精神，充分发挥科技创新的引领带动作用，全面支持创新驱动发展战略和“藏粮于地、藏粮于技”战略，2021 年农业农村部发布了 10 项重大引领性技术。其中，旱区共有 5 项[①]重大引领性技术入选，分别是水稻大钵体毯状苗机械化育秧插秧技术、蔬菜流水线贴接法高效嫁接育苗技术、草地贪夜蛾综合防控技术、苜蓿套种青贮玉米高效生产技术、秸秆炭化还田固碳减排技术（见表 4-10）。

1. 水稻大钵体毯状苗机械化育秧插秧技术

该技术充分发挥了水稻钵体苗栽培高产优质的优势和机插秧作业高效精准的优势，系统集成大钵毯苗秧盘、精准对位精量播种、秧苗秧期综合管理、高速机械栽插等关键技术，缩短插秧后秧苗缓苗期，延长了适宜机插秧龄，解决了双季稻区和

① 旱区重大引领性技术数量的确定标准是第一技术支撑单位是否为旱区单位。

东北寒地稻区水稻适宜生育期不足的难题。

2. 蔬菜流水线贴接法高效嫁接育苗技术

该技术通过集成套管贴接法、嫁接流水线作业平台、底部潮汐式灌溉等核心技术，与愈合期环境精准调控技术、环境—物理—化学幼苗株型综合调控技术、全程病虫害绿色防控技术等相配套，显著提高嫁接工效，破解了嫁接育苗用工多、成本高的核心问题，为蔬菜绿色高效生产提供了技术支撑。

3. 草地贪夜蛾综合防控技术

该技术在明确草地贪夜蛾的发生、为害规律基础上研发了新型种衣剂和无人机用微型颗粒剂及撒施技术，开发了 Bt 工程菌 G033A 颗粒剂产品，建立了集成虫理化诱控、种子包衣、Bt 工程菌生物防治及应急化学防控为一体的草地贪夜蛾全程综合防控技术体系，为实现“虫口夺粮”保丰收提供了技术支撑。

4. 苜蓿套种青贮玉米高效生产技术

该技术将苜蓿和青贮玉米套种，在春季进行苜蓿干草生产，夏季在苜蓿行间套种青贮玉米，并于秋季玉米收获季一同混收青贮玉米和苜蓿，实现苜蓿和玉米优势互补，提升系统生产力和土地利用率，有效改善生产上优质饲草料缺乏、种植业结构单一和效益低下的问题，缓解奶业发展需要的优质苜蓿干草长期依赖进口的问题。

5. 秸秆炭化还田固碳减排技术

该技术将秸秆直接还田变为“收储—炭化—产品化—还田”的技术链条，以炭化技术为基础，通过炭基农业投入品的产业化、规模化应用，实现农田土壤碳封存，减少温室气体排放，促进秸秆全量化利用和耕地质量提升。

表 4-10　2021 年农业农村部旱区重大引领性技术

Table 4-10　Major leading technologies in arid areas of the Ministry of agriculture and rural areas in 2021

技术名称	技术依托单位
水稻大钵体毯状苗机械化育秧插秧技术	中国农业大学、江西省农业技术推广中心、农业农村部农业机械化总站
蔬菜流水线贴接法高效嫁接育苗技术	中国农业科学院、全国农业技术推广服务中心、山东伟丽种苗有限公司、农业农村部科技发展中心

续表

技术名称	技术依托单位
草地贪夜蛾综合防控技术	中国农业科学院、河北中保绿农作物科技有限公司、武汉科诺生物科技有限公司、中植科创生物技术有限公司、安阳全丰生物科技有限公司
苜蓿套种青贮玉米高效生产技术	中国农业大学、河北省农林科学院、全国畜牧总站
秸秆炭化还田固碳减排技术	沈阳农业大学、农业农村部农业生态与资源保护总站、国家生物炭科技创新联盟、中国农业生态环境保护协会

资料来源：中华人民共和国农业农村部、人民政协网站。

4.2 三大顶级期刊发表旱区农业领域技术成果

《自然》(*Nature*)、《科学》(*Science*) 和《细胞》(*Cell*) 作为目前国际上最顶尖的三大学术期刊，发表的论文大多代表了相关领域的顶尖研究成果。《自然》是世界上最早的国际性科技期刊，自创刊以来始终如一地报道和评论全球自然知识和科技领域里最重要的突破；《科学》是发表最好的原始研究论文以及综述、分析当前研究和科学政策的同行评议的期刊之一；《细胞》主要发表生命科学领域中的最新研究发现。

作为国际学术地位、影响因子“双高”的三大期刊，其发表的每一篇文章都寓意着科研领域的重大成果问世，很多文章的成果可以说在改变着世界，推动着世界科技的进步。旱区高校及科研院所在三大期刊上发表的科研成果，反映了其在农业科技领域的重要进展。2021 年，我国旱区高校及科研院所（包括第一完成单位和共同完成单位）在三大顶级期刊共发表农业技术领域研究性论文 10 篇，其中《自然》上发表 3 篇，《细胞》上发表 7 篇。按完成单位排序统计，旱区高校或科研院所为第一完成单位的论文有 7 篇，其余 3 篇均为共同完成单位（见表 4-11）。

表 4-11　2021 年 NSC 收录旱区农业技术领域论文统计

Table 4-11　Statistics of papers in agricultural technology field in arid area included in NSC in 2021

论文名称	中文名称	旱区完成单位	第一完成单位	期刊
Genomic Basis of Geographical Adaptation to Soil Nitrogen in Rice	水稻对土壤氮素地理适应的基因组基础	中国科学院遗传与发育生物学研究所	是	Nature
A Route to De Novo Domestication of Wild Allotetraploid Rice	异源四倍体野生稻快速从头驯化新策略	中国科学院遗传与发育生物学研究所	是	Cell
Genome Engineering for Crop Improvement and Future Agriculture	基因组编辑助力作物改良和未来农业	中国科学院遗传与发育生物学研究所	是	Cell
Whitefly Hijacks a Plant Detoxification Gene that Neutralizes Plant Toxins	烟粉虱通过劫持一种植物解毒基因来中和植物毒素	中国农业科学院蔬菜花卉研究所	是	Cell
Genome Design of Hybrid Potato	杂交马铃薯的基因组设计	中国农业科学院	是	Cell
Architecture of the Chloroplast PSI-NDH Supercomplex in Hordeum Vulgare	大麦叶绿体 PSI-NDH 膜蛋白超大分子复合物空间结构	中国科学院植物研究所	是	Nature
The Chinese Pine Genome and Methylome Unveil Key Features of Coniferevolution	中国油松的基因组与甲基化组揭示了针叶树进化的关键特征	北京林业大学	是	Cell
The TOR-EIN2 Axis Mediates Nuclear Signalling to Modulate Plant Growth	TOR-EIN2 轴介导核信号调节植物生长	北京大学	否	Nature
Pan-genome analysis of 33 Genetically Diverse Rice Accessions Reveals Hidden Genomic Variations	基于 33 个水稻遗传多样性材料的泛基因组分析揭示“隐藏”的基因组变异	中国科学院遗传与发育生物学研究所、河北大学	否	Cell
Ca^{2+} Sensor-Mediated ROS Scavenging Suppresses Rice Immunity and Is Exploited by a Fungal Effector	水稻和真菌均通过钙离子感知介导的 ROS 清除来抑制水稻免疫	中国科学院分子植物科学卓越创新中心	否	Cell

说明：发表的论文可能由多个单位共同完成，这里仅列出了全部单位中的旱区单位。

资料来源：web of science 数据库。

4.2.1 《自然》发表旱区农业技术成果情况

2021 年，我国旱区高校及科研院所在《自然》上发表的农业领域技术成果包括水稻对土壤氮素地理适应的基因组基础、TOR-EIN2 轴介导核信号调节植物生长、大麦叶绿体 PSI-NDH 膜蛋白超大分子复合物空间结构这三个方面。

1. 水稻对土壤氮素地理适应的基因组基础

2021 年 1 月，中国科学院遗传与发育生物学研究所储成才团队在《自然》上发表了题为《水稻对土壤氮素地理适应的基因组基础》（*Genomic Basis of Geographical Adaptation to Soil Nitrogen in Rice*）的研究论文。研究组对过去 100 年间收集于全球不同地理区域 52 个国家（地区）的 110 份早期水稻农家种进行了全面的农艺性状鉴定，发现不同氮肥条件下，在众多农艺性状中，水稻分蘖（分枝）氮响应能力与氮肥利用效率变异间存在高度关联。研究组利用全基因组关联分析技术鉴定到一个水稻氮高效基因——OsTCP19，其作为转录因子调控水稻分蘖。这项研究成果揭示了氮素调控水稻分蘖发育过程的分子基础，使水稻在生产中使用更少的化肥，也能达到相同的产量成为可能。该成果为我国争取在 2060 年前实现碳中和，在农业领域的节能减排，特别是减少化肥的施用提供了一个全新的思路（Liu 等，2021）。

2. TOR-EIN2 轴介导核信号调节植物生长

2021 年 3 月，福建农林大学熊延教授团队联合中科院上海植物逆境研究中心、北京大学药学院等单位在《自然》在线发表了题为《TOR-EIN2 轴介导核信号调节植物生长》（*The TOR-EIN2 Axis Mediates Nuclear Signalling to Modulate Plant Growth*）的研究论文，该研究发现乙烯信号通路中的关键蛋白 EIN2 是糖 -TOR 信号通路调控基因转录组重编程的重要下游元件；TOR 直接磷酸化 EIN2 并抑制 EIN2 全长蛋白的质核穿梭，阻止 EIN2 在细胞核内抑制细胞分裂和伸长相关基因的表达，从而促进植物细胞的分裂和伸长。该研究还发现，EIN2 参与糖 -TOR 信号通路与其参与传统的乙烯 -CTR1 信号通路是相分开的，首次揭示了 EIN2 独立于乙烯信号通路的新分子机制和功能。该研究成果将植物营养代谢调控与植物激素乙烯的信号转导途径联系起来，是该领域的重大突破，为今后作物、果树生长调控研究提供了创新性的思路（Fu 等，2021）。

3. 大麦叶绿体 PSI-NDH 膜蛋白超大分子复合物空间结构

2021 年 12 月，中国科学院植物所光合膜蛋白结构生物学研究组在《自然》上发表了题为《大麦叶绿体 PSI-NDH 膜蛋白超大分子复合物空间结构》(*Architecture of the Chloroplast PSI-NDH Supercomplex in Hordeum Vulgare*)的研究论文。该研究以饲用、食用作物——大麦为研究材料，利用冷冻电镜技术，首次解析了大麦叶绿体 PSI-NDH 超分子复合物的高分辨率结构，揭示了高等植物 PSI-NDH 介导光合环式电子传递调控的结构基础。该研究结果不仅对深入理解光合环式电子传递调控的机制及被子植物在进化过程中如何适应陆生光环境具有重要意义，而且对提高植物光能转化、二氧化碳固定效率及抗逆能力具有重要指导意义。同时，为利用合成生物学技术构建新型高效光合膜电子传递线路、优化光合膜能量传递途径、打造高光效和高固碳光合元件和模块提供新思路，为设计高产和高抗逆性的优质作物提供了结构基础（Shen 等，2021）。

4.2.2 《细胞》发表旱区农业技术成果情况

2021 年，旱区高校及科研院所在《细胞》上发表的农业领域技术成果包括异源四倍体野生稻快速从头驯化新策略、基因组编辑助力作物改良和未来农业、烟粉虱通过劫持一种植物解毒基因来中和植物毒素、基于 33 个水稻遗传多样性材料的泛基因组分析揭示“隐藏”的基因组变异、杂交马铃薯的基因组设计、水稻和真菌均通过钙离子感知介导的 ROS 清除来抑制水稻免疫、中国油松的基因组与甲基化组揭示了针叶树进化的关键特征这七个方面。

1. 异源四倍体野生稻快速从头驯化新策略

2021 年 2 月，中国科学院遗传与发育生物学研究所在《细胞》在线发表了题为《异源四倍体野生稻快速从头驯化新策略》(*A Route to De Novo Domestication of Wild Allotetraploid Rice*)的研究论文，该研究描述了一种可行的策略，即野生异源四倍体水稻的从头驯化。该研究首先选择 3 种来源于美洲的异源四倍体 CCDD 基因组野生稻，包括高秆野生稻（O. alta）、重颖野生稻（O. grandiglumis）和阔叶野生稻（O. latifolia），开展遗传转化效率评价，仅发现 1 份高秆野生稻具有较好的愈伤组织诱导和再生能力，并将其命名为“PPR1”（Polyploid Rice 1）。高秆野生稻植株高大（>2.7 m），叶片宽大（>5 cm），稻穗长（>48 cm），着粒稀，籽粒小（千粒重约为 8.79 g），籽粒上具长芒，耐逆且抗病虫能力较强。为实现高效的基因组编辑，该研究进一步优化遗传转化系统，将 PPR1 的转化效率和再生率分别提高到约 80% 和

40%，为利用基因编辑技术开展高秆野生稻的从头驯化奠定了基础。该研究成果对未来应对粮食危机提出了一种新的可行策略，开辟了全新的作物育种方向，是该领域的一项重大突破性进展（Yu 等，2021）。

2. 基因组编辑助力作物改良和未来农业

2021 年 2 月，中国科学院遗传与发育生物学研究所在《细胞》上发表了题为《基因组编辑助力作物改良和未来农业》（*Genome Engineering for Crop Improvement and Future Agriculture*）的综述文章，该研究系统全面地对植物基因组编辑技术进行介绍和总结，对基因组编辑技术在植物育种中的应用展开了详细的阐述。研究描述了基于基因组编辑的新植物育种策略，并讨论了它们对作物生产的影响，重点介绍了传统育种无法实现的基于基因组编辑的植物改良的最新进展，并对植物基因组编辑技术的发展进行了展望。植物基因组编辑技术的发展，为育种创造了空前的机遇；利用基因组编辑工具进行高效而精确的定点突变，为新一代育种和未来农业的发展开启了一次新的革命。利用基因组编辑技术对作物性状进行遗传改良，提高作物产量、品质以及抗逆抗病性，对保障未来的粮食安全具有重大意义（Gao，2021）。

3. 烟粉虱通过劫持一种植物解毒基因来中和植物毒素

2021 年 3 月，中国农业科学院蔬菜花卉研究所、黑龙江大学、列克星敦大学等多单位合作在《细胞》在线发表题为《烟粉虱通过劫持一种植物解毒基因来中和植物毒素》（*Whitefly Hijacks a Plant Detoxification Gene that Neutralizes Plant Toxins*）的研究论文。该研究表明，通过异常的水平基因转移事件，烟粉虱已获得了植物来源的酚类葡萄糖苷丙二酰转移酶基因 BtPMaT1，该基因使烟粉虱能够中和酚类葡萄糖苷。通过对番茄植物进行基因改造，以产生能使 BtPMaT1 沉默的 siRNA，从而削弱了粉虱的解毒能力。研究还发现，沉默该基因能够显著降低烟粉虱成虫的存活率和繁殖能力。这项研究在国际上首次报道了植食性昆虫利用水平基因转移途径对抗寄主防御物质的分子机制，对于了解植食性昆虫适应寄主的分子机制具有十分重要的意义。该研究成果不仅揭开了烟粉虱广泛寄主适应性的神秘面纱，还为绿色高效烟粉虱防治技术的研发提供了全新途径（Xia 等，2021）。

4. 基于 33 个水稻遗传多样性材料的泛基因组分析揭示“隐藏”的基因组变异

2021 年 5 月，四川农业大学国家重点实验室、水稻研究所李仕贵与钦鹏教授团队联合中国科学院遗传与发育生物学研究所梁承志研究团队，在《细胞》在线发表题为《基于 33 个水稻遗传多样性材料的泛基因组分析揭示“隐藏”的基因组变异》(*Pan-genome analysis of 33 Genetically Diverse Rice Accessions Reveals Hidden Genomic Variations*)的研究论文。该研究收集了 31 种高质量的遗传多样性水稻种质的基因组，结合两个现有的程序集，研究开发了全基因组规模的基因组资源，从而提供了水稻基因组变异的途径。具体来说，该研究发现了 171 072 个结构性变异(SV)和 25 549 个基因拷贝数变异(gCNV)，并使用了光稃稻(Oryza glaberrima)装配体来推断水稻(Oryza sativa)种群中 SV 的衍生状态。该研究对 SV 形成机制、基因表达的影响以及亚种群之间分布的分析表明，这些资源可用于了解 SV 和 gCNV 如何影响水稻的环境适应性和驯化方面的实用性。研究人员首次构建了水稻图形基因组，是水稻中迄今最为完整的基于图形结构的泛基因组。该研究工作提供了丰富的种群规模资源，并配有易于使用的工具，以促进水稻育种以及植物功能基因组学、进化生物学研究(Qin 等，2021)。

5. 杂交马铃薯的基因组设计

2021 年 6 月，中国农业科学院在《细胞》在线发表了题为《杂交马铃薯的基因组设计》(*Genome Design of Hybrid Potato*)的研究论文。为解决马铃薯遗传改良进程缓慢，马铃薯薯块的繁殖系数低、储运成本高、易携带病虫害等难题，该研究运用“基因组设计”的理论和方法体系培育杂交马铃薯，借助基因组大数据开展设计育种并进行育种决策，建立了杂交马铃薯基因组设计育种流程，培育出了第一代高纯合度(>99%)二倍体马铃薯自交系和杂交马铃薯品系“优薯 1 号”。“优薯 1 号”的成功选育证明了杂交马铃薯育种的可行性，使马铃薯的遗传改良进入了快速迭代的轨道。这是马铃薯育种和繁殖的新底层技术，也是对马铃薯产业的颠覆性创新。该研究成果有助于缓解国家粮食安全压力，特别是有利于填补饲料用粮这一块的缺口(Zhang 等，2021)。

6. 水稻和真菌均通过钙离子感知介导的 ROS 清除来抑制水稻免疫

2021 年 9 月，中国科学院分子植物科学卓越创新中心何祖华团队在《Cell》上发表了题为《水稻和真菌均通过钙离子感知介导的 ROS 清除来抑制水稻免疫》(*Ca^{2+} Sensor-Mediated ROS Scavenging Suppresses Rice Immunity and Is Exploited by a Fungal Effector*)的研究论文。该研究通过对水稻资源库和育种群体的大规模筛选，鉴定到一份对腐生真菌病害纹枯病具有高度抗病的隐性遗传稳定材料，定名为

“ROD1”，并揭示了一条以 ROD1 为核心的植物免疫抑制信号通路和蛋白三维结构模拟（Structural Mimicry）所介导的“植物—病原菌”共进化模型。同时，该研究还说明植物能够选择与气候条件相适应的免疫策略，以达到最佳的抗病与生长发育适应性的平衡。研究发现 ROD1 的功能在禾谷类作物中是保守的，并提出了可以通过操纵感病基因实现广谱抗病的新策略，对培育稳产高抗的作物品种具有重要参考价值（Gao 等，2021）。

7. 中国油松的基因组与甲基化组揭示了针叶树进化的关键特征

2021 年 12 月，北京林业大学生物科学与技术学院在《细胞》在线发表了题为《中国油松的基因组与甲基化组揭示了针叶树进化的关键特征》（*The Chinese Pine Genome and Methylome Unveil Key Features of Coniferevolution*）的研究文章。研究者利用 PacBio 测序、Hi-C 辅助组装等技术，组装获得了 25.4 Gb 染色体水平的油松基因组。通过使用来自 760 个生物样本的大规模 RNA-seq 数据来辅助基因结构注释，基于油松染色体水平基因组和甲基化组，揭示了针叶树主要演化特征的遗传基础，并构建了首张针叶树生殖发育精细蛋白互作网络。其中，油松基因组的构建为其独特适应性和发育研究、生殖生物学研究及基因组辅助育种进化和基因组学研究提供了重要参考。该研究成果揭示了油松基因组扩展、生殖过程和适应性进化的多重基因组特征和分子机制，给针叶树进化研究提供了新思路，为今后进一步开展针叶树适应与发育研究提供了数据参考（Niu 等，2021）。

此外，2022 年杨凌示范区西北农林科技大学首次以第一单位在《细胞》上发表研究成果。2022 年 7 月，西北农林科技大学康振生院士团队在《细胞》上发表了题为《小麦蛋白激酶基因失活赋予对锈病真菌的广谱抗性》（*Inactivation of a wheat protein kinase gene confers broad-spectrum resistance to rust fungi*）的研究论文。该研究首次鉴定到了小麦中被病原菌效应子靶标“劫持”的感病基因 TaPsIPK1（Puccinia striiformis-Induced Protein Kinase 1），阐明了 TaPsIPK1 作为小麦基础免疫负调控因子，被条锈菌效应子利用并放大负调控作用，打破小麦的抗病反应，从而导致感病的分子机理。TaPsIPK1 编辑品系在田间试验中表现出高抗条锈病且不影响小麦的主要农艺性状，是一个可用于小麦抗病改良的感病基因，打破了小麦抗病育种中主要利用抗病基因的传统思路，并通过敲除感病基因，使小麦不易遭受条锈菌的侵染，开辟了现代生物育种新途径（Wang 等，2022）。

5 旱区果业技术发展专题

5.1 旱区果业产业发展环境

水果是指多汁且主要味觉为甜味和酸味，可食用的植物果实。从营养价值来看，水果不但含有丰富的维生素，而且能够促进消化，可以起到降血压、减缓衰老、减肥瘦身、皮肤保养、明目、抗癌、降低胆固醇、补充维生素等保健作用。水果不仅种类多、规模大、链条长，还是农村的基础性、支撑性产业，既关系着农村经济社会发展，又连接着广大农民生产生活，还与生态环境密切相关，在乡村振兴战略中扮演着极其重要的角色。自改革开放以来，在国家农业优扶政策支持、科技进步以及市场经济发展的背景下，果业种植、销售快速发展，产地、产量、流通渠道得到全面提升。我国不仅是世界上最大的水果生产国，还是最大的水果消费国。随着我国经济发展持续向好，近年来我国居民人均可支配收入不断提升，随之而来的是居民消费水平的提升和消费意愿的增强，全社会对健康产品的需求日益多元化、差异化和个性化。水果在我国居民膳食结构中的消费量逐年增加，人们对果业产业产品的数量和质量也提出了更高要求。

水果作为我国消费经济的重要产业之一，随着近年来我国消费经济规模的增长而向好发展。根据《中国统计年鉴 2020》公布的数据显示，2020 年我国居民人均消费支出达 21 210.0 元，其中居民人均食品烟酒支出为 6 397.0 元，约占总消费支出的 30.2%。未来我国在强大内需、引领产品产量增加的同时，也将促进果业产业各环节的高质量发展。近年来，国家推出一系列政策大力支持水果行业的发展，涵盖种植、物流、销售等多个环节。政策突出强调农业质量安全对国民生活的重要性，鼓励农产品转型升级、物流仓储标准化以及发展农产品新零售等，保障了我国水果行业健康、稳定、持续地发展。

从空间分布来看，我国各省（区、市）均有水果种植分布，2020 年山东的水果产量居全国首位，为 2 938.9 万吨，其后依次为河南、广西、陕西、广东。我国旱区降水稀少且蒸发偏大，其基本特征是干旱与缺水，不适宜单纯发展种植业；全年干旱少雨，光照充足，利于糖分积累，进而能够生产出高质量的水果。近年来，我国水果产业西移趋势明显，旱区生态条件良好，水果资源丰富，是我国水果的重要产区，占水果生产的半壁江山。旱区水果很有特色，苹果、葡萄、猕猴桃等水果在全国颇具规模优势。陕西是生产苹果和猕猴桃的第一大省，2020 年苹果和猕猴桃种植面积和产量稳居全国第一；新疆是全国葡萄和红枣的第一生产大省，2020 年红枣产量约占全国红枣产量的 50.0%。

从品类结构来看，目前全国大宗水果种植以柑橘（占水果总种植面积的 21.3%）、苹果（占水果总种植面积的 16.1%）、梨（占水果总种植面积的 7.7%）、葡萄（占水果总种植面积的 5.9%）、香蕉（占水果总种植面积的 2.7%）为主，合计占水果总种植面积的 53.7%。以苹果为例，我国苹果种植区域分布广阔，经纬度跨度大，主产区可分为渤海湾产区、黄土高原产区、黄河故道和秦岭北麓产区、西南冷凉高地产区、新疆特色产区五个产区。其中，除西南冷凉高地产区外，其他均属于旱区。渤海湾产区和黄土高原产区是我国优势苹果产区，苹果产量占全国总产量的 88.0%。山东和陕西的苹果产量在全国占绝对优势，其产量在 2020 年分别为 953.6 万吨和 1 185.2 万吨，占全国总产量的 21.6% 和 26.9%。从苹果种植面积来看，黄土高原产区苹果种植面积远高于渤海湾产区，其种植规模增长较快。2020 年，黄土高原产区苹果种植面积达 113.1 万公顷，种植规模占全国的 56.7%，其中陕西的种植面积为 62.0 万公顷；渤海湾产区的苹果种植面积约为 52.1 万公顷，种植规模占全国的 26.0%，其中山东种植面积为 24.7 万公顷。我国西北地区的苹果种植规模和产量也在逐年扩大，经过多年发展，形成了新疆特色产区，目前种植规模较为稳定。2020 年，新疆的苹果种植面积为 6.9 万公顷，产量达 184.0 万吨。从苹果品种来看，富士苹果约占苹果总产量的 75.0% 左右。

水果具有高损耗率、短保质期等特点。从消费特点而言，由于日常水果品种丰富、需求稳定，水果通常无需加工或仅需初加工即可食用，最大程度地保留了其天然活性物质。部分水果需要在特定温度、湿度条件下储藏，因此对仓储物流水平要求较高。果业产业包含复杂的产业链，其产业链上游主要包括育种、肥料、农药、农业机械等领域；中游为水果种植、采摘及运输环节；下游为水果的各类销售渠道，主要包括零售、批发、电商等线上及线下渠道。区别于传统果业，我国果业产业已进入新发展阶段，高质量发展成为贯穿整个产业链的主线。在生产端，龙头企业引领全行业向着“稳产、提质、优结构”的目标前进，安全、营养、绿色、有机的优质水果供给不断增加。在需求侧，水果消费需求越来越多元化，年轻客群的消费观念迥乎不同，新兴水果企业通过大数据正逐步实现对消费者的精准画像和对需求的精准捕捉。在水果供应链体系建设方面，前置仓、地头冷库等冷链物流基础设施日渐完善，水果的冷链流通率、冷藏运输率不断提升，流通腐损率显著降低，“从枝头到手头”的全程质量追溯体系筋骨已具、羽翼渐丰。

旱区因其独特的自然条件，果业产业发展迅速。自改革开放以来，我国果业迅速发展，特别是近年来，在国家一系列强农惠农政策支持下，依靠科技进步和行政推动，我国果业产业稳步发展。如图 5-1 所示，一方面，我国果业产值较为稳定，在 2011—2020 年的 10 年间，果业生产总值总体呈现增长趋势，水果生产能力和供应能力十分稳定，2020 年我国果业总产值为 11 683.3 亿元；另一方面，果业总产值占农林牧渔业总产值的比重呈现波动变化趋势，2011 年果业产值占农林牧渔业总产值的 7.0%，2017—2019 年占比提升至 9.0%，2020 年回落至 8.0%，这反映出农林牧渔业总产值及果业总产值均保持增长的趋势。

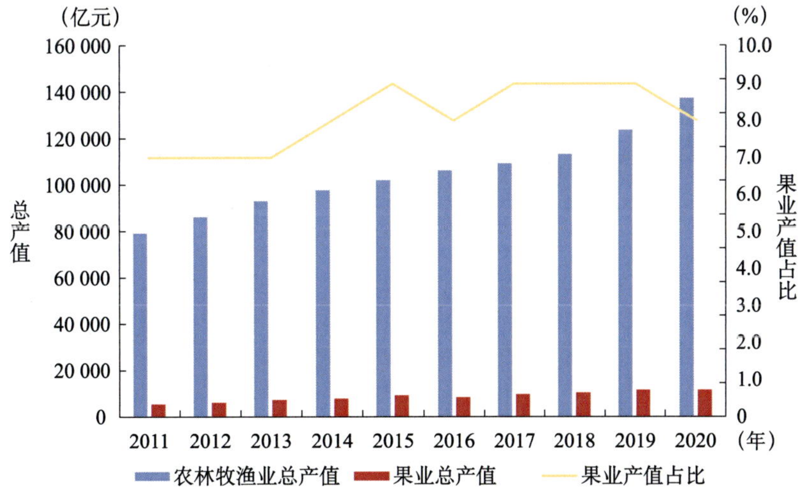

图 5-1　2011—2020 年农林牧渔业总产值、果业总产值及其在农林牧渔业中所占比重

Figure 5-1　Gross output value of agriculture，forestry, animal husbandry and fishery, total output value of fruit industry and their proportion from 2011 to 2020

资料来源：《中国农村统计年鉴》（2012—2021 年）。

由于独特的自然环境和历史因素，旱区果业发展迅速，并在经济发展中迅速占有重要地位，成为了旱区农民的重要收入来源。如图 5-2 所示，陕西省的果业产值位居旱区首位，为 1 294.8 亿元；旱区中果业产值较高的省份还有山东和河南，其果业产值均超过 1 000 亿元；内蒙古、吉林、宁夏、北京、天津、青海、西藏的果业产值均小于 100 亿元，这与当地的自然环境和气候条件等因素有关。在旱区内，陕西、山东、河南、甘肃、山西的苹果产值较高，其位于或临近苹果的主要产区；陕西是我国最大的苹果生产省份，新疆同样也是苹果的主要生产区，但受制于降水和土壤等条件，新疆的苹果产值仅为 64.2 亿元。河北、河南、新疆和陕西的梨的产值较高，这与其独特的地理环境条件有关。

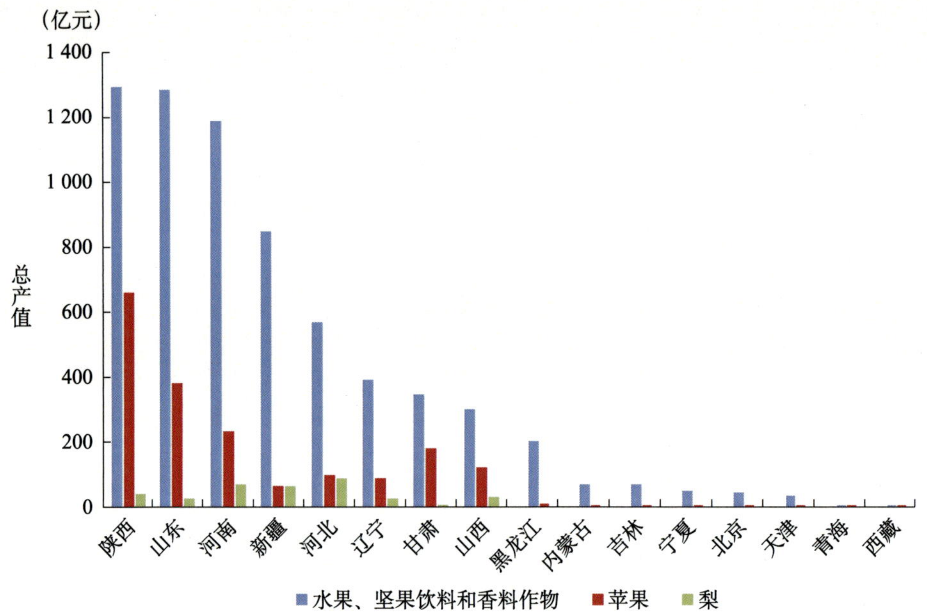

图 5-2 2020 年旱区各省（区、市）果业产值及主要水果产值

Figure 5-2 Fruit industry output value and main fruit output value of provinces in arid area in 2020

资料来源：《中国农村统计年鉴 2021》。

2020 年旱区各省（区、市）主要水果产量情况如图 5-3 所示，其中苹果产量最高的是陕西省，为 1 185.2 万吨。山东省的苹果产量仅为 953.6 万吨，但在产值上却与陕西省相差不大；山西省与河南省的苹果产量相差不大，但河南省的苹果产值几乎是山西省的两倍。这说明旱区部分省（区、市）的新技术、新模式应用水平较低，标准化生产水平不高，果品质量参差不齐，难以推广新品种。新疆的葡萄产量位居旱区首位，梨和红枣的产量也较高，反映出新疆果业特色产区正在逐渐形成。因旱区干旱灾害频繁发生，加之水资源短缺，势必会直接影响树势、产量、质量和效益，继而影响果业产业持续发展能力。

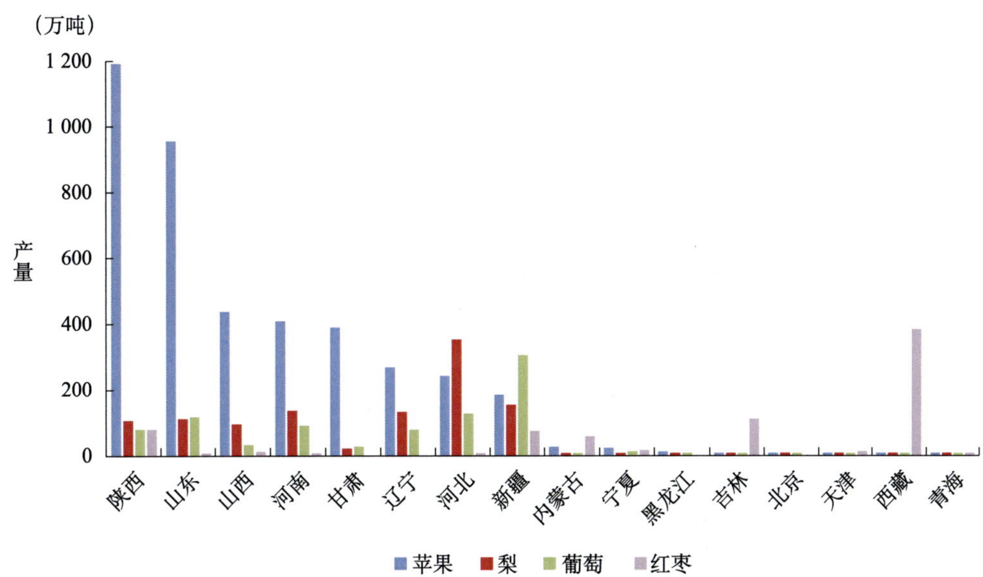

图 5-3　2020 旱区各省（区、市）主要水果产量情况

Figure 5-3　Production of main fruits products in provinces in the arid areas in 2020

资料来源:《中国农村统计年鉴 2021》。

如图 5-4 所示，2020 年河南省瓜果类产量位居旱区首位，为 1 561.6 万吨且以西瓜为主；山东省的瓜果类产量位居旱区第二，为 1 109.1 万吨，其中甜瓜产量位居旱区首位；新疆的瓜果类产量比较均衡，瓜果类总产量位居旱区第三，西瓜产量位居第三，甜瓜产量位居第二。新疆地处 200mm 年等降水量线以北，是典型的温带大陆性气候，全年干旱少雨，光照充足且昼夜温差大，大部分地区植被少，以岩土层地表为主，土壤通透良好，为瓜果的生长提供了良好条件，因而新疆成为重要的瓜果产区。除河南、山东、新疆、河北、甘肃、陕西和辽宁外，旱区其余省（区、市）的瓜果类产量均低于 200 万吨。

为推动水果产业高质量发展，国家有关部门及陕西省政府积极出台相关政策，给果业发展营造良好政策环境（见表 5-1）。

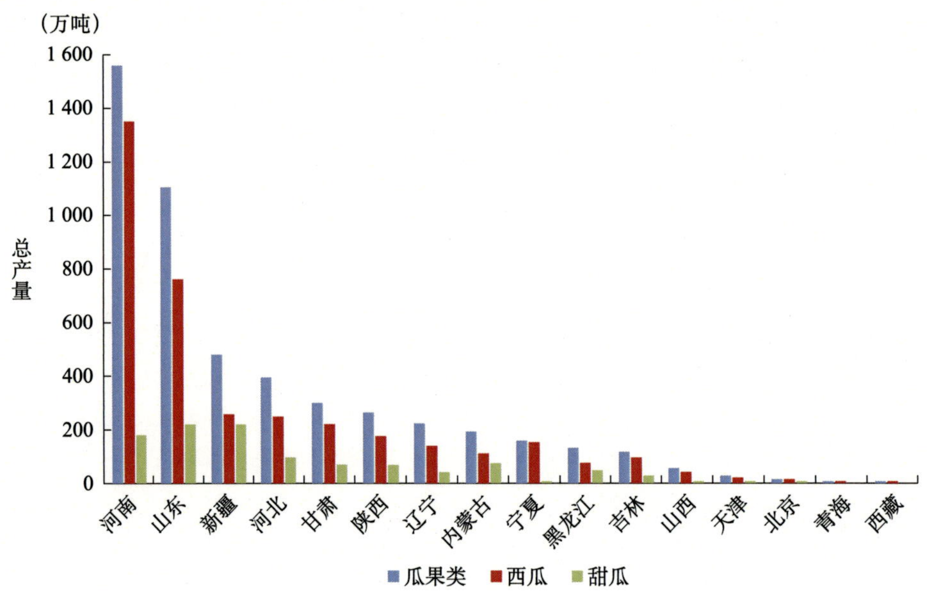

图 5-4　2020 年旱区各省（区、市）瓜果类产量

Figure 5-4　The production of melons and fruits product in all provinces in the arid areas in 2020

资料来源：《中国农村统计年鉴 2021》。

表 5-1　2021 年有关果业的政策法规文件

Table 5-1　Main agricultural regulations and policies on fruit in 2021

序号	发文机构	颁文文号	主题
1	农业农村部	农规发〔2021〕1 号	关于统筹利用撂荒地促进农业生产发展的指导意见
2	农业农村部	农规发〔2021〕3 号	关于推动脱贫地区特色产业可持续发展的指导意见
3	中华全国供销合作总社	供销经字〔2021〕15 号	关于促进巩固拓展脱贫攻坚成果同乡村振兴有效衔接的实施意见
4	国务院办公厅	国办发〔2021〕29 号	关于加快农村寄递物流体系建设的意见
5	陕西省人民政府办公厅	陕政发〔2021〕13 号	关于印发新时代支持革命老区振兴发展若干措施的通知
6	陕西省人民政府办公厅	陕政办发〔2021〕26 号	关于印发“十四五”深度融入共建“一带一路”大格局、建设内陆开放高地规划的通知

说明：“发文机构”仅列出政策文件中排序第一的部门名称。

资料来源：中国资讯行，根据资料进行不完全整理得到。

（1）农业农村部印发《关于统筹利用撂荒地促进农业生产发展的指导意见》。耕地是农业发展之基、农民安身之本。党的十八大以来，耕地保护不断强化，高标准农田建设加快推进，粮食综合生产能力稳步提升，有力支撑了国家粮食安全和重要农产品有效供给。但受农业比较效益偏低、耕种条件差、农民外出务工等因素影响，一些地方出现了不同程度的耕地撂荒现象，导致土地资源浪费、耕地质量下降，给国家粮食安全和重要农产品有效供给带来一定影响。为贯彻落实《国务院办公厅关于坚决制止耕地“非农化”行为的通知》《国务院办公厅关于防止耕地“非粮化”稳定粮食生产的意见》，有效遏制耕地撂荒，充分挖掘保供潜力，农业农村部提出如下意见：①充分认识统筹利用撂荒地的重要性。各级农业农村部门要充分认识遏制耕地撂荒的重要性和紧迫性，采取切实有效措施，把耕地资源用足用好。落实粮食安全党政同责要求，完善粮食安全省长责任制，推动将统筹利用撂荒地情况纳入考核指标，层层压实责任，有效遏制耕地撂荒。②坚持分类指导，有序推进撂荒地利用。开展所辖区域耕地撂荒基本情况调查，逐村逐户摸清底数，建立信息台账，制定统筹利用撂荒地具体方案。对平原地区的撂荒地，要尽快复耕，优先用于粮食生产，扩大粮食播种面积。对丘陵地区的撂荒地，根据立地条件，宜粮则粮、宜特则特，发展粮食、特色水果、中药材、优质牧草等生产，增加多样化产品供给。③强化政策扶持，引导农民复耕撂荒地。比较效益偏低是耕地撂荒的重要原因。要发挥政策导向作用，支持农民复耕撂荒地。释放价格信号，落实好稻谷小麦最低收购价政策，提前启动收购、增设网点，避免农民卖粮难。健全补贴机制，完善玉米大豆生产者补贴、稻谷补贴，让农民种粮有账算、有钱赚。进一步提高耕地地力保护补贴的针对性和导向性，对长期撂荒停止发放补贴的，待复耕复种后重新纳入补贴范围。④加快设施建设，改善撂荒地耕种条件。撂荒地多是丘陵山区坡地或细碎地块，设施条件较差。改善耕作条件，具备条件的撂荒地可纳入高标准农田建设范围，加大投入力度，配套完善灌排水、输配电、田间道路、农田防护等基础设施，提升宜机作业水平。⑤规范土地流转，促进撂荒地规模经营。对长期外出务工、家中无劳动力的农户，要引导流转土地经营权。完善农村土地流转服务，健全农村土地经营权流转市场和产权交易市场，鼓励农户按照依法、自愿、有偿的原则，采取出租（转包）、入股等方式流转土地经营权。⑥加强指导服务，提升农业社会化服务水平；遏制耕地撂荒，加强社会化服务是有效措施。培育社会化服务组织。引导各类相关财政补贴支持发展农业社会化服务组织，推广全程式、菜单式服务模式，为外出务工和无力耕种的农户提供全程托管服务。⑦加大宣传引导，提高遏制耕地撂荒的自觉性。利用传统和新媒体，采取农民喜闻乐见的方式，宣传国家耕地保护法律法规和强农惠农富农政策，做到家喻户晓、人人皆知，让广大农民群众珍惜土地、用好耕地。引导将乡村治理与撂荒地利用结合起来，探索防止耕地撂荒的有效做法。

（2）农业农村部、国家发展和改革委员会、财政部等 10 部门联合印发《关于推动脱贫地区特色产业可持续发展的指导意见》。发展产业是实现脱贫的根本之策，产业兴旺是乡村振兴的物质基础。实现巩固拓展脱贫攻坚成果同乡村振兴有效衔接，发展壮大特色产业至关重要。为贯彻落实党中央、国务院决策部署，培育壮大脱贫地区特色产业，让脱贫基础更加稳固、成效更可持续，农业农村部联合国家发展和改革委员会等多部门提出如下意见：①实施特色种养业提升行动。建设标准化生产基地。按照产业布局和产业链建设要求，发展地域特色鲜明、乡土气息浓厚的特色种养业，建成一批绿色标准化基地。推进品种培优，发掘一批优异种质资源，提纯复壮一批地方特色品种，自主培育一批高产优质多抗的突破性品种，以特色赢得市场。推进品质提升，集成组装一批绿色生产技术模式，加快推广运用。推广绿色投入品，重点推广有机和微生物肥料、高效低毒低风险农药兽药渔药和生物农药等绿色投入品，规范使用饲料添加剂，推广病虫绿色防控技术和产品。净化农业产地环境，加强污染土壤治理和修复，以清洁的产地环境生产优质农产品，以品质赢得市场。推进标准化生产，按照“有标采标、无标创标、全程贯标”的要求，建立健全标准体系，加快标准应用。引导家庭农（林）场、农民合作社和农（林）业产业化龙头企业按标生产，带动大规模标准化生产。创建特色农产品优势区、农业绿色发展先行区、农产品质量安全县，培育一批林下经济和经济林示范基地。②健全产销衔接机制。开展农产品产销对接活动，支持脱贫地区经营主体参加各类展示展销活动，推动农产品流通企业、电商、批发市场与脱贫地区特色产业精准对接。通过股权投资、订单采购等方式引导流通主体与生产主体建立稳定利益联结关系，打造产销共同体，优化提升特色产业链供应链。大力实施消费帮扶，继续开展脱贫地区帮扶产品认定，做大做实农产品销售专区专柜专馆和定向直供直销渠道，优化实施政府采购脱贫地区农副产品政策。

（3）中华全国供销合作总社印发《关于促进巩固拓展脱贫攻坚成果同乡村振兴有效衔接的实施意见》。扩大禽肉、水产品等生产和供应，对弥补猪肉供需缺口、稳定肉类价格具有关键作用。为深入贯彻落实党的十九届五中全会、中央经济工作会议、中央农村工作会议和《中共中央、国务院关于实现巩固拓展脱贫攻坚成果同乡村振兴有效衔接的意见》精神，充分发挥供销合作社行业特点和系统优势，促进巩固拓展脱贫攻坚成果同乡村振兴有效衔接工作，中华全国供销合作总社制定以下实施意见：①聚焦重点任务，促进巩固拓展脱贫攻坚成果同乡村振兴有效衔接。着力推进乡村特色产业发展，积极开展产业帮扶；全力拓展农产品销售渠道，大力实施消费帮扶；激发全面推进乡村振兴内生动力，着力开展科教帮扶；加强农村综合服务社建设，服务农民生产生活；加强农产品冷链物流设施建设，促进农产品上行；发挥再生资源网络优势，努力改善农村人居环境；凝聚行业力量，聚焦重点地区开展帮扶；认真履行责任，扎实做好定点帮扶。②加强组织领导，为促进巩固拓展脱贫攻坚成果同乡村振兴有效衔接提供坚强保障。

（4）国务院办公厅印发《关于加快农村寄递物流体系建设的意见》。农村寄递物流是农产品出村进城、消费品下乡进村的重要渠道之一，对满足农村群众生产生活需要、释放农村消费潜力、促进乡村振兴具有重要意义。近年来，农村寄递物流体系建设取得了长足进步，与农村电子商务协同发展效应显著，但仍存在末端服务能力不足、可持续性较差、基础设施薄弱等一些突出问题，与群众的期待尚有一定差距。为加快农村寄递物流体系建设，做好“六稳”“六保”工作，国务院办公厅提出如下意见：①强化农村邮政体系作用。在保证邮政普遍服务和特殊服务质量的前提下，加强农村邮政基础设施和服务网络共享，强化邮政网络节点重要作用。②健全末端共同配送体系。统筹农村地区寄递物流资源，鼓励邮政、快递、交通、供销、商贸流通等物流平台采取多种方式合作共用末端配送网络，加快推广农村寄递物流共同配送模式，有效降低农村末端寄递成本。③优化协同发展体系。强化农村寄递物流与农村电商、交通运输等融合发展，继续发挥邮政快递服务农村电商的主渠道作用，推动运输集约化、设备标准化和流程信息化，带动提升寄递物流对农村电商的定制化服务能力。④构建冷链寄递体系。鼓励邮政快递企业、供销合作社和其他社会资本在农产品田头市场合作建设预冷保鲜、低温分拣、冷藏仓储等设施，缩短流通时间，减少产品损耗，提升农产品流通效率和效益。引导支持邮政快递企业依托快递物流园区建设冷链仓储设施，增加冷链运输车辆，提升末端冷链配送能力，逐步建立覆盖生产流通各环节的冷链寄递物流体系。

（5）陕西省人民政府印发《新时代支持革命老区振兴发展若干措施》。为深入贯彻习近平总书记关于革命老区振兴发展的重要论述，支持革命老区巩固拓展脱贫攻坚成果，推动实现高质量发展，陕西省人民政府制定相应措施。稳固提升粮食和重要农产品供给保障能力，深化“3+X”特色现代农业工程，大力发展以苹果为代表的果业、以棚室栽培为代表的设施农业，做优做强茶叶、食用菌、中药材、红枣、小杂粮和有机、富硒、林特系列产品等区域特色产业。支持革命老区发展壮大绿色食品、有机农产品、地理标志农产品，打造区域公用品牌。大力发展休闲农业、订单农业，推进革命老区农村产业融合示范园和现代农业产业园建设。大力发展县域经济，做大做强首位产业，打造一批工业强县、农业强县和旅游名县。

（6）陕西省人民政府办公厅印发《陕西省“十四五”深度融入共建“一带一路”大格局、建设内陆开放高地规划》。为深入贯彻落实习近平总书记来陕考察重要讲话重要指示精神和国家新时代高质量共建“一带一路”的总体部署，发挥陕西比较优势，深度融入共建“一带一路”大格局，加快打造内陆开放高地，陕西省人民政府办公厅制定了这一规划。加快构建开放型现代产业体系，推动产业转型升级，健全产业合作区域网络，促进产业国际化发展，提升产业核心竞争力。提升产业链国际竞争力。推动优势产能“走出去”，积极参与全球产业链供应链竞争合作，支持高端装备制造、输变电设备、汽车制造、电子信息、新材料等优势产业龙头企业“走出去”，在果业、畜牧业、设施农业等领域拓展国际农业合作。优化对外投资海外市场布局，在现代农业、能源资源、建材轻工等领域加大对中亚地区投资合作力度，在光伏、输变电、能源化工等领域深化与东南亚地区投资合作，有序推进西亚地区能源资源、加工制造业等项目建设聚焦先进装备制造、高新技术、文化旅游等特色优势产业，引进一批投资规模大、产业链条长、带动能力强的项目，壮大特色优势产业集群。围绕新一代信息技术、高端装备、新能源、新材料等支柱产业提质增效，瞄准世界技术前沿，引进一批技术领先、模式先进的项目，加快培育新兴产业集群。

除了相关政策环境，创新环境对果业产业的发展也起着重要的支撑作用。伴随着农业装备的进步，果业越来越向着集约化、智能化方向发展，陕西省政府持续发展秦创原创新驱动平台，希望推动科技成果快速转化。秦创原就是要以创新来驱动高质量发展，以构建科技创新产业化平台为创新驱动发展加力加速，让创新资源成为发展优势；就是要加快构建从研发到孵化、再到产业化的科创系统，让科创企业和科创产业迅速发展壮大。陕西省力求把秦创原打造成全省创新驱动发展的总源头和总平台，建设成辐射带动西部地区乃至全国和“一带一路”沿线高质量发展的市场化、共享式、开放型、综合性科技创新大平台。在《秦创原创新驱动平台建设三年行动计划（2021—2023年）》中，还强调要重点抓好四个方面的工作：①围绕产业链部署创新链，提升产业创新发展能力；②围绕创新链布局产业链，加速科研成果转化和科技人员创业；③打造“三支队伍”，构筑创新创业人才高地；④健全服务要素，优化科技创新环境。

5.2 旱区果业科技资源情况

在农业政策支持、技术突破创新及市场经济发展的背景下，我国水果产业发展迅速。近年来，全国各地抓牢农业产业结构调整的发展机遇，依托地方特色与资源，在果业发展上取得了巨大成效。与此同时，我国果业发展也面临诸多问题及挑战。目前，我国果业生产仍旧以家庭为主要单位，经营分散、规模较小，同时农村人口外流导致从事果业种植的农户年龄普遍偏高，受教育程度相对较低，缺乏专业技术和组织性（范嘉琪等，2022）。

当前我国果业产业发展中存在的主要问题为：①果业生产标准化程度低。在生产、经营、管理等方面缺少现代化的技术体系，导致产出的果品质量参差不齐。②农药化肥不合理施用，造成土壤酸化、面源污染、果品质量安全降低，同时对生态环境和人类健康造成威胁。③果业生产成本高。随着劳动力成本上涨，果业生产管理投入费用增幅明显，果品种植效益增长缓慢。④品种结构不合理。果品成熟期相对集中，多样化程度较低，大量品种依赖进口，缺乏自主研发培育的优质品种。⑤果业组织化程度较低，单体经营规模较小，经营方式粗放，难以形成产业化链条。⑥灾害应对能力不足。伴随全球变暖，各地自然灾害频发，由于防灾减灾设施储备较少且技术水平不足，难以抵御突发的自然灾害和病虫害。⑦品牌建设意识薄弱。只关注提升产量，没有利用现代化推广形成地方特色果业品牌，难以在市场竞争中脱颖而出。

为了推动我国果业的高质量发展，提高果业的国际竞争力，实现产业升级，我国果业发展需要紧密围绕“推进农业高水平科技自立自强、支撑乡村全面振兴”核心使命，以“保障食物安全与果品有效供给、推动果业绿色高质量发展、推进果品优质安全与营养健康、推动乡村振兴和区域果业发展”等作为我国果业的重大使命，充分发挥国家果树战略科技力量作用，组织实施重点科研任务，加快科技攻关突破，更好地推动果业高质量发展（王海波等，2022）。因此，我国需要积极引导、优化果业区域布局，不断向优势区域集中，因地制宜利用一般耕地及荒地，加快培育以家庭农场、合作社为重点的果业新型经营主体，进一步加强培育以机械化作业、肥水一体化服务、病虫害统一防治等为主要内容的果业社会化服务，积极发展果园作业劳务服务、果品代收代贮代售、果园作业设备租赁等新型生产服务业，把果农从沉重的体力劳动中解放出来（魏延安，2021）。

5.2.1 现代农业技术产业体系

按照优势品区域布局规划，农业农村部积极推动和打造现代农业技术产业体系。果业现代农业技术产业体系充分依托具有创新优势的地方科研资源，针对重要果业品种设立国家产业技术研发中心（由若干功能研究室组成），并动态聘请国内果业领域权威专家担任首席科学家、功能研究室主任和岗位科学家，凝练科研攻关任务，推进产学研结合，不断增强我国果业产品的产品效益和市场竞争力。截至2022年，我国主要果业产品（苹果、梨、桃、柑橘、西甜瓜、葡萄、香蕉、荔枝龙眼）的现代农业技术产业体系构成如表5-2所示。总体来看，我国对主要果业品种全产业链攻关研发和社会服务推广的体系建设日趋完善且定位精准，基本上涵括了育种与苗木扩繁、栽培与耕作、病虫草害防控、生产环境控制、机械设备、商品化处理与加工、贮运保鲜、产业经济研究等各个环节，而且科技攻关方向也会根据品种产业体系特点做出灵活调整和安排。

表 5-2　主要果业产品的现代农业技术产业体系构成（截至 2022 年）

Table 5-2　Composition of Modern Agricultural Technology Industrial System of main fruit products（by 2022）

序号	果业类别	体系设置	
		功能研究室	研究岗位
1	苹果	病虫草害防控研究室	绿色防控
		病虫害防控研究室	果实病害防控、果园虫害防控、生物防治与综合防控、树体病害防控、叶部病害防控
		产业经济研究室	产业经济
		机械化研究室	智能化生产、智能检测与分级
		加工研究室	质量安全与营养品质评价
		土壤与营养研究室	根系与根域环境、果园水分管理、果园土壤管理制度、果园土壤连作障碍克服、营养诊断与施肥
		遗传改良研究室	晚熟鲜食品种改良
		育种与资源利用研究室	加工品种选育、生物技术与抗性育种、晚熟育种、早中熟育种、砧木育种、中晚熟育种、种质资源创新与评价
		栽培与机械研究室	光能利用与树形评价、果园机械、花果管理、苗木繁育与栽培方式、砧木评价与利用、整形修剪
		栽培与土肥研究室	土壤和产地环境污染管控与修复
		贮藏与加工研究室	采后处理与产地贮藏、多元化产品加工、加工副产物综合利用
2	梨	病虫草害防控研究室	果实病害防控
		病虫害防控研究室	病毒病与生理病害防控、病害防控、虫害防控、生物防治与综合防控
		机械化研究室	树体管理机械化
		加工研究室	质量安全与营养品质评价
		遗传改良研究室	种苗扩繁与生产技术
		遗传育种研究室	白梨育种、分子育种、秋子梨育种、砂梨育种、特色品种选育、砧木育种与种苗生产、种质资源评价
		栽培与耕作研究室	北方区栽培、耕作制度与抗逆栽培、果园设施与机具、花果管理与品质生理、架式栽培与整形修剪、南方区栽培、土壤肥料
		栽培与土肥研究室	土壤和养分管理
		贮藏加工与产业经济研究室	产业经济、商品化处理与加工、贮运保鲜

续表1

<table>
<tr><th rowspan="2">序号</th><th rowspan="2">果业类别</th><th colspan="2">体系设置</th></tr>
<tr><th>功能研究室</th><th>研究岗位</th></tr>
<tr><td rowspan="9">3</td><td rowspan="9">桃</td><td>病虫草害防控研究室</td><td>果实病害岗位</td></tr>
<tr><td>病虫害防控研究室</td><td>病毒病防控、病害防控、虫害防控、流胶病及生理病害防控</td></tr>
<tr><td>产业经济研究室</td><td>产业经济</td></tr>
<tr><td>机械化研究室</td><td>果园生产机械化</td></tr>
<tr><td>加工研究室</td><td>桃产品加工、质量安全与营养品质评价</td></tr>
<tr><td>遗传改良研究室</td><td>育种技术与方法、种苗扩繁与生产技术</td></tr>
<tr><td>育种与苗木研究室</td><td>特色品种选育、鲜食品种选育、砧木与育苗、种质资源评价</td></tr>
<tr><td>栽培与土肥研究室</td><td>土壤和产地环境污染管控与修复</td></tr>
<tr><td>栽培与综合研究室</td><td>采后与加工、花果管理、土壤肥料和水分、栽培制度与产业经济、整形修剪</td></tr>
<tr><td rowspan="10">4</td><td rowspan="10">柑橘</td><td>病虫草害防控研究室</td><td>采后病害防控、绿色防控</td></tr>
<tr><td>病虫害防控研究室</td><td>病毒病防控、虫害防控、外来有害生物入侵与防控、细菌性病害防控、真菌性病害防控</td></tr>
<tr><td>产业经济研究室</td><td>产业经济</td></tr>
<tr><td>机械化研究室</td><td>智能化生产、智能检测与分级</td></tr>
<tr><td>机械研究室</td><td>果园机械、修剪和运输机械</td></tr>
<tr><td>加工研究室</td><td>橙汁加工、副产品综合利用、罐头加工、贮运保鲜技术</td></tr>
<tr><td>育种研究室</td><td>常规技术育种、生物技术育种、特色品种评价与改良、砧木育种及评价、种苗繁育与生产、种质资源评价</td></tr>
<tr><td>栽培研究室</td><td>东南部果园栽培与土肥、南部果园栽培与土肥、品质与质量控制、丘陵山地果园栽培与土肥、营养诊断与施肥、中部果园栽培与土肥</td></tr>
<tr><td>栽培与土肥研究室</td><td>果园生态、果园土壤改良</td></tr>
<tr><td rowspan="4">5</td><td rowspan="4">西甜瓜</td><td>病虫草害防控研究室</td><td>草害防控、虫害防控</td></tr>
<tr><td>病虫害防控研究室</td><td>病毒病害防控、虫害防控、细菌病害防控、真菌病害防控</td></tr>
<tr><td>机械化研究室</td><td>生产管理机械化</td></tr>
<tr><td>加工研究室</td><td>质量安全与营养品质评价</td></tr>
</table>

续表2

序号	果业类别	体系设置	
		功能研究室	研究岗位
5	西甜瓜	育种与种子研究室	多倍体育种、分子育种、厚皮甜瓜育种、设施甜瓜育种、特色甜瓜育种、西瓜育种、砧木育种、种质资源评价、种子生产
		栽培与耕作研究室	反季节栽培、设施栽培、水分管理和旱作栽培、甜瓜露地栽培、土壤肥料、西瓜露地栽培、栽培生理与调控
		栽培与土肥研究室	错季栽培
		综合研究室	采后处理与加工、产业经济、贮藏与运输
6	葡萄	病虫草害防控研究室	虫害防控
		病虫害防控研究室	病毒病防控、病害防控、虫害防控、生物防治与综合防控
		产业经济研究室	产业经济
		机械化研究室	生产管理机械化
		加工研究室	质量安全与营养品质评价
		加工与贮运研究室	酿酒微生物、葡萄加工、贮运保鲜
		育种研究室	分子育种、寒区品种选育、旱区品种选育、加工品种选育、无核品种选育、鲜食品种选育、砧木品种选育、种质资源
		栽培研究室	东北区栽培、华北区栽培、华东华南区栽培、华中西南区栽培、抗逆栽培、苗木生产、酿酒葡萄栽培、设施栽培、西北区栽培、栽培生理与调控
		栽培与土肥研究室	土壤和产地环境污染管控与修复
7	香蕉	产业经济研究室	产业经济
		机械化研究室	果园生产机械化
		加工研究室	副产物综合利用、质量安全与营养品质评价
		加工与综合研究室	产业经济、贮运与保鲜
		遗传改良研究室	育种技术与方法
		育种与种苗研究室	分子育种、种苗生产与良种选育、种质资源评价与品质育种
		栽培与植保研究室	高原山地栽培、枯萎病防控、土壤与肥料、栽培技术与耕作、综合防控

续表3

序号	果业类别	体系设置	
		功能研究室	研究岗位
8	荔枝龙眼	病虫草害防控研究室	生物防治与综合防控
		加工研究室	质量安全与营养品质评价
		遗传改良研究室	龙眼种质资源收集与评价
		育种研究室	荔枝育种、龙眼育种、生物技术育种、熟期育种、种质资源评价
		栽培与土肥研究室	土肥水管理
		栽培与植保研究室	病害防控、成花生理与调控、虫害防控、果实发育与调控、龙眼栽培、树冠管理、土肥水管理
		综合研究室	采后贮运与保鲜、产业经济、果园设施与机具、加工技术

说明：功能研究室下设若干研究岗位，研究室及研究岗位均按拼音次序罗列。
资料来源：农业农村部网站，对2011—2022年现代农业技术产业体系的相关公示文件进行整理得到。

从现代农业产业技术体系科学家人数的区域分布情况来看（见图5-5），几类主要果业品种（苹果、梨、桃、柑橘、西甜瓜、葡萄等）产业体系共聘请了各类科学家180名，旱区科学家群体在苹果、葡萄和西甜瓜等产品的参与度上相对更高。具体来看，苹果产业共聘有科学家44名，其中旱区省（区、市）科学家有43名，占聘请总人数的97.7%；梨产业共聘有科学家36名，其中旱区省（区、市）科学家有17名，占聘请总人数的47.2%；桃产业共聘有科学家25名，其中旱区省（区、市）科学家有14名，占聘请总人数的56.0%；西甜瓜产业共聘有科学家36名，其中旱区省（区、市）科学家有29名，占聘请总人数的80.6%；葡萄产业共聘有科学家39名，其中旱区省（区、市）科学家有34名，占聘请总人数的87.2%。截至2022年，旱区省（区、市）主要果业产品现代农业技术产业体系的科学家数量分布情况如表5-3所示。从具体产业比较来看，北京在各类果业产业上都拥有比其他旱区省（区、市）更多的科学家数量，其中苹果产业聘有科学家5名、梨产业聘有科学家4名、桃产业聘有科学家7名、西甜瓜产业聘有科学家13名、葡萄产业聘有科学家14名。从全部果业产业加总的科学家人数来看，排在前五的旱区省（区、市）依次

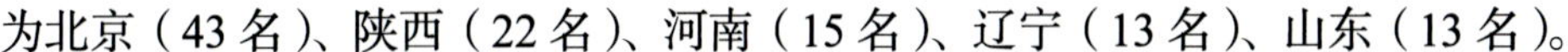
为北京（43 名）、陕西（22 名）、河南（15 名）、辽宁（13 名）、山东（13 名）。

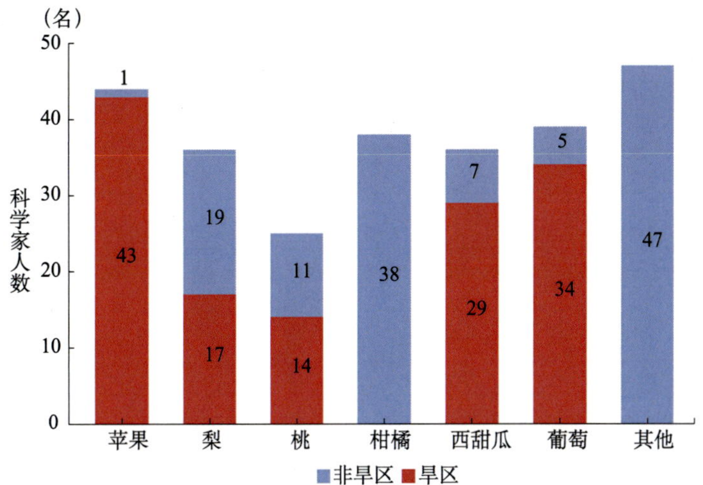

图 5-5　2011—2022 年主要果业品种现代农业产业技术体系科学家人数的区域分布情况

Figure 5-5　Regional distribution of the scientists of Modern Agricultural Industrial Technology System in main animal husbandry from 2011 to 2022

说明：①同一科学家可能聘用于多个类别的岗位，此处进行累加汇总。②所属地区根据科学家所在单位的组织机构登记信息进行划分确定。③果业品种做了部分归并处理，其中“其他”类别包括了香蕉和荔枝龙眼。

资料来源：农业农村部网站，对 2011—2022 年现代农业技术产业体系相关公示文件进行整理得到。

表 5-3　旱区省（区、市）主要果业产品现代农业技术产业体系科学家数量分布（截至 2022 年）

Table 5-3　Scientists distribution of Modern Agricultural Technology in main livestock products in provinces of the arid areas（by 2022）

单位：名

省（区、市）	苹果	梨	桃	西甜瓜	葡萄	行合计
陕西	16	—	—	2	4	22
山东	8	2	2	—	1	13
北京	5	4	7	13	14	43
辽宁	5	3	—	1	4	13
河北	4	4	1	—	2	11
河南	3	2	3	5	2	15
甘肃	1	—	1	1	—	3

续表

省（区、市）	苹果	梨	桃	西甜瓜	葡萄	行合计
山西	1	1	—	—	1	3
黑龙江	—	—	—	1	—	1
吉林	—	1	—	—	—	1
宁夏	—	—	—	—	1	1
天津	—	—	—	—	2	2
新疆	—	—	—	6	3	9
合计	43	17	14	29	34	137

说明：同上。其中“—”表示暂无数据。

资料来源：农业农村部网站，对 2011—2022 年的现代农业技术产业体系相关公示文件进行整理得到。

5.2.2 农业全产业链重点链和典型县

农业全产业链建设是贯通产加销、融合农文旅、对接科工贸、拓展农业多种功能、促进乡村产业高质量发展的重要途径。通过聚焦增强主导产业全产业链优势，完善联农带农利益联结机制，优化产业上中下游协同发展机制，推动全产业链转型升级，成为农业全产业链建设典型标杆。打造农业全产业链，要把产业链主体留在县域，让农民更多分享全产业链增值收益。

2021 年，农业农村部组织开展了全国农业全产业链重点链和典型县的认定与建设工作，全国共认定 31 个全产业链重点链和 63 个全产业链典型县，其中旱区分别认定有 17 个重点链和 32 个典型县。对于果业全产业链建设，全国共认定了 2 个果业产品全产业链重点链，以及 9 个果业产品全产业链典型县（旱区有 4 个，见表 5-4）。

表 5-4　2021 年果业产品全国农业全产业链重点链和典型县建设名单

Table 5-4　List of the key chain and typical county of National agricultural whole industrial chain on fruit in 2021

序号	类别	名称	水果产品	区域	省（区、市）
1	重点链	广东省荔枝全产业链重点链	荔枝	非旱区	广东
2	重点链	重庆市柑橘全产业链重点链	柑橘	非旱区	重庆

续表

序号	类别	名称	水果产品	区域	省（区、市）
3	典型县	山东省栖霞市苹果全产业链典型县	苹果	旱区	山东
4	典型县	山西省吉县苹果全产业链典型县	苹果	旱区	山西
5	典型县	陕西省白水县苹果全产业链典型县	苹果	旱区	陕西
6	典型县	西藏自治区白朗县果蔬全产业链典型县	—	旱区	西藏
7	典型县	安徽省长丰县草莓全产业链典型县	草莓	非旱区	安徽
8	典型县	广西壮族自治区永福县罗汉果全产业链典型县	罗汉果	非旱区	广西
9	典型县	贵州省修文县猕猴桃全产业链典型县	猕猴桃	非旱区	贵州
10	典型县	云南省蒙自市水果全产业链典型县	—	非旱区	云南
11	典型县	浙江省仙居县杨梅全产业链典型县	杨梅	非旱区	浙江

说明：①根据公示文件整理得到。②按类别、区域、省（区、市）复合条件依次排序。
资料来源：农业农村部网站。

5.2.3 果业优势特色产业集群

根据农业农村部和财政部《关于开展优势特色产业集群建设的通知》（农办计财〔2020〕7号），2020年农业农村部开始启动优势特色产业集群建设，分批支持建设优势特色产业集群。优势特色产业集群建设的具体内容主要包括：①加强优势特色标准化生产基地建设，提升农产品生产基地规模化、标准化、商品化生产水平，打造标准化的原料车间。②大力发展优势特色农产品加工营销，支持农产品仓储保鲜、烘干、分级、包装等初加工，引导龙头企业发展农产品精深加工，推动创建农产品区域公用品牌和知名商标。③健全农业产业经营组织体系。发挥龙头企业、农民合作社、家庭农场、农户各自作用。④强化先进要素集聚支撑，围绕优势特色产业全产业链发展，推动各类金融机构对接优势特色产业集群发展。⑤建立健全利益联结机制，将增加农民收入作为培育优势特色产业集群的重要目标，培育一批布局合理、功能互补的农业产业化联合体，做到利益联结。

2020—2022年，农业农村部和财政部每年批准建设50个优势特色产业集群。截至2022年，全国共创建了150个优势特色产业集群，其中旱区共有74个。

2020—2022 年，旱区分别创建了 26 个、27 个、21 个优势特色产业集群。我国大多数旱区省（区、市）适宜发展果业种植与生产，在 150 个优势特色产业集群中，目前共有 21 个果业优势特色产业集群（见表 5-5），其中旱区占有 9 个，主要为苹果、梨、猕猴桃、核桃、红枣、葡萄等果品的产业集群。

表 5-5 2020—2022 年果业优势特色产业集群公示名单

Table 5-5 List of the Industrial clusters with advantages and characteristics on fruit from 2020 to 2022

序号	产业集群名称	区域	省（区、市）	公示年份
1	河北鸭梨产业集群	旱区	河北	2020 年
2	山东烟台苹果产业集群	旱区	山东	2020 年
3	山西晋南苹果产业集群	旱区	山西	2021 年
4	陕西黄土高原苹果产业集群	旱区	陕西	2020 年
5	陕西秦岭猕猴桃产业集群	旱区	陕西	2021 年
6	新疆库尔勒香梨产业集群	旱区	新疆	2020 年
7	新疆薄皮核桃产业集群	旱区	新疆	2020 年
8	新疆生产建设兵团红枣产业集群	旱区	新疆	2020 年
9	新疆葡萄产业集群	旱区	新疆	2021 年
10	安徽酥梨产业集群	非旱区	安徽	2020 年
11	广东金柚产业集群	非旱区	广东	2020 年
12	广东岭南荔枝产业集群	非旱区	广东	2021 年
13	广西罗汉果产业集群	非旱区	广西	2020 年
14	广西桂西芒果产业集群	非旱区	广西	2021 年
15	海南省芒果产业集群	非旱区	海南	2022 年
16	湖北三峡蜜橘产业集群	非旱区	湖北	2020 年
17	湖南早中熟柑橘产业集群	非旱区	湖南	2020 年
18	四川晚熟柑橘产业集群	非旱区	四川	2020 年
19	重庆柠檬产业集群	非旱区	重庆	2020 年

续表

序号	产业集群名称	区域	省（区、市）	公示年份
20	重庆三峡柑橘产业集群	非旱区	重庆	2021 年
21	重庆市脆李产业集群	非旱区	重庆	2022 年

说明：①根据历年公示文件不完全整理得到。②按区域、省（区、市）、公示年份复合条件依次排序。
资料来源：农业农村部网站。

5.2.4 国家农民合作社示范社

为了抓好农民合作社发展，促进农民合作社规范提升，农业农村部持续开展了国家农民合作社示范社的评定和监测工作，进一步规范和完善国家农民合作的相关管理。国家农民合作社示范社是我国农民合作社的先进典型，为推进农民合作社质量提升，农业农村部于 2019 年颁布了《国家农民合作社示范社评定及监测办法》（农经发〔2019〕5 号），并据此对历年评定的国家农民合作社示范社进行动态监测评估。

截至 2022 年，农业农村部分别于 2015 年、2018 年和 2020 年公示了三轮次监测合格的国家农民合作社示范社名单。同时，农业农村部于 2021 年评定并公布了 1 759 家农民合作社为国家农民合作社示范社，其中涉及果业产品的国家农民合作社示范社共有 240 家（见表 5-6）；旱区果业相关国家农民合作社示范社共有 137 家，其中陕西省共有 19 家（见表 5-7）。

表 5-6　2021 年果业相关的国家农民合作社示范社数量分布
Table 5-6　Ammount distribution of the National Demonstration Farmer Cooperatives on fruit in 2021

序号	果品类别	非旱区	旱区	合计
1	果品（一般）	63	76	139
2	坚果	7	17	24
3	苹果	—	11	11
4	枣	3	8	11
5	瓜果	3	6	9

续表

序号	果品类别	非旱区	旱区	合计
6	樱桃	—	6	6
7	猕猴桃	4	4	8
8	葡萄	12	3	15
9	其他	1	3	4
10	梨	4	2	6
11	桃	6	1	7
合计	—	103	137	240

说明：①根据农业农村部公示文件不完全整理得到，按合作社数量排序。②公示文件未对合作社的产品类型进行分类，编者根据合作社名称进行了产品分类整理，并识别了旱区主要生产的水果类别。③根据合作社名称识别产品类型的主要依据是——果品（一般）：果蔬、蔬果、果树、林果、果品、果满园、果园、水果、果苑；坚果：核桃、果榛、榛子、板栗；枣：冬枣、枣业、红枣、鲜枣、枣树；瓜果：瓜果、哈密瓜、西瓜、甜瓜；梨：果梨、金梨、蜜梨、玉梨、刺梨、香梨；桃：寿桃、桃果、黄桃、红桃、蜜桃；其他：柿饼、山楂、李（下表同）。

资料来源：农业农村部网站，2021 年公示的国家农民合作社示范社名单。

表 5-7　2021 年陕西省果业相关的国家农民合作社示范社

Table 5-7　List of the National Demonstration Farmer Cooperatives on fruit in Shaanxi Province in 2021

序号	合作社名称	领域类型	果品类别
1	宝鸡市陈仓区德厚果品专业合作社	农业农村	果品（一般）
2	富县新世纪果蔬专业合作社	农业农村	果品（一般）
3	陇县金龙果品专业合作社	农业农村	果品（一般）
4	铜川市印台区果满园农民专业合作社	农业农村	果品（一般）
5	佳县茂林果园专业合作社	林草	果品（一般）
6	扶风华泰果蔬专业合作社	供销	果品（一般）
7	陕西蒲城天然果蔬专业合作社	供销	果品（一般）
8	镇安县绿腾板栗专业合作社	农业农村	坚果
9	洛南县中良核桃专业合作社	林草	坚果
10	白水县秋林苹果专业合作社	农业农村	苹果
11	洛川顶端苹果专业合作社	农业农村	苹果

续表

序号	合作社名称	领域类型	果品类别
12	白水县冯雷镇益民苹果专业合作社	供销	苹果
13	榆林市榆阳区新动甜瓜种植专业合作社	农业农村	瓜果
14	澄城县真仕佳樱桃专业合作社	农业农村	樱桃
15	西安市阎良区永宏樱桃种植专业合作社	农业农村	樱桃
16	城固县农富猕猴桃专业合作社	农业农村	猕猴桃
17	商南县立果猕猴桃专业合作社	农业农村	猕猴桃
18	杨凌森果猕猴桃专业合作社	农业农村	猕猴桃
19	富平县洋阳柿饼专业合作社	农业农村	其他

说明：①根据农业农村部公示文件不完全整理得到，按果品类别、领域类型和合作社名称排序。②公示文件未对合作社的产品类型进行分类，编者根据合作社名称进行了产品分类整理，并识别了旱区主要生产的水果类别（识别规则如上表）。③公示名单中明确区分了合作社所属的领域类型。

资料来源：农业农村部网站，2021 年公示的国家农民合作社示范社名单。

5.3 旱区果业技术产出情况

5.3.1 果业发明专利和新品种

我国是世界果业大国，果树种植面积和产量均居世界第一位，果业市场规模近 2.5 万亿元，与芯片行业相当。但是，我国并不是果业强国，果品质量和果业效益与发达国家相比还有很大差距。为了做强我国果业，实现我国果业的高质量发展，提高果业的国际竞争力，实现产业升级，必须以习近平新时代中国特色社会主义思想为指导，立足新发展阶段，贯彻“创新、协调、绿色、开放、共享”的新发展理念，按照“面向世界农业科技前沿、面向国家重大需求、面向现代农业建设主战场、面向人民生命健康”要求，围绕“推进农业高水平科技自立自强、支撑乡村全面振兴”核心使命，以“保障食物安全与果品有效供给、推动果业绿色高质量发展、推进果品优质安全与营养健康、推动乡村振兴和区域果业发展”等作为我国果业的重大使命，充分发挥国家果树战略科技力量作用，发挥新型举国体制的优势，组织实施重点科研任务，加快科技攻关突破，更好地推动果业高质量发展，加快农业农村现代化，更好地满足人民日益增长的美好生活需要。

随着知识经济的发展，构建完善的知识产权保护体系，是发展现代果业的重要保证。2017—2021 年，我国旱区 16 个省（区、市）果业发明专利授权总量稳步增加，分别为 66 件、72 件、75 件、109 件、100 件（见表 5–8）；果业发明专利授权全国占比波动幅度较小。2017—2021 年，我国旱区 16 个省（区、市）果业实用新型专利授权总量持续增加，全国占比在 2017 年达到最低点 21.6%，随后持续上升（见表 5–9）。

表 5-8　2017—2021 年旱区果业发明专利授权量

Table 5-8　Number of invention patent granted on fruit industry in the arid areas from 2017 to 2021

单位：件

省份	2017 年	2018 年	2019 年	2020 年	2021 年
北京	11	11	9	19	14
天津	3	—	2	3	3
河北	5	6	7	13	6
山西	4	4	5	6	2
内蒙古	2	—	—	—	2
辽宁	1	1	4	1	5
吉林	1	2	2	4	4
黑龙江	3	1	—	2	2
山东	19	26	26	32	31
河南	3	8	3	9	7
西藏	—	—	—	—	—
陕西	1	4	1	5	3
甘肃	4	5	5	7	2
青海	—	—	—	—	—
宁夏	3	2	1	5	8
新疆	6	2	10	3	11
旱区合计	66	72	75	109	100
全国合计	231	285	272	379	309

资料来源：通过国家知识产权局专利检索及分析系统查询获得。

根据国家知识产权局专利检索及分析系统查询结果可知，2017—2021 年，我国旱区16个省（区、市）果业新品种权申请量分别为23件、8件、24件、14件、20件，占全国果业新品种申请量的比例依次为39.0%、29.6%、43.6%、23.3%、33.9%（见表5–10）。2017—2021年，我国旱区16个省（区、市）果业新品种权授权量分别为17件、11件、31件、17件、19件，占全国果业新品种授权量的比例依次为27.9%、20.4%、41.9%、20.2%、28.8%（见表5–11）。从数据来看，2017—2021年，旱区16省（区、市）果业新品种申请量和授权量在全国占比整体较为稳定。

表5-9　2017—2021年旱区果业实用新型专利授权量

Table 5-9　Number utility model patent granted on fruit industry in the arid areas from 2017 to 2021

单位：件

省份	2017年	2018年	2019年	2020年	2021年
北京	4	10	13	31	29
天津	2	2	4	13	11
河北	3	6	9	30	36
山西	—	—	1	9	17
内蒙古	—	—	1	4	7
辽宁	1	—	1	10	19
吉林	—	1	1	3	7
黑龙江	—	—	6	17	24
山东	5	14	16	42	99
河南	1	8	5	28	45
西藏	—	—	—	2	1
陕西	—	2	3	9	15
甘肃	2	4	3	17	31
青海	—	—	—	3	7
宁夏	1	1	1	4	20
新疆	—	1	1	6	13
旱区合计	19	49	65	228	381
全国合计	88	197	257	686	1 059

资料来源：通过国家知识产权局专利检索及分析系统查询获得。

表 5-10　2017—2021 年旱区果业新品种权申请量

Table 5-10　The number of new variety applications on fruit industry in the arid areas from 2017 to 2021

单位：件

省份	2017 年	2018 年	2019 年	2020 年	2021 年
北京	5	1	8	6	5
天津	3	—	—	3	—
河北	—	—	—	1	—
山西	—	—	—	—	—
内蒙古	—	—	—	—	—
辽宁	5	—	—	—	5
吉林	—	—	1	—	—
黑龙江	—	1	—	—	—
山东	5	1	2	3	5
河南	3	4	8	2	3
西藏	—	—	—	—	—
陕西	1	—	4	1	—
甘肃	—	—	—	—	1
青海	—	—	—	1	—
宁夏	—	—	—	—	—
新疆	1	1	1	—	1
旱区合计	23	8	24	14	20
全国合计	59	27	55	60	59

资料来源：通过国家知识产权局专利检索及分析系统查询获得。

表 5-11　2017—2021 年旱区果业新品种权授权量

Table 5-11　The number of new variety applications on vertebrate in the arid areas from 2017 to 2021

单位：件

省份	2017 年	2018 年	2019 年	2020 年	2021 年
北京	7	2	10	6	9
天津	—	—	—	—	1
河北	—	—	—	1	—

续表

省份	2017 年	2018 年	2019 年	2020 年	2021 年
山西	2	—	1	1	—
内蒙古	—	—	—	—	—
辽宁	—	—	—	—	—
吉林	—	—	1	—	—
黑龙江	2	1	1	1	1
山东	6	5	4	2	3
河南	1	3	10	3	4
西藏	—	—	—	—	—
陕西	—	—	3	1	1
甘肃	—	—	—	—	—
青海	—	—	—	1	—
宁夏	—	—	—	—	—
新疆	—	—	1	1	—
旱区合计	17	11	31	17	19
全国合计	61	54	74	84	66

资料来源：通过国家知识产权局专利检索及分析系统查询获得。

国家科学技术奖具有重要的导向和示范作用，对于营造良好的科学研究氛围、激发科研人员的创新动力具有重要意义。“十三五”期间旱区各省（区、市）在果业领域的国家级科技奖获奖情况如表 5-12 所示，获奖情况从侧面反映了旱区在果业领域的研究进展和技术产出情况。2016—2020 年，全国在果业领域分别获得国家科学技术奖励 1 项、1 项、2 项、1 项、3 项；旱区 16 省（区、市）在果业领域分别获得国家科学技术奖励 0 项、1 项、2 项、0 项、3 项，其中，获得国家技术发明奖二等奖 1 项，科学技术进步奖一等奖 1 项，科学技术进步奖二等奖 4 项，综合参与度为 75.0%。整体上来说，旱区在果业领域获得的国家级科技奖励数量比较稳定，未来还有进一步提升的空间。

表 5-12　2016—2020 年旱区果业领域的国家级科技奖获奖情况

Table5-12　Awards of national science and technology awards in fruit industry in the arid areas from 2016 to 2020

单位：项

奖项	2016 年	2017 年	2018 年	2019 年	2020 年
国家自然科学奖	—	—	—	—	—
国家技术发明奖	—	—	—	—	1
国家科学技术进步奖	—	1	2	—	2
合计	—	1	2	—	3

说明：农业领域国家级科技奖励包括国家自然科学奖、国家技术发明奖、国家科学技术进步奖，2021 年度暂停评奖。

资料来源：根据国家科学技术奖励办公室公布名单整理得到。

作为我国科技奖励体系的重要组成部分，省部级科技奖励在调动科技人员创造性、推动学科及行业科技进步方面也发挥了重要作用。根据旱区各省（区、市）科技厅网站查询结果可知，2017—2021 年旱区果业领域相关省级科技奖励数量，如表 5–13 所示。

表 5-13　2017—2021 年旱区果业领域相关省级科技奖励数量

Table 5-13　The number of provincial science and technology awards related to fruit industry in the arid areas from 2017 to 2021

单位：项

省份	2017 年	2018 年	2019 年	2020 年	2021 年
北京	2	1	0	1	1
天津	4	3	1	3	3
河北	5	2	4	3	2
山西	2	4	3	5	6
内蒙古	0	0	1	2	2
辽宁	0	3	1	0	1
吉林	3	4	6	4	2
黑龙江	2	4	3	2	3
山东	1	3	2	3	4
河南	3	3	4	3	3
西藏	0	1	0	0	0
陕西	3	1	8	7	3
甘肃	3	4	5	4	5

续表

省份	2017 年	2018 年	2019 年	2020 年	2021 年
青海	0	0	0	0	0
宁夏	1	2	4	1	0
新疆	1	6	3	2	4
旱区合计	30	41	45	40	39

资料来源：各省（区、市）科技厅网站。

杨凌示范区是我国首个国家级农业高新技术产业示范区，近年来，杨凌示范区坚持“核心示范、带动旱区、服务全国”的目标定位，把科技创新摆在发展全局的核心位置，加快构建以自主创新为核心的旱区农业战略科技力量，优化“全域科创”的发展布局。同时，杨凌示范区依托区内高校科研优势，搭建秦创原创新驱动平台，推动果业领域科技创新，促进果业发展。在陕西省果业领域获得的科学技术奖励中，杨凌示范区于 2018 年获一等奖 1 项；2019 年获一等奖 1 项、二等奖 1 项；2020 年获一等奖 2 项、二等奖 1 项、三等奖 1 项；2021 年获一等奖 1 项。具体情况如表 5–14 所示。

表 5-14　2018—2021 年杨凌示范区果业领域获陕西省科学技术奖名单

Table 5-14　List of Yangling Demonstration area fruit industry won the Shaanxi Province science and technology award from 2018 to 2021

年度	序号	项目名称	主要完成单位	等级
2018 年	1	苹果主要病虫绿色防控关键技术研究与应用	陕西省植物保护工作总站、西北农林科技大学、海南正业中农高科股份有限公司、北京中捷四方生物科技股份有限公司	一等奖
2019 年	2	重要果蔬作物病原菌抗药性研究及其抗性治理关键技术应用	西北农林科技大学、中国农业大学、沈阳中化农药化工研发有限公司、陕西上格之路生物科学有限 公司、吉林省八达农药有限公司	一等奖
	3	苹果采后质量控制关键技术创制及产业化集成应用	西北农林科技大学、中国科学院植物研究所、陕西华圣企业（集团）股份有限公司、国家农产品保鲜工程技术研究中心（天津）	二等奖

续表

年度	序号	项目名称	主要完成单位	等级
2020年	4	苹果高效轻简化栽培模式及技术体系研究与示范	西北农林科技大学、延安市果业管理局、宝鸡华圣果业有限责任公司、咸阳市园艺站、榆林市果业技术推广中心	一等奖
	5	猕猴桃溃疡病绿色防控技术创新与应用	西北农林科技大学、陕西省农村科技开发中心、陕西省植物保护工作总结站、陕西枫丹百丽生物科技有限公司、眉县果业技术推广服务中心	一等奖
	6	核桃综合配套栽培技术研究与示范	陕西省林业科技推广与国际项目管理中心、商洛市林业科学研究所（中国商洛核桃研究所）、西北农林科技大学、宜君县核桃产业办公室	二等奖
	7	渭北旱地苹果高效栽培模式研究及应用	咸阳市农业科学研究院	三等奖
2021年	8	葡萄抗逆关键转录因子发掘及功能解析	西北农林科技大学	一等奖

资料来源：陕西省科技厅网站。

5.3.2 果业领域科技论文收录

论文作为科技成果的一种形式，其产出数量及产出质量在一定程度上反映了学术研究水平的高低。根据 Web of Science 数据库和中国知网平台不完全检索统计，2017—2021 年 SCI 和中国知网平台收录旱区果业领域科技论文数量情况，如图 5–6 所示。

由文献检索数据库收录的旱区 16 省（区、市）果业领域科技论文数量情况可知，2017—2021 年 SCI 收录的论文数量呈现逐年递增趋势，中国知网平台收录的论文数量呈现出波动现象。对于 SCI 收录的旱区果业领域科技论文，就增量而言，2021 年的增幅较大，增加了 417 篇，整体的增量呈波动变化趋势。对于中国知网收录的旱区果业领域科技论文，2018 年和 2020 年的论文数量有所减少，其中 2020 年下降的幅度较大，降幅为 3.7%；2019 年和 2021 年收录的论文数量有一定增加，2021 年增加 319 篇，同比增长 4.2%.

从 2021 年 SCI 收录旱区果业领域科技论文数量的地区构成来分析（见图 5–7），各省（区、市）论文收录量从多到少排名依次为北京、黑龙江、陕西、辽宁、河南、山东、甘肃、河北、山西、内蒙古、吉林、新疆、天津、宁夏、青海和西藏。位列前三的北京、黑龙江和陕西被收录的论文数量分别为 721 篇、169 篇和 138 篇（见表 5-15），分别占旱区被收录论文总数量的 40.5%、9.5% 和 7.8%。对比 2020 年的论文收录情况可知，仅黑龙江和青海地区的论文收录数量有所减少，其余地区被收录的论文数量均有增加。

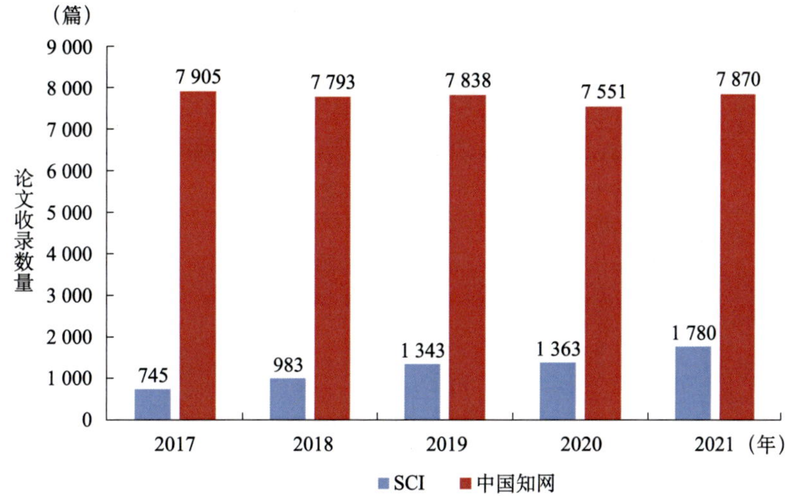

图 5-6　2017—2021 年 SCI 和中国知网平台收录旱区果业领域科技论文数量情况

Figure 5-6　Fruit industry science and technology papers retrieved by SCI and CNKI in the arid areas in recent five years

说明：SCI 检索期刊为果业领域期刊，共 52 种；中国知网文献通过中国科学院文献情报中心进行检索和统计，其中科技论文只包含北大中文核心期刊收录的论文。

资料来源：Web of Science 数据库、中国知网。

从 2021 年中国知网收录旱区果业领域科技论文数量的地区构成来分析（见图 5–8），各省（区、市）论文收录量从多到少排名依次为北京、山东、河南、黑龙江、新疆、陕西、河北、辽宁、甘肃、山西、吉林、内蒙古、宁夏、天津、青海和西藏。位列前三的北京、山东和河南被收录的论文数量分别为 2 074 篇、672 篇和 622 篇（见表 5-15），分别占旱区被收录论文总数量的 26.4%、8.5% 和 7.9%。对比 2020 年的论文收录情况可知，黑龙江、陕西、河南、甘肃和山西的论文收录数量有所减少，其中甘肃的减少量最多，减少了 40 篇，其余地区被收录的论文数量均有增加。

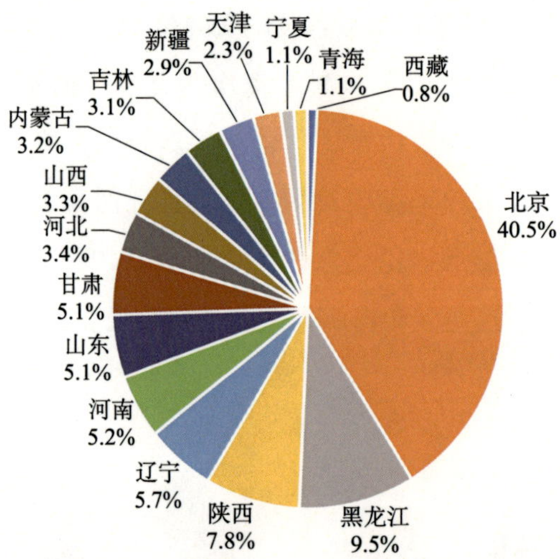

图 5-7　2021 年 SCI 收录旱区果业领域科技论文数量地区构成

Figure 5-7　The region proportion of fruit industry science and technology papers retrieved by SCI in the arid areas in 2021

说明：SCI 检索期刊为果业领域期刊，共 52 种。

资料来源：Web of Science 数据库。

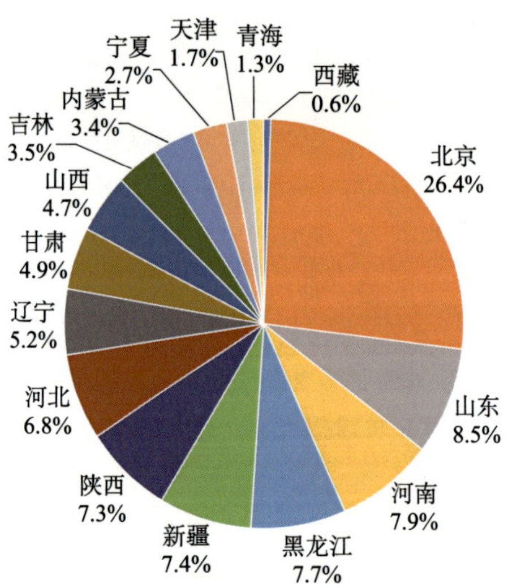

图 5-8　2021 年中国知网收录旱区果业领域科技论文地区构成

Figure 5-8　The region proportion of fruit industry science and technology papers retrieved by CNKI in the arid areas in 2021

说明：通过中国科学院文献情报中心进行检索和统计，其中科技论文只包含北大中文核心期刊收录论文。

资料来源：中国知网。

表 5-15　2020—2021 年 SCI 和中国知网收录旱区果业领域科技论文数量

Table 5-15　Number of scientific and technological papers in fruit industry in the arid areas included by SCI and CNKI from 2020 to 2021

单位：篇

省份	SCI		中国知网	
	2020 年	2021 年	2020 年	2021 年
北京	533	721	1 995	2 074
黑龙江	174	169	610	607
陕西	98	138	582	575
辽宁	84	101	398	406
河南	69	92	653	622
山东	82	91	613	672
甘肃	44	90	422	382
河北	29	61	466	533
山西	28	58	372	371
内蒙古	53	57	267	270
吉林	53	56	262	278
新疆	31	51	492	579
天津	41	41	118	134
宁夏	9	20	199	210
青海	23	19	68	106
西藏	12	15	34	51
旱区合计	1 363	1 780	7 551	7 870

说明：①SCI 检索期刊为果业领域，共 52 种期刊。②中国知网文献通过中国科学院文献情报中心进行检索和统计，其中科技论文只包含北大中文核心期刊收录论文。

资料来源：Web of Science 数据库、中国知网。

总体而言，根据 SCI 和中国知网的检索及统计结果，从旱区果业领域科技论文总量和地区构成角度分析，中国旱区果业领域的基础科研水平在不断提升，科学研究实力正不断增强。

5.4 旱区果业技术发展趋势

“十三五”以来，我国水果总产量增长迅速，从2016年的24 405.2万吨增加到2021年的29 970.2万吨。与此同时，农业技术在旱区果业领域的应用不断深化，其对于旱区果业发展的重要性也日益提升。在此期间，机械化技术、果品无损检测技术、品种选育技术、绿色防控技术和栽培技术在旱区果业发展过程中的作用愈发重要。

1. 机械化技术

果业机械化技术是指在果树栽培和管理过程中，用机械替代人力的技术。在当前劳动力短缺和人力成本较高的背景下，果业机械化技术能够有效降低生产成本，提高经济效益。我国果业机械研究起步晚、机械化基础差、生产机械化程度偏低、机械及其设施技术发展水平也比较落后，不利于生产效率的提高（祝艳，2018）。在旱区果业发展过程中，利用机械代替传统人工的方式已逐渐成为未来的发展趋势，机械化技术的普及程度也在不断提高。例如，新疆维吾尔自治区成功研制果园双圆盘开沟机，解决了自治区果园开沟依靠人工、现有开沟机作业深度浅、挖坑机作业成本高的问题；针对新疆果园修剪作业大量依靠人工、效率低的问题，自治区引进法国、以色列圆盘修剪机械，实现了果园快速高效修剪，以机械化技术对制约果业发展的问题进行了突破（朱占江等，2017）。旱区果业领域机械化技术研发在2017—2021年也取得了重要进展，“番茄加工产业化关键技术创新与应用”获得了2017年国家科学技术进步奖二等奖，该成果突破了多项关键技术，实现了番茄标准化种植和机械化采收，在节能降耗的同时提升了产品品质。

2. 果品无损检测技术

果品无损检测指的是在不破坏检测对象的前提下，利用果实所具有的声、电、光、磁等物理特性，综合光谱成像、介电特性、核磁共振等检测技术，分析获取水果品质的检测过程。相比于传统的检测技术，果品无损检测技术能在不破坏水果原有状态的前提下，更加精准和全面地反映水果品质（尹勇等，2021）。随着社会经济不断发展，人们对水果品质的要求也随之提高，其品质检测工作变得尤为重要，高效精准的果品无损检测技术的应用也更加广泛。近红外光谱技术与化学计量方法的快速发展，使近红外光谱技术被广泛地应用于农产品品质分析领域，并因其高效、无损等特点而被大量应用在苹果检测领域。苹果可溶性固形物含量是影响其果实质量的重要因素，利用近红外光谱技术可以实现对苹果可溶性固形物含量的无损检测（刘燕德等，2022）。陕西省作为苹果生产大省，在此类技术领域也取得了重要成果。“苹果采后质量控制关键技术创制及产业化集成应用”这一技术在 2019 年获得了陕西省科学技术奖二等奖，该技术有效解决了果品质量不高的问题，为水果的品质提供了可靠的保障。

3. 品种选育技术

选育技术是指根据育种目标，利用现有品种的特性培育新品种的技术。水果的优良品种是影响旱区果业发展的核心要素，品种选育是果业生产中最基本、最重要的环节。品种选育的途径主要有杂交育种、芽变选种、实生选种、辐射育种及生物技术育种（李红莲等，2020）。在部分地区，恶劣的自然环境使许多水果品种难以种植，因此发展水果的品类选育技术对于旱区的果业发展尤为重要。近年来，果业领域的育种技术研究取得了较大成果，选育新品种数量逐年增加，初选、复选优系不断涌现，育种效率也得到了很大的提高（丛佩华等，2018）。2017—2021 年，旱区在品种选育技术方面也取得了重要进展。“苹果优质高效育种技术创建及新品种培育与应用”获得了 2020 年国家技术发明奖二等奖，该技术利用新疆红肉苹果与“红富士”杂交群体，揭示苹果高类黄酮形成的分子机制，创制高类黄酮苹果优异种质 CSR6R6，并以此为亲本，育成红肉苹果新品种（权）6 个，填补了我国红肉苹果品种的空白。陕西省方面，“葡萄抗逆关键转录因子发掘及功能解析”获得了 2021 年陕西省科学技术奖一等奖，该技术为推动葡萄抗逆分子育种发展奠定了重要理论和育种应用基础。

4. 绿色防控技术

绿色防控技术是指在特定的环境和病虫草害的种群动力学范畴内，以适合当地气候、土壤与经济条件的方式，综合利用生物防治、物理防治、农业防治、化学防治等技术措施或其组合管理农作物的综合耕作技术体系（喻永红等，2009）。该类技术能够有效控制农作物病虫害，确保农作物生产安全、农产品质量安全和农业生态环境安全，促进农业增产、增收（杨程方等，2020）。随着生态经济、绿色农业的发展，绿色防控技术的重要程度日益提升，绿色防控技术在旱区果业领域中的应用也日益广泛。以猕猴桃产业为例，溃疡病是旱区猕猴桃在栽培过程中存在的重大病害，猕猴桃溃疡病绿色防控技术通过提高树体抗病能力和严格控制病菌传播，以农业防治为基础，优先采用生物防治，协调应用物理防治的手段，科学、安全、高效地控制病害（秦虎强等，2021）。此外，安装杀虫灯、悬挂有色板、绑诱虫带等物理防治技术和合理搭配种植、推广使用生物农药等生物防治技术也在旱区果业中取得了广泛应用（王路遥，2021）。有关绿色防控技术的成果——“苹果主要病虫绿色防控关键技术研究与应用”“重要果蔬作物病原菌抗药性研究及其抗性治理关键技术应用”和“猕猴桃溃疡病绿色防控技术创新与应用”，分别获得了2018年、2019年和2020年陕西省科学技术奖一等奖。这类技术有效缓解了旱区果业在生产过程中对环境的污染，同时也保障了果业的生产效率和产品品质。

5. 栽培技术

果树栽培技术是一种利用人工手段对果树生长环境进行优化的种植技术。科学的栽培技术不仅能够节约劳动力、降低生产成本，还能提升果品产量和品质，获得更大的经济效益，是实现旱区果业转型升级的重要基础。以旱区苹果产业为例，近年来，现代矮砧集约栽培、免套袋等栽培技术的研发和应用不断推进。矮砧集约栽培是苹果发展过程中重要的技术突破，解决了过去苹果园培养大树、幼树迟迟不能挂果，苹果园技术难于标准化，苹果园耕作难于机械化，苹果园更新和收益期慢而长等难题（韩明玉，2015）。这种栽培方式具有结果早、产量高、品质优和便于管理、用工少、成本低、效率高、更新快、便于机械化作业等优点（王金政等，2019）。苹果免套袋栽培技术则以提质增效和降低成本为目标，在保障苹果品质的同时，每亩地还可以节约2 000元的生产成本。“苹果高效轻简化栽培模式及技术体系研究与示范”“核桃综合配套栽培技术研究与示范”和“渭北旱地苹果高效栽培模式研究及应用”三项研究成果分别获得了2020年陕西省科学技术奖一等奖、二等奖和三等奖。这类技术在很大程度上提高了旱区果业的生产效率，有助于实现旱区果业的转型升级。

近年来，我国旱区果业总体生产水平不断提高，在促进地方经济发展、提高农民收入和生活水平等方面发挥了重要作用。与此同时，旱区果业在发展过程中仍存在核心技术缺乏、产业发展质量效益不高、风险抵御能力偏弱等问题。未来，旱区果业技术发展趋势主要集中在以下几个方面：

（1）在果业育种技术方面，高效育种技术研发能力有待加强。要完善种质资源的保护和利用体系，充分利用现有种质资源，同时不断开发新的种质资源。另外，还需要从生物技术手段的角度出发，利用植物组织培养等技术，实现种质资源的创新，加快苗木的繁育速度，保证种源安全性能（程延静等，2022）。

（2）绿色和环保是未来果业技术发展的重要方向。在果业绿色发展方面，需要加强果树病虫害机制与防控技术研究，面向世界农业科技前沿，解析果树虫害的成因和演变机制，研发生态、生物、物理等绿色防控关键技术和高效低毒化学农药与生物源农药、信息素和天敌等绿色防控产品，集成构建果树病虫绿色高效防控技术体系（王海波等，2022）。

专栏 5-1 陕西苹果产业的创新发展

陕西省是我国苹果栽培面积最大、产量最多的省份。2021 年，陕西省苹果产量达 1 242.5 万吨，每公顷均产 24 645 公斤，苹果经营收益为 61 965 元 / 公顷。培育新品种是陕西省推动苹果产业高质量发展的重要法宝。长期以来，陕西省坚持把创新作为果业发展的第一驱动力，注重科技体制机制创新，对标全球先进产区，大力引进、选育优良品种，建成各类果树试验站 43 个，形成了以国家苹果产业体系和西北农林科技大学为龙头，以各地试验站为主体的果业研发体系，组建了一支由首席科学家、岗位科学家、市县技术骨干、乡村技术员构成的科技支撑队伍，自主研发培育了玉华早富、秦阳、瑞阳、瑞雪、瑞香红、秦脆、秦蜜等新优品种（肖力伟等，2021）。另外，陕西省还出台了《关于加快推进苹果产业高质量发展的意见》，提出要积极融入秦创原创新驱动平台，建立专家引领、专业协作、企业参与的现代苹果科技攻关联盟，加强苹果全产业链技术研发，建立健全专业门类齐全、适应产业发展的综合性技术队伍，提升苹果试验站（场）服务能力，加强站地协作，打造技术集成平台、示范引领高地和人才培育基地。

专栏 5-2 陕西猕猴桃产业助力乡村振兴

猕猴桃是陕西省的传统优势产业之一，已有 2 000 多年的栽培历史，丰富的生产经验为陕西省猕猴桃的生产发展奠定了坚实基础。近年来，陕西省的猕猴桃果园面积快速提升，2021 年陕西省猕猴桃果园面积达 6.5 万公顷，较 2020 年增加了 4 066.7 公顷，同比增长 6.7%，其中挂果面积为 5.6 万公顷。陕西省周至县位于秦岭山脉北麓，该县自然环境优越，是猕猴桃的优生区。近年来，周至县将猕猴桃产业作为当地的主导产业，以发展猕猴桃产业作为脱贫攻坚和实现乡村振兴的重要手段。该县从科技研发、产品加工、市场营销、品牌建设等多个环节协同推进猕猴桃产业发展，通过延长产业链、增加产品附加值，实现产业融合发展，进而提高农民收入，带动当地经济发展。周至县是我国最大的猕猴桃种植县之一，猕猴桃栽植面积达 3.3 万公顷，占我国猕猴桃总栽植面积的 25.0%；年产鲜果超过 51 万吨，占全国猕猴桃总产量的 40.6%，年总产值超过 30 亿元（肖涛，2019）。陕西眉县则大力发展数字化农业技术，近年来建成了中国猕猴桃产业云平台和陕西（眉县）猕猴桃大数据示范中心。眉县以收集的全产业链基础信息为基础，实现全产业链大数据应用和服务，通过加快智慧化农业建设，推动猕猴桃产业转型升级，有力推进“质量变革、动力变革、效率变革”。眉县数字化、智慧化农业构建的农业价值链条，提升了产业化理念，实现全产业链精准指导，可实现亩均增产 15.0%、优果率提高 10.0%、人均增收 2 000 元的目标。

旱区农业技术发展政策建议

6

6.1 基于国家战略层面的政策建议

6.1.1 强化上合组织农业基地，聚焦国际交流与合作

作为国家级农业高新技术产业示范区，杨凌示范区一直是辐射带动干旱、半干旱地区农业产业发展的“躬行者”。杨凌示范区以国际交流合作机制创新为中心，紧抓上海合作组织农业技术交流培训示范基地（简称“上合组织农业基地”）建设机遇，全力推进“一带一路”现代农业国际合作中心及中国（陕西）自由贸易试验区杨凌片区建设，探索出一条依靠高水平对外开放引领高质量履行国家使命的先行之路，为新阶段加强与上合组织成员国之间的交流合作提供了重要平台。

杨凌示范区作为我国开展农业对外交流合作的主阵地之一，一方面以上合组织农业基地为培训主体，深度契合上合组织国家需求，线上线下融合开展各类农业技术国际培训，打造涉农培训国际品牌；另一方面，依托中国旱作农业技术援外培训基地，全方位开展农业技术教育培训，初步形成以上合组织国家为主体，辐射发展中国家的国际培训局面。同时，上合组织农业基地聚焦国际交流合作，以构建“一基地多平台、一中心多园区、一院多所”平台体系为目标，组建成立上合组织农业基地现代农业发展研究院、国际联合实验室、上合组织成员国涉农高校联盟、上合组织现代农业交流培训中心等 10 多个农业科研交流合作平台，与上合组织秘书处、联合国粮食及农业组织、联合国世界粮食计划署等国际组织建立合作关系，举办上合组织现代农业发展圆桌会议、金砖国家农村发展和减贫研讨会、粮食安全研讨会、合作创建农业产业化集群研讨会、特色产品展等多项双多边交流活动。上合组织农业基地影响力进一步增强，提升了旱区农业在国际上的地位和影响力。

6.1.2 发展智慧农业，推动旱作农业技术转型升级

智慧农业以北斗定位、云计算、5G 技术、AI 智能、智能硬件技术为支撑，以关键算法为核心，结合大数据分析和应用管理平台，在种植、畜牧、水产和协同领域，打造“数据 + 分析 + 决策 + 农作”的系统，实现对无人机、无人车等智能农作设备的精细化生产，最终提高农业的生产效率、降低农业生产成本，实现农户增产增收。对于旱区农业来说，智慧农业突破了传统农业技术上的制约，推动农业产业链改造升级，实现了农业精细化、高效化与绿色化，保障了农产品安全、农业竞争力提升和农业可持续发展。

首先，智慧农业作为新理念，需要培育共识，抢抓机遇。社会各界，特别是各级政府、科研院所、农业从业人员要认真学习、深刻领会近年来党的中央一号文件精神以及习近平总书记“以科技为支撑走内涵式现代农业发展道路”的讲话精神，达成大力发展智慧农业的共识，牢牢抓住新一轮科技革命、产业变革为农业转型升级带来的强劲驱动力和“互联网 +”现代农业战略机遇期，加快农业技术创新，深入推动互联网与农业生产、经营、管理、服务的融合。

其次，智慧农业作为新模式，需要政府支持，重点突破。智慧农业具有一次性投入大、受益面广、公益性强等特点，需要政府的支持引导，实施一批有重大影响的智慧农业应用示范工程，建设一批国家级智慧农业示范基地。智慧农业发展需要依托的关键技术，如智能传感、作物生长模型、溯源标准体、云计算与大数据等，还存在可靠性差、成本居高不下、适应性不强等难题，需要加强研发，攻关克难。同时，智慧农业发展要求农业生产的规模化和集约化，必须在坚持家庭承包经营的基础上，积极推进土地经营权流转，因地制宜发展多种形式规模经营。与传统农业相比，智慧农业对人才有更高的要求，因此要将职业农民培育纳入国家教育培训发展规划，形成职业农民教育培训体系。此外，要重视相关法规和政策的制定与实施，为农业资金投入和技术知识产权保驾护航，维护智慧农业参与主体的权益。

最后，智慧农业作为新业态，需要规划全局，资源聚合。智慧农业发展必然经历一个培育、发展和成熟的过程，当前需要科学谋划，制定出符合中国国情的智慧农业发展规划及地方配套推进办法，为智慧农业发展描绘总体发展框架，制定目标和路线图，从而打破我国智慧农业虽然发展多年但却各自为政所形成的资源孤岛、信息孤岛局面，将农业生产单位、物联网、系统集成企业、运营商和科研院所相关

人才、知识、科技等优势资源互通，建成高流动性的资源池，形成区域智慧农业乃至全国智慧农业发展“一盘棋”局面。

6.1.3 打造涉农全产业链新型产学研融合生态圈

首先，打造旱区农业新型产学研融合生态圈，需要实现贯通式创新。目前，我国存在着科技成果从原始创新到产业化过程中的脱节现象，科技成果拥有者和企业在对接时存在巨大鸿沟，企业承接高科技产业化的能力不足，需要科技成果转化平台来承接。因此，要培养科技成果转化专业人才，建设科技成果转化高地，加强科研创新和企业间的交流合作，聚焦市场需求，调动各种专业要素，促成科技成果转化。

其次，加强公共技术平台支撑体系建设，打破核心技术被“卡脖子”的瓶颈。我国农业技术之所以在生物育种、重型农机、智慧农业、绿色农用投入品等关键农业技术领域仍受国外农业公司掣肘，是因为过去我们在公共技术上的投入不足，导致中间出现断层，核心技术失去话语权。因此，要打破核心技术被“卡脖子”的瓶颈，需要加强公共技术平台支撑体系建设，补全国家创新体系建设短板。

最后，打造科技创新生态，形成长久合作机制。构建新型产学研融合生态圈，着力点在于促进创新链和产业链的深度融合，围绕产业链部署创新链，重点解决如何真正确立企业创新主体的地位，形成由企业牵头、高校等各方参与的创新联合体，让研发瞄准真问题。只有产学研各方都能在合作中有所得，才能形成长久的合作机制，这就需要解决好知识产权转化收益的问题，真正实现利益共享，使企业、高校、研发机构形成紧密联系的创新联合体。

6.2 基于区域层面的政策建议

6.2.1 加强旱作农业技术研发与推广，提高旱区农业质量效益

积极探求旱区农业高质量发展，要加快旱区耕地质量保护立法，转变发展方式，积极发展旱区高质量农牧业；探索适水种植系统，建立高生物多样性旱地农业生态系统，推动旱地农业科技发展。要加强集成应用适合不同场景的旱作适水提质增效技术模式，提高旱农区综合生产能力和农产品品质，实现旱作农业优质生产与

固碳减排协调发展；要加快突破深度节水、生物极限节水等关键技术和装备，实现艺机一体化和智慧化耕作。深化旱区农业供给侧结构性改革，强化质量导向，推动乡村产业振兴，增强旱区农业综合生产能力，夯实粮食生产能力基础，保障粮、棉、油、糖、肉、奶等重要农产品供给安全。坚持最严格的耕地保护制度，强化耕地数量保护和质量提升，严守18亿亩耕地红线，遏制耕地“非农化”、防止“非粮化”，规范耕地占补平衡，严禁占优补劣、占水田补旱地。以粮食生产功能区和重要农产品生产保护区为重点，建设国家粮食安全产业带，实施高标准农田建设工程和黑土地保护工程，加强东北黑土地保护和地力恢复。推进大中型灌区节水改造和精细化管理，建设节水灌溉骨干工程，同步推进水价综合改革。加强大中型、智能化、复合型农业机械研发应用，将农作物耕种收综合机械化率提高到75%。加强种质资源保护利用和种子库建设，确保种源安全。加强农业良种技术攻关，有序推进生物育种产业化应用，培育具有国际竞争力的种业龙头企业。完善农业科技创新体系，创新农技推广服务方式，建设智慧农业。加强动物防疫和农作物病虫害防治，强化农业气象服务。

6.2.2 调整旱区农业生产结构，促进旱区生态文明与可持续发展

旱区农业可持续发展道路还面临着地下水过度超采、生物多样性减少、土壤质量下降、污染问题突出等问题。因此，必须深化旱区农业结构调整，优化农业生产布局，建设旱区优势农产品产业带和特色农产品优势区。推进“粮经饲”统筹、农林牧渔协调，优化种植业结构，促进水产生态健康养殖。积极发展设施农业，因地制宜发展林果业。深入推进优质粮食工程。推进农业绿色转型，加强产地环境保护治理，发展节水农业和旱作农业，深入实施农药化肥减量行动，治理农膜污染，提升农膜回收利用率，推进秸秆综合利用和畜禽粪污资源化利用。完善绿色农业标准体系，加强绿色食品、有机农产品和地理标志农产品认证管理。强化全过程农产品质量安全监管，健全追溯体系。建设旱区现代农业产业园区和农业现代化示范区。

在长江经济带、黄河流域建设一批农业面源污染综合治理示范县，支持国家农业绿色发展先行区建设。加强农产品质量和食品安全监管，发展绿色农产品、有机农产品和地理标志农产品，试行食用农产品达标合格证制度，推进国家农产品质量安全县创建。发展节水农业和旱作农业。推进荒漠化、石漠化、坡耕地水土流失综

合治理和土壤污染防治、重点区域地下水保护与超采治理。创新中游黄土高原水土流失治理模式，积极开展小流域综合治理、旱作梯田和淤地坝建设。推动下游二级悬河治理和滩区综合治理，加强黄河三角洲湿地保护和修复。开展汾渭平原、河套灌区等农业面源污染治理。实施水系连通及农村水系综合整治，强化河湖长制。巩固退耕还林还草成果，完善政策、有序推进。实行林长制，科学开展大规模国土绿化行动。完善草原生态保护补助奖励政策，全面推进草原禁牧轮牧休牧，加强草原鼠害防治，稳步恢复草原生态环境。加快旱区农业基础设施和生态环境的改善，促进旱区农业可持续发展

6.2.3 依托科技创新，打造杨凌旱区农业技术标准创新基地

杨凌示范区成立 20 余年来，在加大科技创新的同时探索形成六大推广模式。通过大学科技示范、科技特派员、企业产业链、农科培训、农高展会、媒体传播六大推广模式，杨凌示范区成功把先进实用的科技成果送到田间地头，转化为现实生产力，在全国各地建成科技示范推广基地 350 个，累计推广效益 1 910 亿元，受益群众 9 000 多万人。2017—2021 年杨凌示范区新增省部级以上科技成果 85 项，万人发明专利拥有量位居全省前列。

杨凌示范区承担的国家技术标准创新基地（旱区农业）于 2019 年 10 月 17 日获国家标准化管理委员会批准筹建，成为面向全国旱区的国家级农业领域技术标准创新基地。杨凌示范区在承载着引领示范全国干旱、半干旱地区现代农业发展的国家使命的同时，还面临着“重大科技成果产出不足、科技成果转化效率不高、示范推广引领不强、科技引领乡村振兴辐射不广、高层次人才难引难留”五大难题。因此，杨凌示范区要积极推进农业科技成果转化，努力构建旱区农业技术标准创新机制和应用服务体系，以标准化促进旱区农业融合发展，推进循环农业、智慧农业等标准体系建设，建立健全技术、专利、标准协同发展机制；要积极优化区域资源共享，优化杨凌及西北旱区已有的标准化及检测、认证服务资源，完善综合性技术服务功能，加快构建完整的内需体系，将标准化融入旱区农业各个环节，扩大旱区农业技术标准有效供给；要积极开展国际交流合作，建立中外标准化合作机制，更好地服务国家“一带一路”倡议和上海合作组织农业技术交流培训基地建设。力争到 2022 年，建成以国家（杨凌）农业标准化研究推广服务中心为实施主体的旱区农业

技术标准创新基地；到“十四五”期末，杨凌成为旱区农业科技创新的示范特区，为推动我国干旱、半干旱地区农业现代化作出更大贡献。

6.3 基于农业技术微观层面的政策建议

6.3.1 加强人工智能技术的应用，促进旱区传统农业向现代农业转型

尽管最近几年我国的人工智能技术在快速发展，但与发达国家仍有较大差距。人工智能是利用计算机创造并运用算法处理生产中所获得的数据，达到模拟人类智能活动规律目的的技术。当前，人工智能等新技术在我国旱区农业发展中缺乏应用，没有与农业的发展形成深度融合，更多的只是概念性的提法，缺少实质内容。

随着农业的不断发展，农业面积快速扩大，其对于劳动力的需求日益提升，投入的人工成本也不断增长。此外，传统的生产和管理模式过于粗放，难以满足农业未来发展的需要。因此，在农业发展中应当加强人工智能技术的研发、推广和应用，加强大数据基础建设，提升信息化水平，利用大数据对大量信息进行分析和预测，了解作物当前及未来的生长状况，以便及时采取相应措施。同时，通过不断改进计算方法，提高特定系统的准确性，实现各个生产环节的自动化和智能化，有利于降低生产成本，提高生产效率。另外，针对旱区水资源短缺的特点，还可以利用人工智能技术对灌溉进行科学管理，构建实时数据的智能节水灌溉系统，实现全自动化的精准节水灌溉。因此，需要提高人工智能技术在旱区农业中的应用程度，提升经济效益和规模化程度，促进旱区传统农业向现代农业的转型升级。

6.3.2 发展农产品保鲜技术，降低流通环节的损耗

尽管我国农产品总产量增长迅速，但对应的贮藏保鲜能力却相对落后，在流通环节产生的损耗远高于国际水平。随着生活水平的提高，人们越来越注重农产品的品质，一些生鲜农产品在运输和销售的过程中，如果不进行恰当的贮藏保鲜处理，容易出现腐烂变质现象，造成损耗并降低经济效益。特别是在新冠肺炎疫情持续影响的背景下，农产品流通受限和滞销的现象时有发生。因此，有必要建立更加完善的农产品流通环节贮藏保鲜体系，针对部分生鲜农产品生产的地域性、季节性特征和本身易腐烂的问题，采用恰当的保鲜技术，缓解其腐烂变质的速度，尽可能使之

保持新鲜。另外，未来保鲜技术的研究应从单一原理研究向复合研究发展，将物理保鲜技术、化学保鲜技术和生物保鲜技术相结合，除注重产品的新鲜度之外，还需要关注产品的风味、品质等质量方面的指标，研发既保证新鲜度同时又不影响产品品质的保鲜技术。

6.3.3 发展病虫害生物防控技术，实现农业绿色发展

病虫害作为农业发展的天敌，会给农业发展带来巨大的危害，同时也会造成大量的经济损失。如果在种植过程中大量使用农药，不仅会使生产成本上升，而且会导致农产品品质下降，同时还会产生环境污染等问题。病虫害生物防控技术在一定程度上代替了传统化学农药，利用生物的形式对植物病虫害进行科学、有效、合理的绿色防护。该技术利用生物活体之间相互影响、相互制约的特点，通过引进病虫害的天敌，同时为其搭建巢穴并提供适宜的生活环境，使其不断繁衍生息，以克制病虫害的爆发。该技术不仅可以改变生物种群组成成分，而且可以直接消灭病虫害，对人、畜、植物也比较安全，同时不会对环境造成污染，对一些病虫害具有长期的控制作用。此外，生物农药也是生物防控技术的重要组成部分。生物农药通过利用生物活体，如细菌、真菌等，或者其代谢产物进行病虫害防治。合理利用这一技术不仅对人、畜、环境较为安全，而且具有十分明显的效果。常用的生物农药有生物活体农药、抗生素类农药、生物源农药等。在未来的农业病虫害防控技术方面，不应使用单一的化学防控技术，而应构建生物防控技术与化学防控技术相结合的综合防控技术体系，在有效防控病虫害的同时注重经济、生态和社会效益。

参考文献

[1] 程延静，刘丹丹，祁香宁，等. 新常态下陕西果业发展路径分析 [J]. 现代农业，2022（01）：95-96.

[2] 丛佩华，张彩霞，韩晓蕾，等. 我国苹果育种研究现状及展望 [J]. 中国果树，2018（06）：1-5.

[3] 范嘉琪，谭宏旭，张家玮. 果业社会化服务体系建设及模式创新 [J]. 中国果树，2022（06）：88–92.

[4] 韩明玉. 苹果矮砧集约栽培技术模式刍议 [J]. 中国果树，2015（03）：76-79.

[5] 李红莲，张冰冰，梁英海，等. 中国近 30 年苹果育种亲本选择与选配分析 [J]. 分子植物育种，2020，18（21）：7155-7161.

[6] 刘燕德，黎丽莎，李斌，等. 多品种苹果可溶性固形物近红外无损检测通用模型研究 [J]. 华中农业大学学报（自然科学版），2022，41（02）：237-244.

[7] 乔金亮. 科技兴农开花结果 [N]. 经济日报，2022-08-17（006）.

[8] 秦虎强，刘巍，刘宁娟，等. 陕西猕猴桃溃疡病绿色综合防控技术 [J]. 陕西林业科技，2021，49（02）：72-75，81.

[9] 王海波，杨振锋，丛佩华，等. 我国果业重大使命和"十四五"重点任务 [J]. 中国果树，2022（04）：1-4.

[10] 王金政，薛晓敏，王贵平，等. 苹果现代矮砧集约栽培花果管理综合配套技术 [J]. 中国果树，2019（01）：8-10，15.

[11] 王路遥. 猕猴桃病虫害绿色防控技术浅析 [J]. 南方农业，2021，15（23）：48-49.

[12] 魏延安．对推动我国果业高质量发展10个问题的思考[J]. 中国果树，2021（09）：1–4.

[13] 肖力伟，胡明宝．为苹果产业育出更多“国字牌”新品种[N]. 农民日报，2021-12-26（007）.

[14] 肖涛．周至县猕猴桃产业发展现状及对策[J]. 现代农业科技，2019（24）：69.

[15] 杨程方，郑少锋，杨宁．信息素养、绿色防控技术采用行为对农户收入的影响[J]. 中国生态农业学报（中英文），2020，28（11）：1823-1834.

[16] 尹勇，储涛涛，张宏．水果品质的无损检测技术研究进展[J]. 广西农业机械化，2021（05）：31-33.

[17] 喻永红，张巨勇．农户采用水稻IPM技术的意愿及其影响因素——基于湖北省的调查数据[J]. 中国农村经济，2009（11）：77-86.

[18] 朱占江，裴新民，李源，等．新疆林果业机械化发展现状调研与对策研究[J]. 中国农机化学报，2017，38（04）：134-140.

[19] 祝艳．我国果业机械化生产现状及对策——以苹果生产为例[J]. 吉林农业，2018（03）：89，91.

[20] Fu L, Liu Y, Qin G, et al. The TOR-EIN2 axis mediates nuclear signalling to modulate plant growth[J]. Nature, 2021, 591（7849）：288-292.

[21] Gao C.Genome engineering for crop improvement and future agriculture[J]. Cell, 2021, 184（06）：1621-1635.

[22] Gao M, He Y, Yin X, et al. Ca^{2+} sensor-mediated ROS scavenging suppresses rice immunity and is exploited by a fungal effector[J]. Cell, 2021, 184（21）：5391-5404.

[23] Liu Y, Wang H, Jiang Z, et al. Genomic basis of geographical adaptation to soil nitrogen in rice[J]. Nature, 2021, 590（7847）：600-605.

[24] Niu S, Li J, Bo W, et al. The Chinese pine genome and methylome unveil key features of conifer evolution[J]. Cell, 2022, 185（01）：204-217.

[25] Qin P, Lu H, Du H, et al. Pan-genome analysis of 33 genetically diverse rice accessions reveals hidden genomic variations[J]. Cell, 2021, 184（13）：3542-3558.

[26] Shen L, Tang K, Wang W, et al. Architecture of the chloroplast PSI–NDH

supercomplex in Hordeum vulgare[J]. Nature, 2022, 601（7894）：649-654.

[27] Wang N, Tang C, Fan X, et al. Inactivation of a wheat protein kinase gene confers broad-spectrum resistance to rust fungi[J]. Cell, 2022, 185（016）：2961-2974.

[28] Xia J, Guo Z, Yang Z, et al. Whitefly hijacks a plant detoxification gene that neutralizes plant toxins[J]. Cell, 2021, 184（07）：1693-1705.

[29] Yu H, Lin T, Meng X, et al. A route to de novo domestication of wild allotetraploid rice[J]. Cell, 2021, 184（05）：1156-1170.

[30] Zhang C, Yang Z, Tang D, et al. Genome design of hybrid potato[J]. Cell, 2021, 184（15）：3873-3883.

数据来源

[1] 中国政府网，http://www.gov.cn。

[2] 自然资源部网站，http://www.mnr.gov.cn。

[3] 财政部网站，http://www.mof.gov.cn/index.htm。

[4] 科学技术部网站，http://www.most.gov.cn/。

[5] 农业农村部网站，http://www.moa.gov.cn/。

[6] 高新技术企业认定管理工作网，http://www.innocom.gov.cn/。

[7] 国家林业和草原局网站，http://www.forestry.gov.cn。

[8] 国家科学技术奖励工作办公室网站，http://www.nosta.gov.cn/web/index.aspx。

[9] 农业农村部科技发展中心网站，http://www.nybkjfzzx.cn。

[10] 国家知识产权局专利检索与分析系统，http://pss-system.cnipa.gov.cn/sipopublicsearch/portal/uiIndex.shtml。

[11] 北京市科学技术委员会网站，http://kw.beijing.gov.cn。

[12] 天津市科学技术局网站，http://kxjs.tj.gov.cn。

[13] 河北省科技厅网站，https://kjt.hebei.gov.cn/www/index_ssl/index.html。

[14] 山西省科技厅网站，http://kjt.shanxi.gov.cn。

[15] 内蒙古自治区科技厅网站，http://kjt.nmg.gov.cn。

[16] 辽宁省科技厅网站，http://kjt.ln.gov.cn。

[17] 吉林省科技厅网站，http://kjt.jl.gov.cn。

[18] 黑龙江省科技厅网站，http://www.hljkjt.gov.cn。

[19] 山东省科技厅网站，http://kjt.shandong.gov.cn/。

[20] 河南省科技厅网站，http://kjt.henan.gov.cn。
[21] 西藏自治区科技厅网站，http://sti.xizang.gov.cn。
[22] 陕西省科技厅网站，https://kjt.shaanxi.gov.cn。
[23] 甘肃省科技厅网站，http://kjt.gansu.gov.cn。
[24] 青海省科技厅网站，http://kjt.qinghai.gov.cn。
[25] 宁夏回族自治区科技厅网站，https://kjt.nx.gov.cn。
[26] 新疆维吾尔自治区科技厅网站，http://kjt.xinjiang.gov.cn。
[27] 陕西省人民政府网站，http://www.shaanxi.gov.cn/。
[28] 中国科学院水利部水土保持研究所网站，http://www.iswc.ac.cn/。
[29] 杨凌农业高新技术产业示范区管委会网站，https://www.yangling.gov.cn/。
[30] Web of Science 数据库，https://www.webofscience.com/wos/alldb/basic-search。
[31] Engineering Village Compendex 数据库，https://www.engineeringvillage.com/search/quick.url。
[32] 中国知网，https://www.cnki.net/。
[33] 中国资讯行网站，http://www.bjinfobank.com/indexShow.do?method=index。
[34]《中国统计年鉴》(2012—2021 年)。
[35]《中国农村统计年鉴》(2012—2021 年)。
[36]《中国科技统计年鉴》(2012—2021 年)。
[37]《中国统计摘要》(2015—2022 年)。

附 表

附表 1　2015—2021 年旱区第一产业产值构成与 GDP 占比情况

Table 1　The composition of primary industry output value and its proportion in GDP in the arid areas from 2015 to 2021

单位：亿元

年份 / 省（区、市）		第一产业	农业	林业	牧业	渔业	国内生产总值（GDP）	第一产业占 GDP 比重
2015 年		49 183.6	27 835.8	1 316.3	15 120.7	2 893.7	298 269.5	16.5%
2016 年		48 704.8	28 901.0	1 349.6	15 438.0	3 016.2	310 851.8	15.7%
2017 年		47 525.2	26 470.6	1 324.3	14 531.8	2 711.1	330 458.4	14.4%
2018 年		49 580.4	28 388.8	1 437.6	14 316.6	2 726.1	353 455.9	14.0%
2019 年		53 041.8	29 962.3	1 527.8	15 798.8	2 726.1	353 455.9	15.2%
2020 年		58 953.6	33 128.2	1 563.0	18 291.1	2 756.2	358 481.1	16.4%
2021 年	旱区合计	59 994	36 014.06	1 611.9	19 137.32	3 230.75	403 113	14.88%
	山东	10 591.34	5 814.56	219.94	2 904.24	1 652.6	83 095	12.75%
	河南	9 784.38	6 564.83	134.08	2 942.06	143.41	58 887	16.62%
	河北	6 446.2	3 645.02	263.66	2 239.5	298.02	40 391	15.96%
	黑龙江	6 276.57	4 099.55	208.05	1 833.07	135.9	40 269	15.59%
	新疆	4 869.75	3 488.99	79.12	1 265.69	35.95	27 584	17.65%
	辽宁	4 747.33	2 222.54	120.95	1 683.94	719.9	29 800	15.93%
	陕西	4 088.37	3 035.65	99.97	917.76	34.99	15 695	26.05%
	内蒙古	3 758.7	1 879.55	94.06	1 755.27	29.82	20 514	18.32%
	吉林	2 884.14	1 302.91	72.59	1 454.25	54.39	22 590	12.77%
	甘肃	2 277.84	1 623.21	32.82	619.85	1.96	14 879	15.31%
	山西	2 016.45	1 223.14	159.8	624.39	9.12	13 235	15.24%
	宁夏	729.7	412.7	11.38	280.66	24.96	15 983	4.57%
	青海	520.65	204.73	13.21	298.57	4.14	10 243	5.08%
	天津	491.3	258.39	9.5	142.48	80.93	4 522	10.86%
	北京	262.42	122.98	88.8	46.27	4.37	3 346	7.84%
	西藏	248.89	115.31	3.97	129.32	0.29	2 080	11.97%

说明：省份按第一产业产值排序。

资料来源：《中国农村统计年鉴》（2016—2021 年）、《中国统计摘要》（2016—2021 年）。

附表 2 2015—2020 年主要农作物产量变化情况

Table 2 Yields changes of major crops from 2015 to 2020

单位：万吨

年份	区域 / 省份	谷物	大豆	玉米	小麦	马铃薯	花生	高粱
2015 年	全国	57 228.1	1 178.5	22 463.2	13 018.5	1 897.2	1 644.0	275.2
	非旱区	24 330.0	431.5	3 793.0	3 676.2	1 082.7	587.9	80.3
	旱区	32 898.1	747.0	18 670.2	9 342.3	814.5	1 056.1	194.9
2016 年	全国	56 538.1	1 293.7	21 955.2	12 884.5	1 947.7	1 729	298.5
	非旱区	23 943.6	418.2	3 746.8	3 563.3	1 096.1	599.1	82.3
	旱区	32 594.5	875.5	18 208.4	9 321.2	851.6	1 129.9	216.2
2017 年	全国	61 520.5	1 528.2	25 907.1	13 433.4	1 769.6	1 709.2	246.5
	非旱区	24 910.3	442.6	4 537.7	3 808.7	952.3	545.4	44.1
	旱区	36 610.2	1 085.6	21 369.4	9 624.7	817.3	1 163.8	202.4
2018 年	全国	61 003.4	1 596.7	25 717.8	13 144.4	1 798.4	1 733.2	291.0
	非旱区	24 640.6	461.3	4 302.5	3 730.8	984.5	5 678.8	51.2
	旱区	36 362.8	1 135.4	21 415.3	9 413.6	813.9	1 165.3	239.8
2019 年	全国	61 369.9	1 809.3	26 077.8	13 359.7	1 744.9	1 751.7	313.6
	非旱区	24 464.8	473.2	4 328.7	3 772.5	1 005.6	587.6	65.6
	旱区	36 905.1	1 336.1	21 749.1	9 587.2	739.3	1 164.1	248.0
2020 年	全国	61 674.3	1 960.2	26 066.5	13 425.4	1 798.3	1 799.3	297.0
	非旱区	24 561.5	486.6	4 374.4	3 820.0	1 038.8	603.9	71.2
	旱区	37 112.8	1 473.6	21 692.1	9 605.4	759.5	1 195.4	225.8
	河南	6 631.8	93.4	2 342.4	3 753.1	—	594.9	7.4
	黑龙江	6 576.9	920.3	3 646.6	18.7	31.8	8.7	11.5
	山东	5 276.1	55.5	2 595.4	2 568.9	—	286.6	0.7
	吉林	3 698.6	64.2	2 973.4	1.7	30.3	78.3	39.8
	河北	3 617.7	22.3	2 051.8	1 439.3	103.1	96.8	8.2
	内蒙古	3 281.6	234.7	2 742.7	170.8	124.2	15.9	90.3
	辽宁	2 283.5	23.9	1 793.9	1.7	20.7	98.7	20.6
	新疆	1 557.4	5.2	928.4	582.1	15.1	0.9	2.9
	山西	1 331.2	20.8	979.9	236.5	53.8	1.3	31.8
	陕西	1 150.0	23.6	620.2	413.2	83.9	12.4	6.0

续表

年份	区域 / 省份	谷物	大豆	玉米	小麦	马铃薯	花生	高粱
2020 年	甘肃	942.2	8.2	616.8	268.9	222.8	0.2	3.2
	宁夏	337.3	0.4	249.1	27.8	41.5	0	—
	天津	226.3	0.8	109.7	62.9	0.2	0.3	3.3
	西藏	100.7	0	2.8	17.6	0.3	0	—
	青海	72.1	—	14.8	37.6	31.8	—	—
	北京	29.4	0.3	24.2	4.6	—	0.3	0.1

说明：省份按谷物产量排序。

资料来源：《中国农村统计年鉴》（2016—2021 年）。

附表 3　2015—2020 年旱区农产品产量变化

Table 3　Changes of agricultural production in the arid areas from 2015 to 2020

单位：万吨

年份	区域 / 省份	粮食	油料	棉花	糖料	蔬菜	水果	肉类	猪肉	牛肉	羊肉	奶类
2015 年	全国	62 143.9	3 537.0	560.3	12 500.0	78 526.0	17 479.6	8 625.0	5 486.5	700.1	440.8	3 870.3
	非旱区	27 200.8	1 861.6	94.2	11 672.5	38 016.0	8 573.1	4 887.1	3 468.6	199.4	105.5	354.5
	旱区	34 943.1	1 675.4	466.1	827.5	40 510.0	8 906.5	3 737.9	2 017.9	500.7	335.3	3 515.8
2016 年	全国	61 625.0	3 629.5	529.9	12 340.6	79 779.7	28 351.1	8 537.8	5 299.1	716.8	459.4	3 712.1
	非旱区	26 835.1	1 849.3	67.3	11 359.4	30 894.7	12 627.1	4 798.9	3 342.7	205.6	108.6	351.0
	旱区	34 789.9	1 780.2	462.6	981.2	48 885.0	15 724.0	3 738.9	1 956.4	511.2	350.8	3 361.1
2017 年	全国	61 793.0	3 475.2	548.6	11 378.8	70 346.7	25 241.9	8 588.1	5 340.1	726.1	467.5	3 655.2
	非旱区	27 025.4	1 708.8	58.5	10 426.7	39 262.0	11 886.1	4 782.0	3 336.1	208.5	109.5	349.3
	旱区	34 767.6	1 766.4	490.1	952. 1	31 084.7	13 355.8	3 806.1	2 004.0	517.6	358.0	3 305.9
2018 年	全国	65 893.5	3 439.2	610.3	11 937.4	70 419.3	25 688.7	8 653.1	5 404.7	665.0	480.9	3 217.6
	非旱区	27 233.1	1 740.2	43.0	10 794.5	39 334.5	12 669.5	4 895.6	3 368.1	197.6	125.3	376.2
	旱区	38 660.4	1 699.0	567.2	1 142.9	31 084.8	13 019.2	3 757.5	2 036.6	467.4	355.6	2 841.4
2019 年	全国	66 384.4	3 493.0	588.9	12 169.1	64 739.6	27 400.8	7 758.6	4 255.2	667.1	487.6	3 297.6
	非旱区	27 012.1	1 773.0	37.5	10 931.8	40 660.3	13 587.0	4 340.3	2 661.2	186.8	123.7	349.2
	旱区	39 372.3	1 720.0	551.4	1 237.2	24 079.3	13 813.8	3 418.3	1 594.0	480.3	363.9	2 948.4
2020 年	全国	66 949.2	3 586.4	591.0	12 014.0	74 912.9	28 692.6	7 748.4	4 113.3	672.4	492.3	3 529.6
	非旱区	27 199.6	1 860.4	29.7	10 288.0	42 274.7	14 619.6	4 294.4	2 540.2	196.2	125.8	369.8
	旱区	39 749.6	1 726.0	561.3	1 726.0	32 638.2	14 073.0	3 454.0	1 573.1	476.2	366.5	3 159.8

续表

年份	区域 / 省份	粮食	油料	棉花	糖料	蔬菜	水果	肉类	猪肉	牛肉	羊肉	奶类
2020 年	黑龙江	7 540.8	12.341 1	12.3	14.1	674.3	170.1	253.2	143.9	48.3	13.4	501.0
	河南	6 825.8	672.566 9	672.6	10.7	7 612.4	2 563.4	544.1	324.8	36.7	28.6	214.7
	山东	5 446.8	290.945 8	290.9	0	8 434.7	2 938.9	728.0	271.0	59.7	34.0	241.6
	吉林	3 803.2	81.410 9	81.4	4.2	464.9	146.6	237.4	105.0	38.7	5.2	39.3
	河北	3 795.9	119.517 8	119.5	63.7	5 198.2	1 424.4	419.2	226.9	55.6	31.3	488.3
	内蒙古	3 664.1	217.253	217.3	620.7	1 075.0	238.7	268.0	61.4	66.3	113.0	617.9
	辽宁	2 338.8	99.659 3	99.7	9.1	1 960.0	851.3	378.2	183.5	31.0	6.9	137.1
	新疆	1 583.4	54.851 1	54.9	462.2	1 714.9	1 660.4	173.7	37.5	44.0	57.0	206.9
	山西	1 424.3	14.314 6	14.3	0.2	861.2	909.8	102.7	62.8	7.4	8.6	117.4
	陕西	1 274.8	59.111 8	59.1	0.8	1 957.7	2 070.6	107.1	77.7	8.7	9.7	161.5
	甘肃	1 202.2	61.449 7	61.4	22.4	1 478.5	779.0	110.2	49.2	24.9	27.6	58.4
	宁夏	380.5	6.653 5	6.7	0	566.4	204.5	33.8	8.0	11.4	11.1	215.3
	天津	228.2	0.306 3	0.3	0	2 664.7	56.4	29.6	15.4	2.7	0.9	50.1
	青海	107.4	30.209 7	30.2	—	151.4	2.9	37.0	3.7	19.2	13.3	36.9
	西藏	102.9	5.084 5	5.1	—	84.3	2.2	28.3	0.9	21.2	5.7	49.2
	北京	30.5	0.327 7	0.3	—	1 378.9	53.8	3.5	1.4	0.4	0.2	24.2

说明：省份按粮食产量排序。

资料来源：《中国农村统计年鉴》（2016—2021 年）。

附表 4 2014—2021 年旱区人均 GDP 和居民可支配收入变化

Table 4 Changes of capita GDP and inhabitant's disposable income in the arid areas from 2014 to 2020

年份	地区/省份	农村居民人均可支配收入（元）	城镇居民人均可支配收入（元）	城乡居民收入水平对比（农村居民 =1）
2014 年	全国	10 904.3	27 541.8	2.6
	非旱区	11 528.1	28 827.0	2.6
	旱区	10 319.4	26 337.0	2.6
2015 年	全国	11 876.8	29 900.3	2.6
	非旱区	12 616.1	31 225.1	2.6
	旱区	11 183.6	28 658.2	2.7
2016 年	全国	12 363.4	33 616.2	2.7
	非旱区	13 738.8	33 823.6	2.5
	旱区	12 070.5	31 197.7	2.6
2017 年	全国	13 432.4	36 396.2	2.7
	旱区	13 085.1	33 362.5	2.6
2018 年	全国	14 617.0	39 250.8	2.7
	非旱区	16 337.2	39 727.7	2.4
	旱区	14 186.9	35 916.2	2.5
2019 年	全国	16 020.7	42 358.8	2.6
	非旱区	17 892.1	43 041.1	2.4
	旱区	15 443.0	38 337.2	2.5
2020 年	全国	17 131.5	43 833.8	2.6
	旱区	16 613.9	39 935.3	2.4
	北京	30 125.7	75 601.5	2.5
	天津	25 690.6	47 658.5	1.9
	山东	18 753.2	43 726.3	2.3
	内蒙古	16 566.9	41 353.1	2.5
	西藏	14 598.4	41 156.4	2.8
	辽宁	17 450.3	40 375.9	2.3
	陕西	13 316.5	37 868.2	2.8
	河北	16 467.0	37 285.7	2.3
	宁夏	13 889.4	35 719.6	2.6

续表

年份	地区/省份	农村居民人均可支配收入（元）	城镇居民人均可支配收入（元）	城乡居民收入水平对比（农村居民=1）
2020年	青海	12 342.5	35 505.8	2.9
	新疆	14 056.1	34 838.4	2.5
	山西	13 878.0	34 792.7	2.5
	河南	16 107.9	34 750.3	2.2
	甘肃	10 344.3	33 821.8	3.3
	吉林	16 067.0	33 395.7	2.1
	黑龙江	16 168.4	31 114.7	1.9
2021年	全国	19 698.5	45 693.2	2.3
	旱区	18 361.4	43 011.9	2.3
	北京	33 303.0	81 518.0	2.5
	天津	27 955.0	51 486.0	1.8
	山东	20 794.0	47 066.0	2.3
	西藏	16 932.0	46 503.0	2.8
	内蒙古	18 337.0	44 377.0	2.4
	辽宁	19 217.0	43 051.0	2.2
	陕西	14 745.0	40 713.0	2.8
	河北	18 179.0	39 791.0	2.2
	宁夏	15 337.0	38 291.0	2.5
	青海	13 604.0	37 745.0	2.8
	新疆	15 575.0	37 642.0	2.4
	山西	15 308.0	37 433.0	2.5
	河南	17 533.0	37 095.0	2.1
	甘肃	11 433.0	36 187.0	3.2
	吉林	17 642.0	35 646.0	2.0
	黑龙江	17 889.0	33 646.0	1.9

说明：省份按人均GDP排序。

资料来源：《中国统计摘要》（2015—2022年）。

附表 5　2014—2020 年旱区乡村人口数和城镇人口变化

Table 5　Changes of rural population and urban population in the arid areas from 2014 to 2020

年份	地区 / 省份	乡村人口（万人）	乡村人口占总人口比重（%）	年末城镇人口比重（%）
2014 年	全国	60 865	44.5	54.8
	旱区	26 258	45.0	55.1
2015 年	全国	60 346	43.4	56.1
	旱区	25 619	43.9	56.2
2016 年	全国	58 973	42.7	57.4
	旱区	25 005	43.0	57.3
2017 年	全国	56 862	40.9	58.5
	旱区	24 430	41.8	58.3
2018 年	全国	56 401	40.4	59.6
	旱区	23 932	40.8	59.2
2019 年	全国	55 162	39.4	60.6
	旱区	23 508	40.0	60.0
2020 年	全国	50 979	36.1	63.9
	旱区	21 432	37.0	63.0
	河南	4 429	44.6	55.4
	山东	3 751	36.9	63.1
	河北	2 979	39.9	60.1
	陕西	1 476	37.3	62.7
	山西	1 308	37.5	62.5
	甘肃	1 195	47.8	52.2
	辽宁	1 187	27.9	72.1
	新疆	1 124	43.4	56.5
	黑龙江	1 095	34.5	65.6
	吉林	899	37.5	62.6
	内蒙古	782	32.6	67.5
	北京	273	12.5	87.6
	宁夏	252	35.0	65.0
	青海	236	39.8	60.1
	西藏	234	64.0	35.7
	天津	212	15.3	84.7

说明：省份按乡村人口数排序。

资料来源：《中国农村统计年鉴》（2015—2021 年）、《中国人口和就业统计年鉴》（2015—2021 年）。